동북아시아의 근대체험과 문화공간

이 저서는 2017년도 정부(교육부)의 재원으로 한국연구재단의 지원을 받아 수행된 연구임.
(NRF-2017S1A6A3A02079082)

NORTHEAST ASIA DIMENSION

동·북·아·다·이·멘·션
연구총서

4

동북아시아의 근대체험과 문화공간

원광대학교 한중관계연구원
동북아시아인문사회연구소 편

경인문화사

　현재 동북아시아는 미중 관계를 비롯해 한국, 일본, 중국, 러시아 등 다자간 중층적이고 복합적인 관계를 형성하고 있을 뿐만 아니라 정치, 경제, 군사, 문화, 세계 질서 등 다양한 영역에서 세계 문명의 변화에 큰 영향을 미치고 있다. 동북아시아에서는 단순히 미국과 중국으로 대표되는 세계 정치질서의 재편이나 군사적 대립, 헤게모니 경쟁, 역사 문제, 문화 정체성 등의 문제에 그치지 않고 보편적 인권과 자유민주주의의 가치, 정신문화 등 이념과 가치의 갈등이 야기되고 있고 문명의 새로운 질서를 형성하고자 하는 충돌의 긴장과 월경越境적 시도가 일어나고 있다.

　아시아에서 서구식의 근대문명이 일어나지 못한 원인이나 경제적 후진성은 유교, 불교, 도교, 힌두교 등 아시아적 정신문화와 연관되어 있다고 본 막스 베버Max Weber의 주장은 오늘날 아시아를 분석하거나 조망하는 데 더 이상 유효한 관점을 제공하지 못하는 것도 사실이다. 20세기 후반 들어 중국과 일본, 한국을 비롯한 동아시아의 경제적 발전과 성장은 아시아적 가치와 문화에 대한 관심을 소생시키며 '아시아의 아시아화', 세계 문명 속의 아시아적 가치와 문화공간을 다시 찾고 있다. 동북아시아에서 19세기와 20세기의 시대적 월경 과정에 서구의 침략과 제국주의, 역사 폭력 및 재난의 트라우마와 저항주의가 각인되었다면, 20세기에서 21세기로의 이행 과정에는 서구적 보편주의 가치와 아시아적 문화의 대립 및 각성이 일어나고 있다.

원광대학교 한중관계연구원 HK+동북아시아인문사회연구소는 2017년 "동북아 공동번영을 위한 동북아 다이멘션 토대 구축: 역사, 문화, 그리고 도시"라는 아젠다로 인문한국 플러스 사업에 선정되어 연구를 진행하고 있는데, 그 가운데는 동북아시아의 근대체험과 문화공간의 재발굴이라는 기획이 담겨 있다. 동북아시아 연구는 지금까지 각 국가의 정치·경제적 이슈를 주로 다루었다. 그러나 본 연구단은 이제 여기에서 벗어나 지역의 상호 교류를 토대로 동북아시아 공동의 관심과 정신문화적 토대, 연대와 평화의 미래 문명의 지평을 찾고자 노력하고 있다. 즉, 연구단에서는 동북아시아 과거의 대립과 갈등을 치유하고 화합과 협력을 통한 미래 공동체, 평화와 공존을 위한 21세기 인류 문명의 새로운 길을 모색하고자 다양한 연구를 기획하고 있다.

근현대 동북아시아는 침략과 저항, 폭력과 상처, 갈등과 협력, 단절과 교류, 충돌과 소통 등이 중첩되고 교차하는 역동적 역사를 보여 주고 있다. 전쟁과 냉전, 그리고 탈냉전의 시기를 거치면서 동북아시아 각 국가는 반목과 경쟁, 연대와 협력을 반복해 오고 있다. 19세기 이후 동북아시아는 서구 열강이 침략하고 제국주의와 군국주의, 식민지주의 등을 경험했고, 정치·경제·사회·문화 등 모든 면에서 거대한 변화와 개혁을 이루는 파고波高를 겪으면서 세계 열강이 충돌하고 다양한 가치가 부딪히는 각축장이 되었다. 그러나 이 각축장은 전통과 서구적 가치관이 충돌되고 새로운 문화적 지층이 형성되는 창조적 역동의 공간이기도 했다. 우리가 학문적으로 주목하는 것은 동북아시아의 삶의 체험 공간 안에서 움직였고 생겨난 역사적 상처와 기억을 인문 고고학적이고 동시에 인문해석학적으로 묻는 치유적 시각의 연구이다. 이 책은 역사, 문학, 사회학, 정치학 등 다양한 영역과 시각으로 동북아의 근대 체험 공간과 문화공간을 물어간다. 정신분석이 과거에 잠긴 무의식의 기억을 현재화할 때 치유가 일어난다고 보고 있듯이, 이것이 제대로 발굴되고 물어지고 현재화될 때 동북아시아에서 치유와 공존의 새로운 미래 지평이 시작될 수 있을 것이다.

이를 위해 본 연구단에서는 특히 19세기 후반 이후 '백여 년의 역사' 속 상처와 아픈 기억을 치유하여 새로운 성장의 길을 모색하는 학술적 작업을 해 왔다. 즉, 동북아시아에서 자행되었던 관동대진재, 남경대학살, 여순대학살, 간도의 한인 학살, 동학농민군의 학살 등의 제노사이드genocide 문제를 다루었다. 또 만주와 러시아 지역에서 근대적 체험과 기억이 문학적으로 재현되고 발현되는 방식도 살펴보았다. 한국, 일본, 중국 등 동북아 지역에서 도시 공간이 지배와 사회, 문화에 미치는 영향도 논의해 보았다.

이 저서 『동북아시아 근대체험과 문화공간』은 총 3부로 구성되었다. 제1부 〈전쟁 기억과 역사 유산〉에서는 각 국가마다 다르게 형성된 전쟁 기억을 문화유산을 활용해 공동의 인식으로 전환하는 데 초점을 두었다. 최봉룡의 「청일·러일전쟁기 대련·여순 지역의 전쟁 유적」은 전쟁의 상흔을 치유하고 미래지향적인 동북아평화공동체를 구축하기 위한 방법으로 전쟁 유적에 대한 해석적 의미 확대를 제시한다. 김주용의 「만주사변 이후 중국 요녕성遼寧省 지역 제국주의 전쟁 유적」은 만주 지역 전쟁 유적을 통한 기억의 공간적 확장을 동북아 전체의 집합 기억으로 승화시킴으로써, 유적의 공간을 평화연대의 동력으로 활용해야 한다고 주장한다. 신현선의 「역사의 재인식과 재현의 접이지대」는 위안부 피해자의 무형 기억을 대중에게 전달하고 저항의 응집력과 공감대를 확산한 응집 기억을 소녀상으로 풀어낸다.

제2부 〈극동 만주 체험과 문학적 기억〉에서는 극동 만주 체험이 문학에 어떤 기억으로 자리하고 있는가를 모색했다. 강연호의 「한국 근대시에 나타난 만주 체험과 북방 의식 연구」는 1930년대 후반 한국 근대시에 나타난 만주 체험과 그 바탕을 이루고 있는 북방 의식의 양상을 고찰하며 동북아문학의 지형을 가늠한다. 천춘화의 「해방기 염상섭 문학의 '안동安東 기억'의 지형도」는 해방기 염상섭 문학에서 '안동 기억'의 재구성 과정이 해방 공간에서 작가의 내면 변화 과정 그 자체이기도 했지만, 또 한편으로는 안동 시절의 실제 기억과도 연동되어 있는 부분이었다고 밝혀낸다. 문준일의 「러시아의 극동 지역 인식과 민속학의 문학적 발현」은 최대한 객관적이며 인본주의적인 관점에서 극동을 바라본 아르세니예프의 작품 『데르수 우잘라』를 통해 식민지를 개척하는 20세기 초반 연해주의 모순을 고찰한다.

제3부 〈도시 공간의 재구성과 문화유산〉에서는 도시 공간을 구성함에 있어 문화유산이 어떤 역할을 수행하는지를 확인한다. 김선희의 「도심재생에 있어서 '근대문화유산' 활용에 관한 고찰」은 한국과 일본에서 자주 비교되는 인천과 요코하마에서 추진한 도심재생에서 근대문화유산이 어떻게 활용되고 있는지를 비교 분석한다. 정규식의 「중국 동북 지역 사회주의 유산의 지속과 단절」은 거버넌스 체계로의 전환 과정에서 나타난 동북 지역에서 차이가 발현된 역사적·사회경제적 원인을 고찰하고 도시 공간에서 작동하는 기층 권력기제 및 지배 구조의 변화를 고찰한다. 박해남의 「서울올림픽과 도시 개조의

유산」은 발전국가가 국제사회로부터 인정을 받고자 만들어 낸 물리적 환경의 변화를 확인하고 서울올림픽을 매개로 한 도시 개조가 한국 사회에 미친 영향이 무엇인지를 정리한다.

　본 연구소에서 발행하는 연구총서가 동북아의 역사적 체험을 인식하고 새로운 차원의 공공 기억을 축적하며 상호 이해를 도모해 동북아시아의 미래 공동체로 나아가는 작은 길을 제시했으면 하는 희망을 가져 본다. 이 책이 동북아시아 체험공간과 문화공간 속에 담긴 지역과 역사, 지식문화, 문화유산 등 인문학적 삶의 지문指紋을 함께 읽고 생명과 평화, 소통과 연대의 미래 문명의 길을 밝히는 작은 길라잡이 역할을 했으면 좋겠다.

2021년 2월
김정현
원광대학교 한중관계연구원장
HK+동북아시아인문사회연구소장

차
례

1부

전쟁 기억과
역사 유산

청일·러일전쟁기 대련·여순 지역의 전쟁 유적*

최봉룡
중국 대련대학교 동북사연구센터 교수

1. 머리말

전쟁철학의 논리적 측면에서 본다면 전쟁은 또 다른 수단을 통한 정치의 연속이다.[1] 인류 문명의 기원으로 보면 전쟁은 한편으로 국가와 민족이 산생되는 과정에서 정복과 피정복, 지배와 피지배라는 기본 사회 구조가 형성되고, 또 다른 한편으로 평화적 공간에서 사회 발전을 도모하기 위한 최고 정치적 수단으로 선택된다. 때문에 인류 문명은 끊임없이 반복되는 전쟁과 평화의 순환으로 존속되어 왔다.

근대 서세동점의 격변기에 동아시아는 서구 열강의 침탈로 동시에 엄중한 위기를 맞았다. 청나라는 아편전쟁을 계기로 점차 몰락했지만 과거 중세의 특권인 화이질서를 계속 유지하려 하였다. 메이지유신을 통해 부국강병을 이룩한 일본은 탈아론을 바탕으로 '대륙정책'을 펼치면서 동아시아 패권을 장악하기 위한 대외 침략의 길로 나아갔고, 제정 러시아는 '동진정책'을 추진하면서 만주에 대한 침략 야욕을 드러냈다. 때문에 근대에 한반도와 만주의 지배권을 둘러싼 청일·러일 전쟁의 불길이 잇따라 이어졌다.

1894년 7월, 조선의 동학봉기를 진압하기 위해 진출한 청일 양국

---

1) 레닌, 「전쟁과 혁명」, 『列寧選集』 3(中國語版), 人民出版社, 1972年第二版, 71.

은 조선에 대한 지배권을 쟁탈하는 청일전쟁(1894. 7.~1895. 4.)[2]이 발발하였다. 청일전쟁은 일본군 화원구등륙으로 점차 중국에 대한 침략전쟁으로 변하였다. 또한 청일전쟁 이후 일본의 '대륙정책'과 제정 러시아의 '동진정책'은 양국 간의 모순과 대립을 더욱 격화시켰다. 1904년 2월 조선과 만주를 쟁탈하기 위한 러일전쟁(1904. 2.~1905. 1.)[3]은 '국외중립局外中立'을 선포한 중국 땅-요동반도에서 전개되었다. 이 두 차례 전쟁은 근대 동북아 지역 정치 판도에 큰 지각 변동을 일으켰다. 두 차례 전쟁에서 승리한 일본제국의 침략 야망은 더욱 팽창되었다. 그 뒤에 일본이 도발한 '9·18사변'과 중일전쟁 및 태평양전쟁은 동북아와 동남아 여러 나라 국민들에게 극심한 재난을 안겨 주었다. 야만과 공포 및 죽음을 상징하는 전쟁의 참담한 기억은 오늘날 평화를 사랑하는 인간들에게 심각한 역사적 교훈과 계시를 던져 주고 있다.

여순구旅順口[4]는 그 중요한 전략적 위치 때문에 청일전쟁과 러일전쟁의 주요 전장이었다. 현재 이곳에 청일·러일전쟁 유적과 유물 및 기념시설물이 가장 완벽하게 보존되어 있어 '근대전쟁 노천박물관'으로 불린다. 역사는 과거의 인간들이 남긴 기록을 통해 현재와 미래를 살아갈 인간에게 기억된다. 전쟁은 파괴와 살육, 공포와 야만, 고통과 죽

---

2) 청일전쟁을 중국에서는 '갑오전쟁' 혹은 '갑오중일전쟁', 일본에서는 '일청전쟁'이라고 지칭하지만, 이 글에서는 '청일전쟁'으로 약칭함.

3) 러일전쟁을 중국에서는 '일아전쟁日俄戰爭', 일본에서는 '일로전쟁日露戰爭'으로 지칭하는데 당시 일본은 러시아를 '노국露國'이라고 불렀으며 이 글에서는 '러일전쟁'으로 표기함.

4) 여순구旅順口는 대련시 관할 구역에 속하는데 흔히 '여순'이라고 약칭한다. 여순구란 지명에 대한 고증에 의하면 한漢나라 때는 '답저沓渚', '답진沓津'; 진晉나라 때는 '마석진馬石津'; 수당隋唐 때는 '도리진都里鎭'; 요금원遼金元에는 '사자구獅子口'라고 부르다가 1371년 명나라에서 파견한 요동도지휘사遼東都指揮使가 이끄는 수군이 이곳을 통해 등륙한 후 '여도평순旅途平順'이라는 뜻으로 '여순구旅順口'라고 불렀다.

음을 상징한다. 또한 참혹한 전쟁의 기억은 후세인들에게 생명의 귀중함과 평화의 소중함을 일깨워 준다.

그러나 전쟁의 기억은 단순히 두려움과 죽음으로만 표상되는 것이 아니다. 타자를 위한 죽음은 성스러움과 영광 및 영웅으로 장식되기도 한다. 전쟁은 승자의 영광과 패자의 치욕으로 종식된다. 또한 패자는 복수를 통해 다시 승자의 영광을 꿈꾼다. 동북아 지역에서 발생한 근대 전쟁사는 바로 이러한 악순환의 연속이었다. 그리고 동일한 전쟁 유적과 유물 및 기념물은 시대와 해석 주체에 따라 그 성격과 의미가 다르게 해석되고, 또한 서로 다른 사회적 기능과 역할을 담당하기도 한다. 즉, 동일한 전쟁 유적과 유물 및 기념시설은 해석 주체가 부여하는 시대적 내용과 의미에 따라 그 사회적 기능과 교육적 가치가 다른 양상으로 표출되었다.

그렇다면 동북아 지역 여러 나라 국민에게 다양한 역사적 기억으로 남아 있는 전쟁 유적과 유물 및 기념시설물을 어떻게 동북아평화공동체 구축을 위해 유익하게 활용할 것인가? 미래 지향적인 시각에서 이런 전쟁 유적과 유물 및 기념시설물이 동북아 지역 여러 국가와 민족 간의 갈등과 대립 및 오해를 극복하고 동북아평화공동체 구축을 위한 전략적으로 활용될 수 있는 방안은 무엇일까? 그리고 서로 다른 나라 국민들이 모두 쉽게 수용할 수 있을만 한 역사적이고 사실적이며 객관적이고 새로운 해석이 가능할까? 이를 통해 어떻게 의미를 부여할 것인가? 아울러 동북아평화지대를 열어 가는 데 있어 대두되는 문제점들은 무엇일까?

필자는 이 글에서 이러한 물음에 대한 해답을 고민하면서 우선 대련·여순 지역에 남아 있는 청일·러일전쟁의 유적과 유물 및 기념시설 가운데 비교적 전형적이고 대표적인 것을 소개하고자 한다. 동시에 전쟁 유물에 대한 해석과 활용에 있어서 서로 다른 역사 시기에 나타나는 서로 다른 입장과 태도 및 심성, 그리고 역사적 기억의 오도와 그 영향을 살펴볼 것이다. 그리고 미래 지향적인 차원에서 동북아평화공동체를 구축함에 있어서 전쟁 유적과 유물 및 기념시설들의 효과적인 활용 방안과 대책을 모색해 보고자 한다.

2. 여순·대련 지역 전략 위치와 청일·러일전쟁 개관

요동반도 최남단에 위치한 여순은 황해와 발해가 교착하는 곳에 자리 잡은 도시로서 남쪽은 산동반도, 서쪽과 동쪽으로 각각 발해와 황해를 두고 있으며 경진京津(북경과 천진)지역과 조선반도를 바라보고 있다. 기록에 따르면 한나라 한무제가 조선으로 통하는 뱃길을 개통하면서부터 여순은 동쪽으로 조선에 이르고 서쪽으로 경진에 닿고 남쪽으로 산동반의 등주登州(산동성 봉래)로 통하고 북쪽으로 만주대륙을 연결하는 해상 교통의 요새로 부상하였다. 때문에 여순은 "경진의 문호, 북방방어의 인후咽喉"[5])로 불렸다.

근대에 이르러 요동반도 지리위치의 특수성으로 인하여 줄곧 군사적 요충지로서 전쟁 과정에서 선제공략 거점으로 부상되었고, 청일·러일전쟁 모두 요동반도를 중심으로 전개되었다. 다시 말하면 근대 일본의 대외 팽창, 청나라의 쇠퇴, 조선반도의 함락 및 동북아 지역 국제정치 구도의 변천 등은 모두 요동반도를 중심으로 발생하였다. 요동반도는 동북아 지역 근대사에서 발생한 많은 중대한 사건과 역사적 변천을 기록하고 있다.

여순의 지리적 특징을 보면 입구가 작고 중앙부가 크고 지세는 험요한 산으로 둘러싸여 있기 때문에 은폐성이 매우 좋고 겨울에 얼지

---

5) 王珍仁, 「镌刻在旅順口的戰爭遺跡」, 『大連文物』 28, 2008, 109.

않는다. 기록에 따르면 1602년 명나라는 이곳에 수군을 설치하였다. 1875년 청나라 북양대신 이홍장李鴻章은 조정에 북방 해안방위 강화를 위해 여순에 북양해군기지를 건립할 것을 요구하는 조서를 올렸다. 얼마 뒤, 조정에서는 이홍장의 의견을 비준하였는데, 당시 양무운동의 중요한 구성 부분으로 표상되었다. 1881년부터 1890년 9월까지 8년이라는 시간과 백은 135, 35만 냥을 지불하여 여순에 큰 둑과 군항이 준공되었다.[6] 이때부터 청나라는 근대적인 해군-북양수사北洋水師의 초보적 규모를 갖추게 되었다.

또한 북양수군의 기지 방어를 강화하고 군항시설의 안전을 확보하기 위해 청나라는 1880년에 황금산포대黃金山炮臺를 시작하여 1886년 위원포대威遠炮臺, 만자영포대蠻子營炮臺, 노호미포대老虎尾炮臺 등 해안포대를 수축하였다. 1889년 이후부터 의자산포대倚子山炮臺, 안자산포대案子山炮臺, 측망대測望臺, 송수산포대松樹山炮臺, 이용산포대二龍山炮臺, 성두산포대城頭山炮臺 등 9개 육로포대를 수축함과 동시에 각종 대포 100여 문을 설치하였다. 아울러 여순의 원보방元寶坊, 호미산虎尾山, 교장구敎場溝, 만두산饅頭山 등에 탄약고彈藥庫를 만들었는데, 그 중에 남자탄고南子彈庫[7]는 지금까지 비교적 잘 보존되어 있다. 당시 여순 군항은 '아주 제1요새亞洲第一要塞'로 불리었다.[8]

1894년 7월 25일 풍도해전을 효시로 청일전쟁이 발발하고 8월 1일 양국은 각각 광서 황제와 메이지 천황의 이름으로 선전 포고를 하였다. 평양전투과 황해해전에서 승리한 일본군은 10월 24일 화원구花園口

---

6) 潘研·王維, 『旅順口景觀史話-軍港公園』, 大連出版社, 2004, 15.

7) 여순 모주초旅順口區模珠礁의 서해안에 위치한 남자탄고南子彈庫는 돌로 쌓았는데, 길이는 125m이고 너비는 62m이다. 창고 정문의 석판에는 '남자탄고南子彈庫'라는 글자가 새겨졌고 동서 양측 벽에는 각각 '호거虎踞', '용반龍盤'이라는 글자를 새겼다. 현재 시급 문물보호단위로 지정되고 있다.[http://www.1y321.com]

8) 王珍仁, 「镌刻在旅順口的戰爭遺跡」, 109.

로부터 등륙하여 11월 6일 금주를 점령하고 11월 20일 여순을 공격하였다.[9] 일본군 3천여 명의 공격에 의해 1만여 명의 청군은 참패하고 여순은 함락되고 청군의 해륙 포대 20여 개, 대포 140문 및 군함 4척은 일본군의 전리품이 되었다. 이홍장의 이른바 '속패속화速敗速和'[10] 책략의 결과로 16년간 경영해 온 북양함대의 여순 군사요새는 수포로 돌아갔다. 일본군은 청군 병사와 무고한 백성을 포함하여 2만여 명을 사살하는 "여순 대학살"이라는 만행을 저질렀다.[11]

1895년 4월 17일, 청일 양국은 불평등한 〈마관조약〉을 체결함으로서 일본은 조선과 만주에서 '이익선'을 획득하였다. 청일전쟁은 일본이 도발한 첫 침략전쟁이었고 전패한 청나라는 동방제국의 지위를 상실하였으며 일본은 '동양의 맹주'로 자임하게 되었다.

그러나 조선반도와 만주대륙에서 '이익선'을 확대하던 일본의 '대륙정책'과 제정 러시아의 '동진정책'이 충돌을 빚었다. 일본은 〈마관조약〉을 통해 청국으로부터 요동반도를 할양받았지만, '3국 간섭(러시아·독일·프랑스의 간섭)'에 의해 다시 반환될 수밖에 없었다. 1896년 9월 제정 러시아는 요동반도의 '반환공로'를 빌미로 청나라를 강박하여 동청(중동)철도 부설권을 획득하였다. 또한 1897년 12월 14일 제정 러시아의 해군소장 오노부는 5척 함대를 이끌고 여순을 점령하였다. 이듬해 3월 27일 제정 러시아는 청나라에 대한 무력 협박과 자본 회유의 수단을 이용하여 〈중아여대조계조약中俄旅大租界條約〉을 체결하고 25년 기한으로 여대 지역—관동주를 조차하고 아세아 패권을 쟁탈하는 교두보로 삼았다. 그들은 중국 민공 6만여 명을 동원하여 9km 해안 방어선과 20km 육지 방어선을 수축함과 동시에 50여 개 포대에 500

9) 張聲振·郭洪茂, 『中日關係史』 1, 社會科學文獻出版社, 2006, 545.
10) 張聲振·郭洪茂, 『中日關係史』 1, 社會科學文獻出版社, 2006, 546.
11) 關捷 總主編, 『旅順大屠殺研究』, 社會科學文獻出版社, 2004, 174.

여 문 대포를 배치하고 수십 개 병영 및 발전소를 세웠다. 여순 요새는 제정 러시아 국내를 막론하고 규모가 제일 큰 군사시설로 손꼽혔다.

1904년 2월 8일, 일본 해군연합함대는 도고 헤이하치로東鄕平八郞의 지휘하에 여순에 주둔한 러시아 태평양분견대를 습격하면서 한반도와 만주의 지배권을 쟁탈하는 제국주의 간의 식민전쟁이 발발하였다. 2월 10일 일본정부는 제정 러시아에 선전포고를 하였다. 2월 12일 청나라 광서 황제는 〈중국엄수국외중립조규中國嚴守局外中立條規〉를 반포하여 '국외중립局外中立'을 선포함과 동시에 요하 동쪽을 전장으로 획분하였다.12) 러일전쟁은 한반도와 만주의 세력 범위를 쟁탈하는 과정에서 일본의 '북진'과 제정 러시아의 '동진'으로 발생한 모순의 필연적인 결과였다.13) 러일전쟁은 요동반도를 중심으로 전체 만주 지역으로 확대되었다.

6월 20일 일본군은 오야마 이와大山岩를 총사령으로 하는 '만주군滿洲軍'을 편성하여 요양전투遼陽戰鬪, 사하전투沙河戰鬪 및 봉천회전奉天會戰 등 전역에서 제정 러시아 군대를 격파하였다. 그중에서 여순 요새전투는 가장 참혹하고 치열하였다. 일본군은 13만 병력을 투입시켜 선후로 여순 요새를 4차례 공격하였는데, 반년 사이에 살상자는 5만 9천 명에 달하였다.14) 1905년 1월 1일 제정 러시아 군대는 일본군에게 투항하였다. 1월 5일 일본군滿洲軍 제3군 사령 노기 마레스케乃木希典와 제정 러시아 여순 주둔군 사령과 쓰또사가 수사영水師營에서 〈여순개

---

12) 王彦威 主編, 『淸季外交史料』 181, 北平外交史料編纂處, 1934, 20-23.

13) 러일전쟁의 성격에 대하여 일부 학자는 "일본과 러시아가 조선반도의 이익을 쟁탈하기 위해 중국 영토위에서 발생한 전쟁"(石源華 외, 『近代中國周邊外交史論』, 上海辭書出版社, 2005, 142)이라고 해석하지만, 러일전쟁은 사실상 한반도와 만주(주요하게 요동반도)의 세력권을 쟁탈하기 위한 제국주의 식민전쟁의 성격을 지니고 있다.

14) 沈 予, 『日本大陸政策史(1868-1945)』, 社會科學文獻出版社, 2005, 131.

성규약旅順開城規約〉을 체결함으로서 329일 간의 여순 요새전투는 막을 내렸다. 여순 함락은 제정 러시아 전제제도의 실패와 일본 입헌제도의 승리로 상징되었다.[15] 러일전쟁 후, 일본은 관동총독부[16], 남만주철도주식회사[17] 및 영사재판권[18] 등을 통해 만몽 침략의 야망이 날로 팽창되었다.

현재 대련·여순 지역 청일전쟁의 유적·유물들로는 황금산포대黃金山炮臺, 모율취포대岉律嘴砲臺, 노호미포대老虎尾炮臺, 성두산포대城頭山炮, 의자산포대椅子山炮臺, 백옥산포대白玉山炮臺, 화원구기념비花園口紀念碑, 석문자저격기념비石門子狙擊戰紀念碑, 토성자저격전기념비土城子狙擊戰紀念碑, 남자탄고南子彈庫, 만충묘萬忠墓, 갑오고포甲午古炮, 및 사구청말병영유적寺溝淸末兵營遺蹟 등이 있다. 그리고 러일전쟁 유적·유물로는 전암포대電岩炮臺, 망대포대望臺炮臺, 동계관산보루東鷄冠山堡壘, 이용산보루二龍山堡壘, 대안자산보루大案子山堡壘, 서계관산포대西鷄冠山炮臺, 장군석포대將軍石炮臺, 송

---

15) 레닌은 1905년 1월 4일『前進報』제1호에 발표한「전제제도와 무산계급」(1904. 12. 22.〔1905. 1. 4.〕)이라는 글에서 "전제제도의 러시아는 이미 입헌의 일본에 의해 무너졌으며 그 어떠한 연장도 오직 실패를 가중할 것이다"라고 예언했다. 『列寧全集』9, 人民出版社 1987, 107-116.

16) 1905년 9월 관동총독부는 요양遼陽에서 설립된 후 이듬해 5월 여순에 옮기고 여순·대련 조차지-관동주關東州를 관할하는 최고 식민통치기관이었다. 1907년 9월 1일, 일본 정부는 관동총독부를 관동도독부로 개칭하고 민정(민정부)과 군정(육군부)을 분리시켰다. 1919년 일본 정부는 관동도독부를 관동청으로 개칭함과 동시에 육군부는 관동군사령부로 고쳤고 관동군은 만주 침략의 선봉이 되었다.

17) 1906년 6월 7일 메이지 천황의「칙령」으로 국책회사의 성격을 띤 '남만주철도주식회사'('만철'이라고 약칭)의 설립을 결정, 그해 8월 1일 일본 정부는 자본 2억을 투자하여 '만철'를 설립할 것을 명령했다. 11월 26일 '만철'은 동경에서 성립되었고 그 이듬해 3월 5일 대련으로 옮겼다. 만철은 남만철도의 일반적인 운수업을 경영하는 회사 형식을 빌어 식민 정책과 첩보 기관의 역할을 담당했다.

18) 영사재판관은 일본이 만주 지역 각 곳에 영사관 혹은 영사 분관을 설치하고 일본인에 대한 사법권을 향유하면서 중국의 사법권을 엄중히 파괴하였다.

수산보루松樹山堡壘, 수사영회견소구지水師營會見所舊址, 백옥산탑白玉山塔 등이 있다.[19]

이처럼 대련·여순 지역은 청일·러일전쟁의 유적과 유물 및 기념시설물이 가장 집중된 곳이다. 이러한 전쟁 유적과 기념시설물은 한 세기 전에 대련·여순 지역에서 벌어졌던 참혹한 두 차례 전쟁의 아픈 기억을 전해주고 있다. 이런 전쟁 유적과 유물 및 기념시설은 동북아 지역 여러 국가 국민들에게 다양한 태도와 정서 및 심성을 표출시킬 수 있다. 그러나 전쟁에서 가장 큰 피해자는 백성이라는 역사적 사실은 평화공존이라는 소중함을 일깨워 준다. 현재 대련·여순 지역의 전쟁 유적과 유물은 대부분 청일·러일전쟁의 공동 유적과 유물로 보존되고 있다. 아래에서 대련·여순 지역의 전형적이고 대표적인 전쟁 유적과 유물 및 기념시설물들을 청일전쟁 유적과 러일전쟁 유적 두 부분으로 나누어 살펴볼 것이다. 다만 어떤 전쟁 유적은 독자들의 이해 편리를 도모하기 위해 함께 서술하고자 한다.

3. 여순·대련 지역 청일전쟁 유적과 유물 및 기념시설

1) 갑오고포甲午古炮

여순 시내 중심에 위치한 백옥산 남쪽 산기슭의 울창한 송백나무 속에는 한 문의 고포古炮가 자리 잡고 있다. 이것이 바로 청일전쟁의 역사와 기억을 말해 주는 '갑오고포甲午古炮'이다.

19세기 60~90년대에 청나라 양무파洋務派는 '자강自强'과 '부강富强'을 표방하면서 북양 해군을 성립함과 동시에 서방 국가로부터 군함을 포

---

19) 庶眞, 「大連近代歷史遺跡申報'世界文化遺産'刍議」, 『大連文物』 28, 2008, 115.

▲ 여순 백옥산 남쪽에 위치한 청일·러일전쟁 기억의 상징유물 '갑오고포'

함하여 많은 군사 장비를 구입하였다. 갑오고포는 이 시기에 독일로부터 구매한 것이다. 1881년에 독일 크로버 병기공장에서 주조한 이 대포의 포신 길이는 7.2m, 구경은 210cm, 무게는 13.482t에 달한다. 1985년 청 정부는 여순 군항의 해륙 방어를 강화하기 위해 이런 대포를 노율취포대崂律嘴炮臺에 1문, 모주초포대模珠礁炮臺와 노호미포대老虎尾炮臺에 각각 2문씩 배치하였다. 현재 백옥산에 전시된 이 갑오고포는 당시 노호미포대에 있던 대포 2문 중의 하나였다.

1894년 7월 청일전쟁이 발발한 후, 11월 21일 일본군이 여순을 공격할 때 이 대포들은 기본상에서 기능을 발휘하지 못하고 일본군의 전리품이 되었다. 일본군은 여순에서 노획한 청군의 무기와 군수물자를 모두 일본으로 운반해 갔지만, 오직 이 대포만 남겨 두었다. 1898년 12월에 제정 러시아가 여대旅大(여순과 대련)를 조차함으로서 이 대포는 제정 러시아군의 손에 들어가게 되었다.

1904년 2월 8일, 러일전쟁이 발발한 후 제정 러시아는 여순 요새방위를 강화하기 위해 이 대포를 노호미포대에서 노철산老鐵山 동쪽에 있는 199고지로 옮겼다. 1905년 1월 1일, 여순 주둔 제정 러시아군이 일본군에 투항하고 여순 요새전투가 결속됨에 따라 고포는 또 다시 일본군 전리품이 되었다. 1907년 6월부터 일본 당국이 러일전쟁 당시 백옥산에서 전사한 일본군 관병들의 '망령'을 위로하기 위해 백옥산 사납골사白玉神社納骨祠와 '표충탑表忠塔'을 만들 때 노철산 199고지에 있던 고포를 또 다시 이곳으로 옮겨 왔다. 화강암으로 쌓아 만든 포기炮基의 우측에는 '메이지 45년 5월明治四十一年五月'에 노철산으로부터 옮길 때 시간이 기록되어 있다. 현재 갑오고포는 관광객들이 쉽게 지나치는 작은 유물에 지나지 않지만, 두 차례 전란을 겪었던 그 '신세'는 청일·러일전쟁의 상처와 아픔 및 치욕을 대변하고 있다.

2) 화원구기념비花園口紀念碑

대련시에 속하는 장하庄河市 명양진明阳镇에 있는 화원구花园口는 요동반도의 남단에 속하며 황해 연안의 작은 해만으로서 역사적으로 유명한 군사 요충지로서 옛 지명은 "도화포桃花浦"이다. 이곳은 옛적 바닷가에 복숭아나무들이 무성하여 봄에 피는 꽃들이 마치 화원을 이룬다는 뜻에서 화원구라고 불리게 되었다. 당나라 당태종이 요동을 진공할 때 화원구에서 등륙하였고, 명나라 때에는 왜구를 방어하는 초소가 되었다. 근대에 이르러 청일전쟁과 러일전쟁 때 일본군은 두 차례나 화원구로부터 등륙하였다.

▲ 1894년 10월 24일 화원구로부터 등륙하는 일본군

▲ 1994년 청일전쟁 100주년을 맞으면서 세운 화원구기념비

1894년 7월 25일, 동학당을 진압하기 위해 조선에 출병한 일본군이 풍도에 정박한 청나라 군함과 아산에 주둔한 청군을 공격함으로서 청일전쟁이 발발하였다. 9월 17일, 일본연합함대가 황해대전에서 청나라 북양함대를 격파한 후, 일본대본영은 해륙으

로 북진하기 위해 제2군을 편성함과 동시에 일본연합함대 참모장 오치시마 모토노리鮫島員規 대좌로 하여금 요동반도에서 등록 지점을 선택하도록 명령하였다. 10월 5일, 오치시마鮫島 대좌는 대본영에 화원구으로부터 등록할 것임을 전보로 알렸다.

10월 24일 새벽, 조선의 대동강 입해구의 어음동漁隐洞에서 떠난 일본군 제2군 제1·2사단, 제12혼성여단은 일본연합함대의 엄호를 받으면서 등록하였다. 11월 6일까지 14일 동안에 일본군 24,049명, 전마 2,470필 및 기타 중무기가 운송되었다. 청나라 군대는 일본군이 등록하였음에도 저격을 조직하지 못해 일본군으로 하여금 일병의 손실도 없이 쉽게 등록하게 했다. 북쪽에서 압록강을 넘은 일본군 제1군과 화원구로 등록한 제2군은 남북으로 협공 태세를 취하였다. 잇따라 일본군 제2군 제1사단은 금주, 대련만포대 및 여순 요새를 점령했다.

화원구를 통한 일본군의 등록 작전은 러일전쟁에서 다시 재현되었다. 1904년 5월 8일부터 13일까지 일본군 제2군은 화원구에서 등록하여 그 이듬해 1월 1일 여순을 함락하였다.

1994년 10월 24일, 청일전쟁 100주년을 맞으면서 당시 국무원 부총리 겸 국방부부장 장애평張爱萍이 "화원구기념비"라는 제사를 쓰고 기념비를 세웠다. 1세기 전, 전쟁의 피해와 상처 및 치욕으로 얼룩진

▲ 기념비 아래에는 '勿忘国耻 振兴中华'라는 글자가 새겨져 있다.

▲ 기념비 비문에는 청일·러일전쟁 때 일본군이 화원구에서 두 차례 등록한 과정이 기록되어 있다.

곳에 우뚝 솟은 기념비는 현재 시급 애국주의교육기지와 문물보호단위로 지정되어 있다.

3) 석문자저격전기념비石門子阻擊戰紀念碑

대련시 금주金州 이십리보二十里堡 종가촌钟家村 하가점둔夏家店屯, 즉 현재 흔히 "금주수원지金州水源地"로 불리는 202 국도변에는 청일전쟁 때 금주로 공격하는 일본군 진공을 막기 위한 청군의 저격전이 전개된 곳에 "석문자저격전기념비石门子阻击战纪念碑"가 세워져 있다. 화강암으로 된 기념비 뒷면에는 전투 과정을 자세히 기록하고 있다.

▲ 1994년에 세운 석문자저격전기념비

1894년 10월 24일, 화원구로부터 등륙한 일본군 제2군 제1사단장 야마지 겐지山地元治 중장과 보병 제1여단장 노기 마레스케乃木希典의 인솔하에 5~6천여 명이 세 길로 나뉘어 금주를 향해 진격하였다. 금주를 지키던 청군 총병 서방도徐帮道는 석문자의 동태산东台山(현재 钟家村의 西台山)과 포자산狍子山(현재 钟家村의 북산)에 포대를 수축하고 금주를 방어하는 저격전을 지휘하였다.

11월 4일 오후, 일본군 1개 소분대가 대흑산大黑山에 이르렀다가 청군의 포위에 의해 큰 패배를 당하였다. 이튿날 오후 11시, 일본군 제2군 제1사단 야마지 겐지山地元治는 군사를 세 길로 나눠서 청군 진지를 공격하였다. 동태산에서 2시간 남짓이 방어전을 지휘하던 총병 서방도는 청군의 후퇴를 명령하였다. 잇따라 일본군 보병 제1여단장 노기 마레스케乃木希典는 포자산을 점령함으로서 청군의 석문자방어선은 무너졌다. 청군의 석문자저격전의 실패로 11월 6일 오전 11시쯤에 금주는 곧 일본군에 함락되었다.

석문자저격전은 청일전쟁의 금주방어전의 중요한 전투로서 일본군 제2군이 중국 땅에 상륙하여 처음으로 큰 타격을 받음으로서 근대 중국인들의 반침략투쟁에서 자랑스러운 한 페이지를 남겼다. 1994년 대련시 문물관리위원회에서는 전적지에 "석문자저격전기념비"를 세웠고 현재 시급 애국주의교육기지 및 문물보호단위로 지정되어 있다.

4) 토성자저격전기념비土城子阻击战纪念碑

▲ 기념비 뒷면에는 전투과정이 적혀 있다.

대련시 여순구旅顺口 삼간보진三涧堡镇에 위치한 토성자土城子는 여순에서 20km 떨어져 있으며, 서쪽으로 발해에 임하고 동쪽 3면이 구릉으로 병풍을 이루고 있기 때문에 대련에서 여순으로 통하는 교통요새이다. 이곳에는 청일전쟁 때 이름난 토성자저격전기념비가 세워져 있다.

1994년 11월 18일, 금주방어전에서 후퇴한 청군 총병 서방도徐帮道는 토성자에서 3천여 명의 군대를 거느리고 일본군의 여순에 대한 진공을 막기 위한 저격전을 벌였다. 이날 오전 10시, 일본군은 아키야마 요시후루秋山好古가 거느리는 제1로군, 니시 히로지로西宽二郎가 거느리는 제2로군 전후로 나뉘어 여순을 향해 진격해 왔다. 청군은 서방도의 지휘하에 유리한 지세를 이용하여 먼저 고지를 점령한 뒤에 주동적으로 세 측면에서 일본군을 공격하였다. 치열한 전투는 오후 1시까지 지속되고 일본군은 곧 영성자營城子로 퇴각하였다.

청군의 토성자저격전은 청일전쟁에서의 첫 승첩으로서 기록되고 있는데, 일본군 사상자는 46명(사자 11명, 부상자 35명)이었다. 토성자저격전 이후 서방도는 청군을 이끌고 여순으로 퇴각하였다. 19일 아침 오전 5시, 일본군은 영성자에서 두 길로 나뉘어 여순 공격을 다시 시작하여 21일 여순을 함락하고 청국 병사 및 무고한 백성을 포함하여 약 2만여 명 사살하는 "여순대도살"이라는 만행을 저질렀다.

1994년 대련시 문물관리위원회와 여순구 정부에서는 청일전쟁 때 청군들의 반침략과 애국정신을 기르기 위해 "토성자저격전기념비土城子阻击战纪念碑"를 세웠는데, 현재 이곳은 시급 애국주의교육기지 및 문물보호단위로 지정되어 있다.

5) 여순만충묘기념관旅順萬忠墓紀念館

여순 백옥산白玉山 동쪽 산마루에 위치한 여순만충묘기념관旅順萬忠墓紀念館은 흔히 '만충묘萬忠墓'라고 불린다. 청일전쟁 때 일본군이 조출한 '여순대도살旅順大屠殺' 순난자 약 2만 명[20]에 달하는 중국인들의 고혼이 묻혀 있는 곳이다.

청일전쟁 발발 후, 화원구花園口로 등륙한 일본군 제2군 제1사단은 금주와 대련만포대大連灣炮臺를 잇따라 점령하고 11월 21일 아침 7시부터 여순 공격을 개시하였는데 해질 무렵에 여순이 함락되었다. 여순을 점령한 일본군은 11월 21일부터 25일까지 약 2만 명에 달하는 청군 병사 및 무고한 백성을 사살하는 '여순 대학살'이란 만행을 저질렀

---

20) 關捷 總主編, 『旅順大屠殺研究』, 社會科學文獻出版社, 2004, 113. 1896년 11월, 청일전쟁 종식 이후 여순 접수를 맡았던 청나라 직예후보지주直隷候補知州 고원훈顧元勛이 세운 '만충묘비萬忠墓碑'에는 "官兵商民男女1萬八千餘口"라고 기록되어 있다.(沈予, 『日本大陸政策史(1868-1945)』, 社會科學文獻出版社, 2005, 94)

▲ 여순구 93로 27호에 위치한 여순
만충묘기념관

▲ 일본군이 여순 대학살에서 중국
인을 도살하는 장면

▲ 1922년 만충묘를 수건할 때 쓴 "永
矢不忘"이라는 액판

다. 당시 일본 외상대신 무쓰 무네미쓰陸奧宗光는 그의 회고록인『건건록』(蹇蹇錄)에서 "이번 도살에서 다행히 재난을 면할 수 있었던 중국인은 전체 도시 속에서 다만 36명이 남았다"[21]라고 기술하고 있다.

현재 만충묘기념관에 보존된 4개의 만충묘비는 여순 대학살에 대한 중국인들의 역사적 기억의 변천, 그리고 후세들에게 국치 교훈을 계시해 주고 있다. 1896년 11월, 일본군이 요동반도에서 철퇴할 때 여순에 대한 접관업무를 맡았던 직예후보지주直隷候補知州 고원훈顧元勛은 일본군이 중국인들을 학살하고 화장한 골회를 묻은 곳에 세웠던 '청국장사진망지묘淸國將士陣亡之墓'라고 쓴 목패를 뽑아버리고 묘전에 '만충묘萬忠墓'라는 세 글자가 새겨진 석비를 세웠다. 이것이 만충묘의 첫 석비이다.

1904년 2월 러일전쟁에서 승리한 일본군은 또 다시 여순을 점령하였다. 일본식민 당국은 10년 전 청일전쟁에서 비참하게 죽었던 중국인들의 상징물인 만충묘가 그들의 분노와 반항 및 반일정서를 촉발

21) 陸奧宗光,『蹇蹇錄』, 常務印書館, 1963, 63-64.

시킬 것을 우려하고 두려워 하였다. 그
리하여 일본 낭인들을 사주하여 비밀
리에 만충묘석비를 관동청의원關東廳醫
院 담장에 쌓아서 감추었다. 또한 중국
인들이 청명절에 만충묘에서 제사를
지내는 것을 금지시켰다. 그러나 중국
인들은 만충묘에서 지속적으로 순난자
들을 위해 제사를 올렸다. 1922년 3월
12일 여순화상공의회회장旅順華商公議會
會長 도욱정陶旭亭 등은 만충묘 재건을

▲ 1922년에 세운 만충묘비

발기함과 동시에 만충묘비萬忠墓碑를 세웠다. 이것이 만충묘의 두 번째
비석이다.

1946년 10월 25일, 여순 각 계층 인민들은 만충묘에서 대규모 제사
활동을 거행함과 동시에 만충묘를 확건할 것을 선포했다. 1948년 만
충묘 확건 공사에 착수하여 그해 11월 '만충묘萬忠墓'라는 세 글자를
새긴 비석을 세웠다. 이것이 만충묘의 세 번째 비석이다.22) 이 비석
뒷면에 새겨진 비문은 모두 385자인데, 마지막 부분에는 "우리 관동
인민은 중소中蘇 우의를 공고히 하여 원동의 영구 평화를 확보할 것이
다"라는 서술이 있다.

1994년 11월 21일, 여순의 각 계층 인민들은 여순대도살순난자백
년제일旅順大屠殺殉難者同胞百年祭日을 맞아 대규모 갑오백년 제사 행사를
거행했다. 이때 만충묘 유해를 중국식 풍격에 따라 원형으로 개건한
묘지에 다시 안장함과 동시에 '갑오백년제중건만충묘비기甲午百年祭重建
萬忠墓碑記'를 세웠다. 이것이 만충묘의 네 번째 비석이다. 이 비석의 비

---

22) 1982년 만충묘 수건 공사 과정에 이 비석은 절단되었으며, 현재 여순만충묘기
념관에 있는 민국 시기의 만충묘 비석은 복제품이다.

▲ 1994년 11월 21일 "여순참안" 100주
년에 세운 만충묘비석

문은 모두 383자인데, 비문의 마
지막 부분인 "백년대제를 맞이하
여 돌에 새김으로써 영령을 위로
하고 또한 후세에 경시警示하노니,
거안사위 물망국치居安思危 勿忘國恥,
강국부민 진흥중화强國富民 振興中華"
라는 내용은 국치를 잊지 않으려
는 역사적 기억과 중화 진흥의 시
대적 정신으로 표상되고 있다.

여순만충묘기념관에 전시된 이 4개의 비석은 몇 세대를 내려오면
서 침략전쟁을 반대하고 평화를 추구하는 중국인민의 꾸준한 노력과
더불어 부동한 역사 시기의 이데올로기를 반영하고 있다. 중국 근대
사는 외세 침략으로 말미암아 비운과 치욕으로 얼룩진 역사이다. 때
문에 중국인의 심성 속 "역사를 기억하고 국치를 잊지 말자"라는 슬
로건은 곧 애국주의 교육으로 국민의 응집력을 도모하고 있음을 말해
준다. 이것은 전쟁유적지 곳곳에 씌어진 '명기역사 물망국치銘記歷史 勿
忘國恥'라는 표어를 통하여 그 실상과 맥락을 엿볼 수 있다.

6) 남자탄고유적南子彈庫遺跡

여순 군항의 동쪽에 있는 황금산黃金山해수욕장과 모주초가模珠焦街
사이에는 청나라 이홍장李鴻章이 1880년부터 여순 군항을 수축함과 동
시에 육지와 해안에 포대를 쌓을 때 만든 탄약 창고가 몇 곳에 있었는
데, 그중에서 가장 은폐적이고 가장 규모가 큰 탄약 창고가 바로 '남
자탄고南子彈庫'이다.

이 탄약고는 반지하 형태로 되어 있고, 남북으로 향한 정문 옆 두

벽은 돌로 쌓았으며, 동서 길이 125m, 남북 너비 62m, 정면 탄고와 동·서 탄고로 나뉘는데, 정면 탄고의 동서 길이는 55m, 남북 길이는 23m, 총면적 1,200m²에 달한다.

▲ 남자탄고유적의 표지비석

당시 여순에는 청나라 북양함대의 군항으로서 해안과 육로에 수건한 포대 19곳에 대포 90여 문이 설치되었고, 육군 1만 명이 주둔하였으며, 북양함대는 군함 25척, 관원이 4,000명에 달하였다. 청일전쟁이 조선 내에서 발발한 이후, 1894년 9월 12일 북양함대 제독 정여창丁汝昌이 지휘하던 북양함대는 여순 군항에 정박하면서 남자탄고의 탄약을 실었다. 9월 17일, 남자탄고에서 탄약을 실고 대련만에 갔다가 돌아오던 북양함대와 일본의 연합함대는 황해대전을 벌였다.

1985년 6월 남자탄고유적은 대련시 문물보호단위 및 애국주의 교육지로 지정되었을 뿐만 아니라 여순의 전쟁 유적 관광명소로서 많은 국내외 유람객들이 찾아온다.

▲ 남자탄고 화강암에 '안포탄'이라는 글자가 새겨져 있다.

▲ 2003년 5월 남자탄고 유적은 요녕성 문화보호단위로 지정되었다.

4. 러일전쟁 유물과 유적 및 기념시설

1) 백옥산탑유적白玉山塔遺跡

여순 군항의 북쪽에 위치한 백옥산白玉山[23] 꼭대기에 있는 '백옥산탑白玉山塔'의 원명은 '표충탑表忠塔'이고 흔히 '백옥탑白玉塔' 또는 '백옥산탑白玉山塔'으로 불린다. 백옥산은 청나라 말기에 중요한 군사 요지였다. 1883년에 동북쪽 산언덕에 청군의 군계총고軍械總庫가 수축되었고 또한 백옥산 포대가 만들어졌지만 청일전쟁 때 일본군에 의해 모두 파손되었다.[24]

제정 러시아가 여순을 점령한 후, 백옥산 북측에 3문의 대포를 안장하고 포대진영을 확충하였다. 러일전쟁이 끝난 뒤 1905년 11월 일본군은 백옥산 꼭대기 동북쪽에 동양풍격으로 '백옥신사납골사白玉神社納骨祠'를 수건하고 여순 요새전투에서 전사한 2만 2,723구의 골회를 보관함과 동시에 남쪽 산마루에 "제3회 폐새대기념비第3回閉塞隊記念碑"를 세워 전사한 일본군 관병들의 망령을 위로하였다. 해방 후, 이 두 건축물은 모두 제거되었기 때문에 현재는 그 흔적만 찾아볼 수 있다.

1907년 6월, 일본연합함대 사령관 도고 헤이하치로東鄕平八郎와 제3군 사령관 노기 마레스케乃木希典는 전쟁에서 전사한 일본군 관병들의

---

23) 여순 군항 북쪽에 위치한 백옥산은 해발 134.6m이고 옛 명칭은 '서관산西官山'이다. 1881년 10월 북양대신 이홍장이 영국에서 구매한 2척의 순양함을 이끌고 여순에 와서 항구와 해군기지를 고찰하면서 백옥산에 올랐을 때 맞은편에 황금산黃金山을 보며 "황금이 있으면 응당 백옥도 있어야 한다"고 말했는데, 그때부터 서관산은 백옥산白玉山이라고 불리었다.

24) 기록에 의하면 당시 북양대신 이홍장은 군계총고를 수축한 다음 그 대문에 '무고武庫'라는 두 글자를 남겼는데, 청일전쟁 후에 일본관동군에 의해 일본 국내 박물관에 옮겨졌다고 한다(潘硏·王維, 『旅順口景觀史話－白玉山景區』, 大連出版社, 2004, 1 참조).

'충혼'을 기르기 위해 백옥산에 '표충탑表忠塔'을 수건할 것을 발기하였다. 일본식민당국은 몇 천 명에 달하는 중국 민공을 동원하여 2년 5개월 동안 일본 국내에서 모금한 25만 원(일화)을 투자하여 1909년 11월 12에 준공하였다.

▲ 백옥산에 위치한 백옥산탑은 여순 러일전쟁의 대표적인 전쟁유적 기념비이다.

백옥산탑의 높이는 66.8m로 모두 273개 계단과 18개 창문으로 조성되었다. 설계자는 일본군 전사자의 '충혼'이 촛불처럼 밝게 비춘다는 뜻에서 '표충탑'의 외형을 촛불 모양으로 만들었다. 당시 '표충탑'이라는 액자는 일본 천황의 후예인 수시미 미야테 이코오伏見宮貞 愛親王가 직접 썼는데 이것은 러일전쟁에서 일본 천황에게 모든 충성을 헌신한 '영령'을 기념한다는 뜻이었다. 탑꼭대기 북측에 도고 헤이하치로東鄕平八郎와 노기 마레스케乃木希典가 함께 동판에 쓴 명문銘文은 여순 요새전투의 과정을 기록하고 있지만, 현재는 글자가 닳아 전혀 알아볼 수 없다. 일본식민당국은 매년 봄과 가을 두 계절에 이곳에서 전사한 일본군 관병들에 대한 제령의

▲ 백옥산 해군병기관 내에 위치한 '백옥신사납골사' 옛터 소개 간판

식을 거행하면서 '천황신위天皇神威'와 군국주의 사상을 선양하였다. 특히 1916년부터 일본 당국은 '오사카여행구락부大阪旅行俱樂部'를 통해 백옥산 등 세 갈래 유람코스로 만들고 '여순전적승지유람旅順戰跡聖地遊覽'을 조직하였다. 그리고 이곳은 일본 국내 청소년들에게 군국주의

사상과 무사도 정신을 주입시키는 장소로 활용되었다.

1945년 8월 22일, 여순은 소련홍군에 의해 해방되었다. 당시 지방 정부는 '표충탑'을 '백옥탑'으로 개칭하였다가 1985년 백옥산 산명에 따라 다시 '백옥산탑'이라고 불렀다.[25] 해방 후부터 '문화대혁명' 때 까지 백옥산은 군사 요충지로서 일반 백성들의 출입이 금지되었다. 1986년 백옥산풍경구가 정식으로 대내외에 개방되었지만, 외국인은 공안부문의 통행증 수속을 밟아야 했다. 그리고 1988년과 1995년에 선후하여 백옥산 꼭대기 동북쪽에 '여순해군병기관旅順海軍兵器館'과 '여 순해군기지역사전람관旅順海軍基地歷史展覽館'을 건립하였는데, 현재 청일 전쟁과 러일전쟁을 반영하는 역사 사진, 자료 및 실물 1,000여 점을 진열하고 있다. 현재 백옥산탑 유적은 문물보호단위(시급), 국방교육 기지(성급) 및 애국주의교육기지(시급)로 활용되고 있으며 매년 80만 에 달하는 관광객을 맞이하고 있다.

2) 동계관산보루유적東鷄冠山堡壘遺跡

동계관산보루는 여순 시내 중심에서 동북쪽 방향으로 약 2km 떨어 진 곳에 위치하고 있다. 동계산의 해발 높이는 119.6m이다. 이곳에는 청일전쟁이 발발하기 전, 토목구조로 만들어진 청군의 포대가 있었다. 기록에 따르면 청일전쟁 때, 즉 1894년 11월 20~21일에 일본군 보병 제14연대 좌익종대는 미쓰미쓰 쿠나스케益滿邦介의 지휘하에 동계관포 대를 공격하였다. 당시 청군은 총병總兵 서방도徐邦道의 지휘하에 일본군

---

25) 1951년 7월 27일 당시 정무원 총리 황염배黃炎培가 여순을 참관할 때 '백옥탑' 이라는 제사를 썼다. 1953년 당시 소련공산당 중앙 제1서기였던 후르쇼프가 여순을 방문할 때 백옥탑을 허물어뜨릴 것을 요구하였지만 중국의 국무원 총 리 주은래에 의해 거절 당하였다. 그리고 문화대혁명 때 홍위병들이 백옥탑을 폭파해버리려고 할 때 주은래 총리의 제지로 보존될 수 있었다.

과 치열한 반격전을 벌였다. 이 전투에
서 일본군보병 제14연대 제1대대장 소
좌 하나오카 마사사다花岡正貞이 격살되
었다.[26] 그러나 육군과 함께 일본군 연
합함대도 해상에서 청군 진영을 향해
포사격을 함으로써 청군포대는 일군에
게 점령되었다.

　현재 동계관산보루유적은 대부분 러
일전쟁 때의 유적과 유물들이다. 청일
전쟁 후에 제정 러시아는 '환료유공還遼
有功'의 대가로 1898년 3월 27일에 청나

▲ 1913년 11월 만주전적보존회
가 세운 동계관산북루 기념비

라를 강박하여 〈중아여대조지조약中俄旅大租地條約〉을 체결하고 여순을
점령했다. 이때부터 제정 러시아는 여순 지역 주위 10km의 방어선상
에 방어 공사를 구축했다. 당시 동계관산보루는 여순에 주둔한 제정
러시아군의 동부 육방선에서 가장 중요한 요지로써 흔히 '동계관산북
보루東鷄冠北山堡壘'라고 불리었다.[27]

　동계관산북보루는 5변형의 반지하 형식으로 수축되었는데, 그 면
적은 9,900m²이고, 보루의 전체 길이는 496m이며, 외곽해자의 길이는
4,000m에 달한다.[28] 이 보루는 쇠금속을 사용하지 않고 모두 콘크리
트로 만들어졌는데 그 두께가 0.9m였고 꼭대기는 높이 2m에 달하는
모래주머니로 덮었다. 러일전쟁 때 이곳에 주둔한 제정 러시아 군대
는 동시베리아 육군 제7사 제25단 제5련이었는데, 3천 명 병력에 대

---

26) 關捷 總主編, 『旅順大屠殺硏究』, 社會科學文獻出版社, 2004, 108.

27) 러일전쟁에 직접 참가했던 러시아 작가 쓰찌빠노브의 『여순구』라는 소설에서
　　는 이 포대를 '俄軍第2炮臺'라고 불렀다. 王珍仁, 「镌刻在旅順口的戰爭遺跡」, 『大
　　連文物』 28, 2008, 110.

28) 王珍仁, 「镌刻在旅順口的戰爭遺跡」, 110.

▲ 동계관산 북보루 유적지

▲ 1904년 12월 15일, 여순요새 러시아군 칸뜨라치크 사령관이 전사한 곳에 세운 석비

포 30문, 중기관총 4정을 배치하고 있었다.

1904년 8월 11일, 일본 만주군滿洲軍 제3군 제11사단은 동계관산을 주공하는 임무를 맡았다. 19일 일본군은 다시 제정 러시아군의 보루에 향해 포사격을 했지만 아무런 효과가 없었다. 일본군은 최후 갱도를 파서 보루에 접근하여 폭파시키는 전법을 이용하였다. 12월 15일, 당시 동계관북보루에 이르러 작전을 지휘하던 제정 러시아 여순 주둔군 육군 총사령 겸 동시베리아 제7사 사장 깐뜨라치크 소장을 포함한 9명 고급 군관들이 일본군의 포격으로 전사했다. 12월 18일, 일본군은 대포 화력의 엄호 아래 갱도를 이용하여 북보루에 접근하여 2.3t의 폭파약으로 동계관산 북쪽 보루의 벽을 뚫었다. 결국 119일 간의 동계관산북보루쟁 탈전은 일본군으로 점령으로 끝났고 잇따라 이룡산포대二龍山炮臺, 망대포대望臺炮臺도 함락됨으로써 제정 러시아군 동부육군방어선은 완전히 붕괴되었다.

1913년 11월, 일본관동도독부 후쿠시마 야스마사福島安正, 여순진수부사령 칸사카 혼이치官阪本一, 만철총재 나카무라 코레코中村是公 등의 발기로 설립된 만주전적보존회滿洲戰跡保存會는 대외로 일본 천황의 '신위神威'를 표방하고, 대내로 일본 국민을 기편하기 위해 러일전쟁 때 각 전장에 전적기념비를 세웠다. '동계관산북보루東鷄冠山北堡壘'라는 글자와 함께 동계관산북보루전투 상황을 기술한 비문은 이 전투를 지휘했던 일본군 중장 사메지마 시게오鮫島重雄가 썼다. 1914년 겨울, 만주전적보존회는 일본 천황이 하사한 1,000원, 일본 국회에서 출자한 15만 원 및 민간 모금 50만 원으로 각 전장에 전적기념비, 탑과 신사 등을 세웠으며, 국내 일본인들의 '전적유람'을 통해 일본 제국주의의 '전공'을 자랑하였다.

해방 후 동계관산북보루는 한때 소련군과 당지 공안기관에서 매설된 옛 작탄을 제거하는 지역이 되었다. 1986년 여순 지방정부는 관광업을 발전시키기 위해 몇백만 원을 투자하여 동계관산풍경구를 조성함과 동시에 국내외 관광객들에게 개방하였다. 1997년 4월, 동계관산북보루 서남쪽에 개설된 일아전쟁진열관日俄戰爭陳列館에는 상당 수의 귀중한 역사 사진, 자료 및 실물들이 진열되었다. 그중에서 근대 일본의 저명한 여시인 요사노 아키코與謝野晶子[29]가 1904년에 발표한 「너는 죽지 말아다오」라는 한 편의 시가 이목을 끈다. 그는 시에서 "너는 죽지 말아다오 천황天皇은 친히 전역에 참가하지 않을 것이다. 황은은 호탕한데 어찌 이런 지의旨意로 사람들을 피 흘려 죽이는가"[30]라면서 반전 정서를 여실히 드러냈다. 현재 동계관산풍경구는 대련시 애국주의교육기지, 성급 문물보호단위 및 국방교육기지로 활용되고 있으며, 4A국가급 풍경구로서 매년 40~50만 명에 달하는 관광객들을 맞이하고 있다.

---

29) 요사노 아키코與謝野晶子(1878~1942)는 근대 일본의 저명한 시인·가인으로서 1904년 2월 러일전쟁 발발 후, 〈너는 죽지 말아다오 – 여순구를 포위한 군대 속의 동생을 위해 애탄하노라〉라는 시를 발표하여 반전 정서를 표현하였다.
30) 潘研·王維, 『旅順口景觀史話 –203景區』, 大連出版社, 2004, 22.

3) 203고지유적二O三高地遺跡

▲ 203고지에 세워진 포탄형의 '이령산尔零山' 기념비

▲ 203고지에 세워진 '명기 역사 물망국치'를 쓴 게시판

여순 태양구太陽溝에서 서북쪽으로 3km 떨어진 곳에 위치한 203고지의 원명은 '후석산猴石山' 또는 '노야산老爺山', '후석산後石山'이라고 불렀다. 203고지라는 이름은 러일전쟁 때 일본군이 측량했던 해발 높이 203m라는 숫자에 따른 것이다. 러일전쟁 때 이곳에서 가장 치열한 고지 쟁탈전이 벌어졌다. 1904년 9월 19일, 일본군은 203고지를 공격했다. 러시아군은 동시베리아보병 제15단, 제14단과 제5단이었고, 일본군은 제3군 제1사단과 제7사단이었다. 쌍방이 투입한 병력은 각각 1만여 명에 달했다.[31]

11월 27일, 일본군은 전호戰壕를 203고지의 해자에서 150~200m 떨어진 곳까지 팠다. 28일 새벽에 일본군은 재차 공격을 개시하였지만 러시아군의 반격으로 이틀 동안에 제3군 사령관 노기 마레스케乃木希典가 지휘하는 제1사단의 사상자는 3,800명에 이르렀다.[32] 쌍방은 전반적인 전쟁 국면

---

31) 러일전쟁 후, 즉 1913년 8월 31일에 乃木希典이 쓴 「爾靈山高地記念塔碑文」에서 "적아 사상자는 모두 1만여 명을 초과하였다"고 기술한 것을 보면 203고지 전투에 투입된 러일 쌍방의 병력 숫자는 각각 1만여 명을 훨씬 초과한 것으로 추정된다. 潘研·王維, 『旅順口景觀史話－203景區』, 大連出版社, 2004, 4.

에서 203고지 쟁탈전의 중요성을 서
로 알고 있었으므로 전투는 매우 치
열하였다. 일본의 만주군 총참모장 아
다마 겐타로兒玉源太郎는 요양에서 기차
를 타고 여순에 와서 직접 독전하였
다. 11월 30일 새벽에 일본군은 여러
차례 '육탄전'으로 큰 대가를 치르면

▲ 노기 야스노리乃木保典가 전사한 곳
에 세워진 표시비석

서 저녁에 203고지 일부를 점령하였다. 노기 마레스케乃木希典의 작은
아들인 노기 야스노리乃木保典 소위도 이날 전투에서 전사했다. 12월 6일
일본군은 제6차 공격에서 203고지를 점령하였다. 9일 동안에 일본군
사상자는 17,000명, 제정 러시아군의 사상자는 6,000명에 달했다.[33]

　203고지를 점령한 일본군은 이곳에 포병관측소를 설치하고 직접
여순항에 정박한 제정 러시아 태평양분견대를 향해 포사격을 개시함
으로써 며칠 사이에 제정 러시아 태평양분견대 함대는 모두 격침되었
다. 203고지 전투는 제정 러시아군의 실패를 가속화했다. 1905년 1월
1일 여순을 수비하던 제정 러시아군은 일본군에게 투항하였다. 그 후
일본식민 당국은 203고지 전투에서 전사한 일본군을 위해 세웠던 '유
골기표遺骨基標'를 없애고 기념탑 수건에 착수하였다. 1913년 8월 31일
에 높이 10.3m이고 형태가 총탄 모양인 기념탑이 세워졌고 '이령산爾
靈山'이라는 세 글자는 노기 마레스케乃木希典가 직접 쓴 것이다.[34]

　해방 후, 203고지는 군사금지구역으로 구분되었다. 문화대혁명 때

---

32) 王珍仁, 「鐫刻在旅順口的戰爭遺跡」, 『大連文物』 28, 2008, 111.

33) 王珍仁, 「鐫刻在旅順口的戰爭遺跡」, 『大連文物』 28, 2008, 111.

34) '이령산爾靈山'은 '203고지'의 중국어 발음을 한자로 표기한 것인데, '이령산탑
비문爾靈山塔碑文'에 의하면 "이 산은 워낙 노야산老爺山이며 노기 장군乃木將軍이
전시戰時에 이령산爾靈山이라고 고쳤다"(潘硏·王維, 『旅順口景觀史話－203景區』,
大連出版社, 2004, 20)라고 기록되었다.

동판에 씌어진 '이령산爾靈山'이라는 세 글자를 홍위병들이 긁어버리고 '향양산向陽山'으로 바꿨고 또한 총탄 모양의 탑기둥에 새긴 동판비문도 폐철로 분실되었다. 1987년 7월 여순 지방정부는 30만 원을 투자하여 203풍경구를 수건함과 동시에 제정 러시아군의 전호 및 '내목보전전사지소內木保典戰死之所'를 회복한 후 관광객들에게 개방하였다. 그리고 '203고지 진열관'을 설치하고 상당 수의 귀중한 사진과 자료 및 유물들을 보관하고 있다. 1997년 8월부터 203고지 유적은 대련시 애국주의교육기지·국방교육기지로 활용되고 있다.

4) 황금산포대유적黃金山炮臺遺跡와 전암포대電岩砲臺

▲ 황금산포대의 전경

여순 항구의 동쪽에 위치한 황금산黃金山은 해발 119.1m이다. 황금산 동쪽에 있는 황금산포대는 청나라 말기 여순 해안에 설치한 여러 포대 중에서 규모가 제일 크다. 1879년에 청나라는 북양대신 이홍장李鴻章의 상소에 따라 여순 해안방어 건설을 결정하고 주성전周盛傳을 파견하여 감독하도록 하였다. 그 이듬해에 북양해군은 수사영水師營을 대체함과 동시에 군항과 둑을 건설하였다. 1883년에 황금산 첫 포대가 준공되었다. 청일전쟁 전에 청나라는 황금산포대에 독일에서 구입한 각종 대포 17문을 배치하였다. 당시 백은 18만 6천 냥이 소모된 이곳은 여순 해안방어선에서 규모가 제일 큰 포대였다.[35]

청일전쟁 때, 즉 1894년 11월 21일 새벽 일본군이 의자산보루椅子山堡壘를 공격할 때 황금산포대는 위력을 발휘했다. 황금산포대의 대포는

---

35) 潘研·王維, 『旅順口景觀史話黃金山海水浴場』, 大連出版社, 2004, 13.

360°전방위에서 일본군 육·해군에 반격함으로써 일본군의 여러 차례 진공을 유력하게 막았다. 그러나 황금산포대의 치열한 공방전 속에서 포대수군총병炮臺守軍總兵 황사림黃仕林이 도주하면서 고립무원에 빠진 황금산포대는 일군에게 점령되고 대포를 포함한 무기들은 일본군 전리품으로 약탈당하였다.

▲ 전암포대에 설치된 대포

청일전쟁 이후 여순을 점령한 제정 러시아는 1899년부터 황금산포대를 확대, 수축하였고 러일전쟁이 발발할 때 공사는 기본상에서 마무리되었다. 이때 황금산포대에는 대포 8문, 탄약고彈藥庫 3개 및 포대와 연결된 병영 숙사 7칸이 있었고 포대공사의 총길이는 128m에 달한다. 현재 황금산포

▲ 전암포대 입구에 쓰여진 "침화역사를 승인하지 않는 일본인의 입장을 거절한다"는 표지판

대는 군사구역으로서 출입이 금지되고 있다.

그리고 황금산포대의 서남쪽에 있는 전암포대電岩炮臺는 청나라가 황금산포대를 수축할 때 함께 만든 것인데, 당시에 '전계포대田鷄炮臺'[36]라고 불렸다. 여순을 점령한 제정 러시아는 1900년에 이 포대를 대규모로 확충하여 길이 200m, 넓이 50m에 달하는 포대에 구경이 254cm인 화포 5문, 57cm인 화포 1문 및 탐조등 2대를 설치하였다. 이

---

36) 청나라 때 '전계포대田鷄炮臺'는 여순을 점령한 제정 러시아가 1900년에 이 포대를 확건할 때 2개의 원거리 탐조등을 가설하였는데, 밤에 원거리 탐조등이 바다를 비출 때면 암벽에 반사되는 불빛이 마치 암벽이 전기를 내뿜는 듯하여 '전암포대電岩炮臺'라고 불리었다. 潘研·王維, 『旅順口景觀史話黃金山海水浴場』, 16.

때부터 이 포대는 '전암포대電岩炮臺'로 불리었다.

1904년 2월 러일전쟁이 발발한 후, 황금산포대와 전암포대는 제정 러시아 군대의 중요한 전략적 진지였다. 2월부터 5월까지 일본군은 제정 러시아 태평양분견대를 여순 항구에서 침몰시키기 위해 선후로 17척 함선을 세 차례 동원하여 이른바 '여순구폐새행동旅順口閉塞行動'을 개시하였다. 이때 황금산포대와 전암포대는 큰 위력을 발휘함으로서 일본군의 함선은 예정 목적을 달성할 수 없었다. 그러나 제정 러시아군은 해전에서 실패하였고, 여순의 전체 방어선도 무너졌다. 따라서 이 2포대도 일본군의 손에 들어갔고 모든 화포도 전리품으로 약탈되었다.

현재 황금산포대에는 당시 참혹한 전쟁의 흔적들이 그대로 남아 있다. 예컨대 제정 러시아군들이 수축한 포터炮基, 탄약고 및 병영숙사 등 시설들이 비교적 완전하게 보존되어 있다. 그렇지만 이곳은 아직도 개방되지 않은 군사 금지구역에 속한다. 그리고 전암포대는 1945년 8월 여순에 진주한 소련군이 접수하였고 1955년 소련군이 철수한 뒤에 중국 정부에서 관리하게 되었다. 전암포대의 대포는 러일전쟁 후에 일본군에 의해 약탈되었다. 현재 전암포대에 설치된 구경 130cm인 대포 3문은 모두 1940년대 구소련에서 생산한 것이지만 두 차례의 전쟁 기억을 더듬게 하는 신비로움을 지닌다.

5) 망대포대유적望臺炮臺遺跡

여순 항구의 동북쪽 방향에 위치한 망대포대望臺炮臺는 동계관산북보루에서 서쪽으로 약 2km 떨어진 곳에 있으며 해발 높이는 182m이다. 동남쪽은 동계관산東鷄冠山 주봉이고 북쪽에 반룡산동서보루盤龍山東西堡壘, 서쪽에 이룡산보루二龍山堡壘, 송수산보루松樹山堡壘가 있다.

현재 망대포대에는 러일전쟁 유물로 대포 2문이 남아있다. 이 대포는 1899년에 제정 러시아의 페트로그라드 병기 공장에서 주조한 구경이 150cm인 함대용 대포이다. 1904년 8월 10일, 여순 항구에 정박한 제정 러시아 태평양분견대의 9척 함선은 일본군의 봉쇄에 대한 포위 돌파를 시도하였으나 실패하였다. 제정 러시아 사령부는 함선 위에 있던 284문의 대포를 뜯어서 육상에 있는 각 보루에 옮겨 사용하도록 결정하였다. 망대포대의 대포 2문은 그때 중국인 민공 2천여 명을 동원시켜 옮겼다. 당시 제정 러시아는 이 포대를 '대응소大鷹巢'라고 불렀다.

▲ 1915년 10월 만주전적보존회에서 세운 망대포대 석비

1904년 8월 24일부터 일본군은 4개의 연대 병력으로 망대포대를 공격하였으나 몇 차례 공방전에서 망대포대를 점령하지 못했다. 10월 4일, 망대포

▲ 러일전쟁 때 러시아군이 동대포대에 설치한 두 문의 군함포

대는 일본군의 우회 공격으로 한때 점령되었지만, 러시아군은 반격하여 다시 수복하였다.

1905년 1월 1일, 이치코—戶 소장이 이끄는 보병 제7연대, 보병 제35연대 및 마에다前田 소장이 이끄는 보병 제43연대가 돌격을 감행하여 망대포대는 끝내 일본군에 점령되었다. 망대포도의 함락은 러일전쟁에서 여순 요새 쟁탈전의 종식을 의미한다. 러일전쟁 이후 일본식민 당국은 망대포대의 대포 2문을 의도적으로 보존하였을 뿐만 아니라, 1909년 10월에는 만주전적보존회의 이름으로 '망대포대'라는 글자가 새겨진 화강암 기념비를 세웠다. 그때부터 망대포대는 '여순전적지유람 코스'의 중요한 사적지 중 하나가 되었다.

1980년대 개혁개방 이후, 여순 지방정부는 많은 자금을 투자하여 '망대포대' 전쟁 유적지를 보존함과 동시에 포대 서남쪽에 183층 계단을 만들고 대내외에 개방하였다. 현재 2문의 포신에 다양한 언어와 문자로 새겨진 '유언留言'들은 전쟁을 혐오하고 평화를 사랑하자는 사람들의 소박한 마음과 진지한 염원을 드러내고 있다.

6) 수사영회견소구지水師營會見所舊址

▲ 여순구 수사영가에 위치한
수사영회견소 옛터의 표지판

수사영水師營은 여순에서 북쪽으로 4km 떨어진 용하龍河의 우안右岸에 위치하고 있는데, 러일전쟁 때 러시아군대가 일본군에게 투항 문서를 조인한 곳이다. 원래 이곳은 청나라 수군의 주둔지였다. 청나라 말기 수사영이 철수한 뒤 점차 주민구역으로 변하였는데 러일전쟁 때 수사영촌은 심하게 파괴되었으나 서북가西北街 29호의 주택 1곳만 완전하게 보존되었다. 일본군이 여순을 총공격할 때 이 주택은 일본군 제3군 제1사단의 위생소로 이용되었기 때문이다.[37]

1905년 1월 1일 제정 러시아 여순주둔군 사령 스토셋리는 레이스를 파견하여 일본군(만주군) 제3군 사령관 노기 마레스케에게 투항서를 전달하였다. 그 이튿날 쌍방의 대표는 투항 문제에 대한 담판을 통

---

37) 旅順水師營會見所舊址. [http://www.ipiao.com.cn].

해 쌍방의 최고 장교가 수사영에서 만나
기로 결정했다. 1월 5일 노기 마레스케와
스토셋리는 수사영에서 투항 문서, 즉〈여
순개성규약旅順開城規約〉을 체결함으로써 여
순요새 쟁탈전은 막을 내렸다. 그리하여 여
순요새는 일본군에게 넘어갔고 러시아 장
교 878명과 병사 23,491명은 일본군의 포
로가 되었다.[38]

당시 쌍방이 회견할 때, 스토셋리가 노
기 마레스케에게 선물로 준 백마를 매어
놓았던 대추나무는 러일전쟁 후 관동군이

▲ 1915년 10월 만주전적보존
회가 세웠던 수영사회견소 석비

그 주택을 매입함에 따라 일본군의 '전적戰績'을 선전하는 기념물로
삼았다. 일본관동군은 주택 울타리 안에 '수사영회견소水師營會見所'라
는 글자가 새겨진 돌비석을 세웠다. 일본이 여순을 통치하던 40년 동
안 수사영회견소는 줄곧 전적지로 분류되었다. 당시 일본 군국주의의
'영광'과 제정 러시아의 '치욕'으로 부각되던 이곳은 현재 러일전쟁

▲ 수사영회견소 비석　　▲ 1929년 11월 수사영회견소에 세운 '봉대소지적' 비석

---

38) 潘研·王維, 『旅順口景觀史話－東鷄冠山景區』, 大連出版社, 2004, 28.

유적지로서 많은 대내외 관광객들에게 개방되어 무언의 교훈을 시사하고 있다.

7) 소군열사릉원蘇軍烈士陵園과 제정 러시아 공묘沙俄公墓

▲ 러일전쟁 이후 동정교식으로 제정 러시아군인들의 무덤에 세운 기념비

▲ 1955년 5월 24일 소군열사릉원 내에 세워진 소군열사기념비

여순 수사영진水師營鎭 삼리교三里橋 서쪽에 위치하고 있는 소군열사릉원蘇軍烈士陵園은 1945년 8월 22일 소련 홍군이 여순에 주둔한 후 이곳에 있던 제정 러시아 공동묘지沙俄公墓를 확대하여 만든 것인데, 면적이 4만 8천 m²에 달한다. 현재 중국에서 제일 큰 외국인 열사릉원인 이곳에도 러일전쟁의 기억과 흔적들이 고스란히 남아 있다.

1897년 12월 24일, 제정 러시아는 '3국 간섭三國干涉'을 통한 요동반도 반환의 구세주로 자처하면서 이른바 '보호'라는 빌미로 여순을 점령하였다. 제정 러시아는 식민 통치를 강화하기 위해 많은 포대·보루 및 전호를 수축함과 동시에 여순구 사구寺溝삼리교三里橋의 황폐한 땅을 공동묘지로 조성하였다. 제정 러시아 황제 니콜라이 2세는 이곳을 원동지역에서 '황색 러시아 강토의 첫 공동묘지'라고 불렀다.[39] 현재 공동묘지 비문을 통

---

39) 潘研·王維,『旅順口景觀史話－蘇軍烈士陵園』, 大連出版社, 2004, 1.

해 러일전쟁 때 전사한 제정 러시아 장교와 병사 및 그 가족들의 명단을 쉽게 확인할 수 있다.

1905년 4월 17일, 일본과 제정 러시아는 미국 중재로 한반도와 만주의 세력범위를 확정하는 〈포츠머스조약〉을 체결하였다. 이때부터 일본은 조선에 대한 보호권을 획득하고 요동반도에서 식민 통치를 확립하였다. 1906년 8월 7일 러·일 양국은 전후 처리를 위해 '장졸유해위원회將卒遺骸委員會'를 결성하였다. 쌍방 협의에 따라 전승국인 일본이 2년이라는 시간을 거쳐 동일한 전장 혹은 인근의 전장 및 여순 쟁탈전에서 전사한 러시아 군인 1만 4,873구 유해를 공동묘지에 안장하였다. 그중에 동계관산 북보루東鷄冠山北堡壘, 반룡산 서보루盤龍山西堡壘의 러시아군 322구와 203고지, 기자산보루椅子山堡壘의 6,550구 유해가 합장되었다. 당시 일본 식민 당국은 묘지 앞에 '로병지묘露兵之墓'라는 돌비석을 세웠다.

1907년 10월, 일본식민 당국은 제정 러시아 공동묘지 안에 여순 쟁탈전에서 전사한 러시아 사병을 위해 유럽 건축양식으로 '여순진몰로병장졸지비旅順陣歿露兵將卒之碑'를 세웠다. 화강암으로 쌓은 비석의 정면에는 러시아어로 "이곳은 아얼뚜항(여순항을 말함_필자)전투에서 전사한 러시아 사병의 유해"라는 글자가 쓰여 있었고, 우측에는 "메이지 40년 10월 10일 대일본정부건립明治四十年十月 大日本政府建之"이라는 글자가 새겨져 있다. 이 비석을 세울 때 일본식민 당국은 성대한 제막식을 거행하였다. 당시 러일전쟁의 '영웅'으로 추앙받던 노기 마레스케와 도고 헤이하치로는 이른바 '인도'와 '인자'를 표방하면서 일본정부 대표로 출석하였다. 동시에 일본식민 당국은 제정 러시아 정부로 하여금 묘지 중심에 일아전쟁기념비日俄戰爭紀念碑를 세우는 것을 허락하였다. 화강석으로 쌓은 기념비 높이는 6m이고 꼭대기에 동정교 표식이 있는 비문에는 러시아어로 "제정 러시아 황제와 조국과 신앙

▲ 여순 화평광장의 소군기념탑

을 위해 영용하게 헌신한 여순구 보위자는 영생불멸"이라고 쓰여 있다. 기념비 뒷면에는 러일전쟁 때 여순 쟁탈전에 참가한 제정 러시아군 각 부대의 명세표가 새겨져 있다. 이러한 전쟁 유적과 기념시설물은 지난날 서로 대립하면서도 또한 서로 결탁하여 중국 영토를 분할하려던 일본과 제정 러시아 두 제국주의의 침략적 야망과 그 실상을 적나라하게 입증한다.

1945년 8월 22일, 4천km 전선에서 150만 대군이 세 갈래로 나뉘어 만주에로 진출한 소련홍군이 여순을 점령하였다. 그때부터 이 공동묘지에는 만주 전장에서 전사한 일부 소련군 관병들과 그 가속들이 안장되었다. 해방 후, 여순 지방 정부는 중·소 양국의 우의를 고려하여 이 공동묘지를 '소군열사릉원蘇軍烈士陵園'으로 개칭하였다.[40] 1955년 5월, 중·소 양국 정부의 협의에 따라 12만에 달하는 소련군이 여순에서 철수할 때 여대시旅大市(대련시 옛 명칭)정부는 소군렬사릉원 중앙에 '소군열사기념비蘇軍烈士紀念碑'를 세웠다. 그러나 소련군이 철수한 뒤에는 줄곧 폐쇄되었다.

1992년 소군열사릉원은 정식으로 대내외 관광객들에게 개방되었

---

40) 현재 '여순소군열사릉원'에 안장된 소련군 열사는 세 곳으로 나뉘어 안장되었는데, 1945년 8월 소련군대가 일본에 선전 포고를 하고 동북으로 진출하여 각 전장에서 희생된 3만 3천여 명 열사 중에 일부분이 이곳에 안장되었다. 다른 한 곳은 1950-1953년 한국전쟁(중국에서는 '항미원조전쟁'으로 칭함)에 참전했다가 전사한 소련군 비행사들이 대부분 이곳에 안장되었는데, 1,600여 묘비 중에서 202개는 비행사들의 묘비이다. 남은 한 곳은 1945년부터 1955년까지 소련군이 여순에서 철수하기까지 사망한 관병과 가속들이 안장되었다. 통계에 의하면 1,323개 묘지에 2,030명이 안장되었는데, 그중에 군인은 1,408명이고 가속이 622명이다. [http://www.yiqilai.com.cn].

다. 이곳이 비교적 늦게 개방된 원인은 항미원조전쟁[41]에 참전했다가 희생된 소련 공군 비행사들이 묻혀 있는 것과 무관하지 않았던 것으로 알려져 있다. 현재 항미원조전쟁에서 희생된 소련군 비행사들의 묘비는 202개에 달한다.

▲ 소군열사릉원 내의 묘지

1999년 9월, 대련시 인민광장에 있던 '소군기념탑蘇軍紀念塔'은 소군열사릉원 앞에 있는 화평광장으로 옮겼다. 이 기념탑들은 중·소 두 나라 국민들의 우의를 상징할 뿐만 아니라, 제2차 세계대전 때 여순이 겪은 풍운의 역사를 잘 나타내고 있다. 그러나 일러전쟁기념비日俄戰爭紀念碑와 소군열사기념탑蘇軍烈士紀念碑 및 소군기념탑蘇軍紀念塔 등 전쟁기념시설에 대한 역사적 기억과 해석은 많은 사색을 던져 준다. 즉 전쟁 유적에 대한 역사적 기억과 해석이 다양한 시대 정신과 정치 이념 및 이데올로기에 대한 시각의 차이가 있음을 시사해 주고 있다.

5. 동북아평화공동체 구축을 위한 전쟁 유적 활용 방안

위에서 이미 서술하다시피 대련·여순 지역 청일·러일전쟁 유적과 유물 및 기념시설물은 비교적 잘 보존되고 있다. 때문에 여순은 '중국의 근대전쟁 노천박물관'으로 불린다. 그렇다면 1세기 남짓 흐른 오늘에 이르기까지 대련·여순 지역 전쟁 유적과 유물 및 기념시설물들이 잘 보존될 수 있었던 원인은 과연 무엇일까? 그리고 동북아평화공동

---

41) 항미원조전쟁(1951~1953)은 현재 한국과 조선에서 각각 서로 다르게 호칭되고 있는 '한국전쟁' 또는 '조선해방전쟁'에 대한 중국식 표현 방식이다.

체 구축을 위한 전쟁 유적과 유물 및 기념시설물을 어떻게 유용하게 활용할 것인가? 즉, 미래 지향적인 안목에서 한편으로 과거의 뼈저린 역사를 망각하지 않으면서도 또 다른 한편으로 과거 역사를 새롭게 해석함으로서 역사적 공동인식의 틀이 요망된다. 물론 상술한 물음에 대한 해답은 국적과 이념에 조금씩 차이가 있을 수 있지만, 역사를 실사구시하게 평가함과 더불어 현실을 위한 해석적 의미에 주목할 필요가 있다.

우선 대련·여순 지역에 이처럼 전쟁 유적과 유물 및 기념시설물들이 완비하게 보존될 수 있었던 원인은 다음과 같이 개괄할 수 있다. 첫째는 일제식민 당국이 군국주의 사상을 선전하기 위한 도구로 활용하려는 목적에서 청일·러일전쟁 유적과 유물 및 기념시설물을 많이 설치하였던 것은 부정할 수 없다. 그러나 이러한 전쟁 유적과 유물 및 기념시설물이 오늘까지 역사의 기억으로 남아 있게 된 것은 실로 불행 중 다행이라고 하겠다. 예컨대 1913년 11월에 성립된 만주전적보존회가 일본 천황의 '신위'와 군국주의 사상을 '선전'하기 위한 목적으로 많은 전쟁 유적과 유물 및 기념시설물을 만들고 '전적유람'을 조직하였다. 여기서 우리는 전쟁 유적과 유물 및 기념시설물은 해석 주체에 따라 서로 상반되는 사회적 기능과 역할로 작용할 수 있음을 확인할 수 있다.

둘째는 1945년 8월부터 1955년 5월까지 여순은 소련군이 주둔한 군사 금지구역으로 지정되었고, 또한 중국 정부가 접수한 뒤에도 오랫동안 군사 금지구역이었기 때문에 이러한 전쟁 유적과 유물 및 기념시설물은 비교적 잘 보존될 수 있었다. 또한 일본이 무조건 투항을 선포한 후에 소련홍군이 여순에 진주할 때 전쟁 피해가 없었다. 그리고 소련군이 10년 동안 여순에 주둔하면서 일제식민통치 시기에 남긴 전쟁 유적과 유물 및 기념시설물을 그대로 보존하였다는 점도 주목된다.

셋째는 여순 지방정부가 개혁개방 이후 전쟁 유적과 유물 및 기념시설물에 대한 보호와 관리를 강화함과 동시에 많은 자금을 투자하여 전쟁유형 문화를 경제 발전과 결합시켜 더욱 유용하게 활용하고 있기 때문이다. 비록 '문화대혁명' 때 대련·여순 지역의 일부 청일·러일전쟁유적과 유물들이 소위 '혁명적인 복수 정서'로 인하여 파괴되었다. 예컨대 러일전쟁 이후 '만주전적보존회'가 여순구 노호미반도老虎尾半島에 '폐새기념비閉塞紀念碑'를 세웠는데, 문화대혁명 때 '침략전쟁에 대한 분노'로 일거에 폭파해버렸다고 한다.[42] 현재 폐새기념비 위에 설치하였던 후꾸쯔마루福井丸호 쇠닻의 잔해는 여순일아감옥박물관旅順日俄監獄博物館에 보존되어 있다.

1980년대 중국의 개혁개방과 함께 문물에 관한 법적 조례 및 행정 관리 사업은 점차 정상적인 궤도에 오르기 시작하였다. 여순 지방 정부는 전쟁 유적과 유물 및 기념시설물을 관광업 개발과 결합시켜 많은 자금을 투자하여 수건 또는 재건함으로써 많은 유적과 유물 및 기념시설물들을 유용하게 활용하고 있다. 예컨대 1998년부터 대련·여순 지역 전쟁 유적과 유물 및 기념시설물은 관광사업위원회, 풍경명승구 관리위원회, 문물관리위원회가 공동으로 관리하였다. 2000년 3월 대련여순관광집단유한회사大連旅順旅遊集團有限公司가 설립된 후 여순의 대부분 풍경 구역은 그 소속기관으로 귀속되었다. 현재 여순은 국가급 관광 도시로서 국내외 수많은 관광객들의 각광을 받고 있다. 또한 전쟁 유적과 진열관은 선후로 문물보호단위(성급 혹은 시급), 애국주의 교육기지와 국방교육기지 및 실천교학기지 등으로 지정되어 그 사회적 기능과 경제적 효과를 충분히 발휘하고 있다. 지금 여순 지방 정부에서는 외국인들의 왕래가 빈번해짐에 따라 각국 인민들과의 우호관계를 발전시키기 위해 노력을 기울이고 있다. 예컨대 203국가삼림공원

---

42) 潘研·王維, 『旅順口景觀史話－軍港公園』, 大連出版社, 2004, 25-26.

에 있는 앵화원櫻花園, 소군열사릉원蘇軍烈士陵園 등과 같은 곳은 전쟁의 상처를 극복하고 우의와 교류 및 평화를 동경하는 장소로 각인되고 있다.

현재 대련·여순 지역 청일·러일전쟁 유적과 유물 및 기념시설물은 그 사회적 가치와 경제적 효과에 더욱 큰 기여가 예상된다. 그러나 현재 여순의 전쟁 유적과 유물 및 기념시설물들을 더 잘 보존하고 유용하게 활용하는 과정에서 대두될 수 있는 문제점은 아래와 같은 몇 가지로 개괄할 수 있다.

첫째는 대련·여순 지역의 청일·러일전쟁 유적과 유물 및 기념시설물은 대체로 문물보호단위의 등급이 낮다. 중국의 문물보호단위 현상을 볼 때, 일반적으로 역사문물의 가치와 문물보호단위 등급은 정비례를 이룬다. 대련·여순 지역의 전쟁 유적과 유물 및 기념시설물은 대체로 시급 문물보호단위로 지정되고 있다. 예컨대 러일전쟁의 가장 대표적인 기념시설물이라고 할 수 있는 백옥산탑은 여순의 상징물로 자리매김하고 있지만 역시 시급 문물보호단위에 불과하다.

둘째는 현재 여순은 여전히 중요한 군사 요충지로서 일부 전쟁 유적지는 개방되지 않고 있다. 미래 지향적인 안목에서 본다면 동북아 평화공동체 구축을 위한 전쟁 유적과 유물 및 기념시설은 역사의 기억을 통해 후세들에게 전쟁에 대한 자성自醒과 각성覺性 및 지성知性을 갖도록 해야 한다. 여순의 전쟁 유적과 유물 및 기념시설물을 더 개방하면 그 사회적 기능과 효과가 더욱 크게 발휘될 수 있다.

셋째는 전쟁 유적과 유물 및 기념시설에 대한 해석을 더 폭넓게 확대할 필요성이 있다. 전쟁 유적은 흔히 가해자와 피해자의 입장에 따라, 또는 시대적 변천에 따라 역사의 기억에 대한 해석과 의미가 다양하게 내포될 수 있다. 예컨대 일제식민통치 시기에 대련·여순 지역 전쟁 유적과 유물 및 기념시설은 군국주의적 침략 전쟁을 위한 정신적 세례를 받는 장소로 이용되었지만 현재는 과거 제국주의자들이 중국 침략전쟁의 죄증을 입증할 뿐만 아니라, 중국인들의 애국정신을 함양하는 데 일익을 담당하고 있다. 또한 전쟁을 반대하고 평화를 사랑하는 평화주의 교육도 필요하다.

한 마디 더 부언하고 싶은 것은 단순히 피해자(국가 혹은 민족)의 입장에서 분노와 증오 및 복수적 심성을 탈피하고, 가해자(국가 혹은 민족)의 반성적인 태도에 대해 관용과 포섭 및 우호적 감정을 키우는 바람직한 자세이다. 이로써 전쟁 상흔의 기억과 치유의 변증법이다. 그러나 가해자는 피해자의 상처와 고통 및 격분의 정서를 이해하고 역사의 진실을 왜곡하지 않고 진정한 반성의 태도를 보여 주어야만 가해자와 피해자 간에 갈등과 대립을 극복하고 서로 손잡고 미래를 향한 화해와 협력 및 평화의 길로 나가는 데 효과적이지 않을까 사료된다.

6. 맺음말

전쟁과 평화는 인류 문명과 역사의 영원한 화두이다. 인간은 전쟁이 없는 평화를 위한 전쟁에서 생명을 잃고 죽는다. 또한 전쟁 승리를 위한 희생은 평화를 만들어가는 초석이 되기도 한다. 전쟁은 공포와 야만, 고통과 죽음 및 파괴와 비극으로 표상된다. 영원한 전쟁이 없듯이 국가가 실존하는 한 영원한 평화도 담보하기 어렵다. 때문에 평화는 더욱더 소중하다.

본 글에서 필자는 요동반도의 남단에 있는 대련·여순 지역 전략 위치와 청일·러일전쟁의 개관을 통하여 두 차례 전쟁의 성격과 변화 및 역사적 맥락을 서술함과 동시에 대표적인 전쟁 유적과 유물 및 기념시설들을 소개하였다. 그리고 이러한 전쟁 유적과 유물 및 기념시설물들이 부동한 역사 시대에 나타난 서로 다른 사회적 기능과 역할을 엿볼 수 있었다. 또한 대련·여순 지역에 청일·러일전쟁 유적과 유물·기념시설 및 진열관 등이 완비하게 보존될 수 있었던 원인을 지적함과 동시에 나름대로 그 활용 방안과 대책을 제시하였다.

특히 전쟁의 상흔을 치유하고 미래 지향적인 동북아평화공동체 구축을 위한 역사적 공동 인식의 틀을 마련하려면 전쟁 유적에 대한 해석적 의미를 확대할 필요성을 지적하였다. 동북아 지역 각 구성원들이 과거 전쟁의 상흔을 치유하고 공존 상생과 공동 번영의 동북아평화공동체를 구축해 나가야 한다. 이것은 전쟁을 반대하고 평화를 사랑하는 사람들의 공동한 염원이다. 그러나 전쟁 유적의 역사적 기억은 해석 주체와 시대적 내용 및 의미 부여에 따라 달라질 수 있다. 때문에 전쟁 유적에 대한 편협한 해석이 자칫하면 복수주의·국수주의 및 민족주의의 표출로 나타날 수 있다.

현재 동북아 지역에서 가끔 발생되는 위안부·교과서 및 영토 분쟁 등은 역사 문제로 귀결된다. 때문에 동북아평화공동체 기틀을 마련하는 데 있어서 역사적 공동 인식이 필요하다. 특히 냉전시대의 산물인 한반도 남북 분단과 휴전선은 동북아평화공동체 구축에 있어 큰 장애물이다. 이런 역사 문제를 풀어가는 가장 이상적인 방법은 오직 대화를 통한 평화적 해결뿐이다. 대련·여순 지역 전쟁 유적과 기념시설이 중국인뿐만 아니라, 동북아 지역을 포함한 세계 여러 나라 국민이 전쟁의 기억과 계시를 통해 평화로운 지구촌을 만들어가는 데 생생한 교과서로 활용되기를 기대해 마지않는다.

참고문헌

레닌, 「전쟁과 혁명」, 『列寧選集』第三卷(中國語版), 人民出版社, 1972

關捷 總主編, 『旅順大屠殺硏究』, 社會科學文獻出版社, 2004
潘硏·王維, 『旅順口景觀史話－203景區』, 大連出版社, 2004
潘硏·王維, 『旅順口景觀史話－軍港公園』, 大連出版社, 2004
沈 予, 『日本大陸政策史(1868-1945)』, 社會科學文獻出版社, 2005
王彦威 主編, 『淸季外交史料』 181, 北平外交史料編纂處, 1934
王珍仁, 「镌刻在旅順口的戰爭遺跡」, 『大連文物』 28, 2008
陸奧宗光, 『蹇蹇錄』, 常務印書館, 1963
張聲振·郭洪茂, 『中日關係史』第一卷, 社會科學文獻出版社, 2006

[http://www.yiqilai.com.cn]
[http://www.ipiao.com.cn]

만주사변 이후 중국 요녕성遼寧省 지역 제국주의 전쟁 유적*

기억의 공간적 확장

김주용
원광대학교 동북아시아인문사회연구소 HK교수

1. 머리말

어제는 온종일 큰비가 내렸다. 비가 좀 왔으면 하고 기다리던 중경 시민의
기대에 오히려 지나칠 정도로 많이 내리었다. 백만 인구가 살고 있는 중경시는
한달 여를 두고 계속 폭격을 받아 시가지에선 별로 남긴 데가 없이 많은 건물
들이 불에 타고 무너져 폐허같이 되었다. 아직 좀 남아 있는 집들마저도 작탄
떨어진 폭음에 그 몇 번이나 들었다 놓았다 해서인지 비가 내리니깐 집집마다
방바닥에 큰비가 내려 경황이 없었다고 한다. 이 구슬픈 사정이 일본 비행기의
횡작 때문이거니 하고 생각하면 일본이 정말 원수라 아니 할 사람이 없는 동시
에 이 雪恥를 생각할 때면 저마다 이를 힘있게 움켜 물고 주먹을 터지도록 부여
쥐지 아니할 수 없다. 오늘도 가느다란 비가 아직 내리고 있지만 8시 반쯤 해서
공습경보가 또 울렸다. 비에 공습경보에 세월이 지나고 있다.[1]

독립운동가 양우조楊宇朝와 최선화崔善嬅 부부가 1941년 중국 중경重
慶에서 겪었던 전쟁의 상황을 기록한 일기의 한 부분이다.[2] 그들에게

---

* 이 글은 〈김주용, 「만주사변 이후 중국 遼寧省 지역 제국주의 전쟁유적」, 『한국학
  연구』 53, 인하대학교 한국학연구소, 2019〉에 수록된 내용을 수정·보완한 것임.
1) 양우조·최선화, 『제시의 일기』, 김현주 정리, 혜윰, 1998, 164-165.
2) 『제시의 일기』는 양우조楊宇朝와 최선화崔善嬅가 큰딸 제시의 출생부터 쓰기 시
  작한 일기이다. 1938년 7월부터 1946년 4월까지 임시정부의 의정원議政院 의원

중경에서의 전쟁 기억은 공습이 큰 비중을 차지하였다. 이처럼 전쟁은 인간에게 트라우마, 즉 여진餘震을 남긴다. 시간의 역사를 기억하고 공간의 역사를 보존하려고 한다. 유적은 공간의 역사로서 학자뿐만 아니라 일반인들도 쉽게 접근할 수 있는 역사적 자료이다. 그래서 각 나라는 자신들이 속한 시공간의 정체성을 기념하기 위한 공간으로 박물관博物館이나 기념관紀念館을 세워 역사의 뿌리 다지기에 공력을 기울이고 있다. 공간의 기억은 인간 존재의 뿌리를 이룬다. 공간이 전해주는 삶의 이야기는 과거와 현재를 중첩시키며 의미를 낳는다. 그 속에서 인간은 정체성과 지속성을 체험한다.3)

역사에서 기억의 망각은 착각과 동반된다. 일본 제국주의는 1945년 8월 두 차례의 원폭을 경험하였고 그 유적지에 '평화기념관平和紀念館'을 건립하였다. 자국이 침략한 것은 망각하고 타국의 침략으로 인한 피해만 기억한다면 동북아 평화는 구축될 수 없으며, 결국 자국의 파멸을 초래할 뿐이다.4)

1931년 9월 18일, 일본 관동군關東軍이 심양沈陽 북대영北大營을 공격하면서 시작된 이른바 만주사변(9.18사변)5)은 새로운 동북아 국제질

으로 활동했던 양우조와 애국부인회愛國婦人會 회원으로 활동했던 최선화는 딸 제시가 태어난 장사長沙에서부터 중경重慶, 해방 이후 환국까지의 생활을 기록하였다. 이 일기는 한인 이주사 및 임시정부 생활사의 중요한 사료적 가치를 지니고 있다.

3) 김종진, 『공간 공감』, 효형출판, 2011, 237.
4) 동북아역사재단 엮음, 『한, 중, 일의 전쟁유적과 동북아 평화』, 동북아역사재단, 2010, 46. 중국 요동반도의 끝자락에는 청일전쟁淸日戰爭(甲午戰爭), 러일전쟁의 상흔이 시간의 무게를 머금고 지금도 자리를 지키고 있다. 그 가운데 백옥산白玉山 탑은 여순을 방문하는 중국인뿐만 아니라 한국인들도 한 번쯤 들리는 관광지가 되었다. 하지만 일제는 침략의 역사에 대해 반성하지 않고 있다. 엄연히 공간의 역사가 존재함에도 망각의 지대로 자국이 타국에 미친 침략의 역사를 밀어내고 있다.
5) 이 글에서는 1931년 9월 18일 일제가 일으킨 사건에 대해 중국에서 사용하는

서를 구축하기 위한 일본 제국주의의 야심찬 첫발이었다. 중국은 공식적으로 항일전쟁의 출발을 만주사변으로 잡고 있다. 침략의 기억과 저항의 기억은 상반된다. 특히 일본의 경우 침략의 기억을 애써 외면할 때가 많다. 가해자로서 일본은 자신들의 행위에 대한 반성보다는 자국민들에게 원폭의 피해를 강조하면서 그것을 평화로 포장할 때가 많다. 인류의 보편적 가치를 훼손하고 제국주의 산물이 시대적으로 어쩔 수 없는 역사적 결과라고 주장하는 일본 우익은 지금도 이 문제에 대해 '직시'하고 있지 않다.[6]

중국 정부는 '만주사변'의 발화점인 유조호柳條湖에 9.18역사박물관을 건립하였다. 설립 당시 중국의 국가 주석 장쩌민江澤民은 '물망국치勿亡國恥'를 직접 써서 9.18역사 박물관을 찾는 관람객에게 만주사변의 역사를 기억시키고 있다.[7] 중국 동북 지방에서 9.18 이후 전쟁의 기억은 침략과 학살로 각인되었다. 심양을 비롯한 만주 전역에 침략의 어두운 흔적이 강하게 남아 있으며, 학살의 현장은 기념관을 설치하여 시간의 기억을 공간을 통해 소환하고 있다. 이뿐만 아니라 요녕성遼寧省 지역은 일제의 패전과 함께 전범을 수용했던 무순전범관리소撫順戰犯管理所와 전쟁의 재판을 담당했던 곳도 그대로 보존되고 있으며, 제2차 세계대전 당시 일본군에 잡힌 동남아 지역의 연합군 포로수용소聯合軍 捕虜收容所가 심양에 보존될 정도로 전쟁의 기억은 중국인들에게 아주 가까이 있다.[8]

'9.18사변事變'과 한국과 일본에서 통용되고 있는 '만주사변滿洲事變'을 혼용하겠다.
6) 이 문제에 대해서는 서민교, 「일본의 전쟁기억과 평화기념관」,『일본의 전쟁기억과 평화기념관』Ⅰ-관동, 동북지역 편, 동북아역사재단, 2009, 10-27 참조.
7) 박장배, 「중국의 박물관(기념관) 현황과 '난징학살기념관'의 변천」,『일본의 전쟁기억과 평화기념관』Ⅰ-관동, 동북지역 편, 동북아역사재단, 2009, 78-79.
8) 요녕성의 제국주의 전쟁 유적과 기억 장치에 대한 연구는 없는 실정이다. 다만 전쟁의 기억과 평화에 관련해서 동북아역사재단이 2010년 전후 본격적인 연구 성과물을 내놓기 시작하였다. 대표적인 연구 성과는 다음과 같다. 동북아역사재

전쟁은 누구에게나 오랜 기억을 생산하고 확장시킨다. 가해자이건 피해자이건 전쟁의 기억 속에서 자유로울 사람은 없다. 특히 20세기 제국주의 시대 전쟁에 대한 국가의 책임은 무한해야 한다. 살육과 광기로 가득 찬 전쟁터에서 인간성은 말살되기 쉬우며, 인류의 보편적 가치는 헌신짝처럼 홀대받았다. 만주는 역사의 변연이자 중심이었다. 오늘날 동북아의 '화약고'가 북한으로 옮겨졌지만 만주는 동북아 근현대사에서 각국의 관심과 기억의 대상이었다. 최근 동북아에서 핵심 화두는 평화平和, 화해和解, 미래未來 등이다. 하지만 국가마다 속내는 조금씩 다르다. 심지어 평화를 주창하면서도 비교우위에 서고 싶어 하는 경우가 있다. 제2차 세계대전 후 세계는 '평화 심기'에 주력하였지만 정착 피해 당사자를 아우르는 평화보다는 강대국의 힘의 논리에 따른 평화 인식에 주안점을 둔 것 같다.

이 글에서는 진정한 평화와 미래를 담보하는 연대 인식이 필요하며, 이를 통해 전쟁의 트라우마를 어떻게 극복할 것인지 이 시대를 살아가는 동아시아인들에게 전쟁 인식과 유적 활용의 대안을 제시해 보고자 한다. 공간에 대한 기억은 인간 삶의 가치를 보다 소중하게 재생산 할 수 있다. 이러한 작업을 통하여 제국주의 광풍의 시대를 겪었던 동아시아인들에게 전쟁의 기억과 망각의 고통을 줄이고 나아가 승자의 오만과 패자의 오욕이 아닌 동아시아 평화 연대의 한 걸음을 내딛는데 작은 동력이 되었으면 하는 바람이다.

단 엮음, 『한, 중, 일의 전쟁유적과 동북아 평화』, 동북아역사재단, 2010; 동북아역사재단 엮음, 『일본의 전쟁기억과 평화기념관 Ⅰ』, 동북아역사재단, 2009; 동북아역사재단 엮음, 『일본의 전쟁기억과 평화기념관 Ⅱ』, 동북아역사재단, 2011; 박선영·우영란·최봉룡·한상도, 『중국 랴오둥, 산둥반도 국제전 유적과 동북아 평화』, 동북아역사재단, 2013.

2. 침략과 학살의 기억

1) 만주사변과 '9.18역사 박물관'

1931년 4월 성립된 히마구치 오사치浜口雄幸 내각에서 가장 중요하고 시급히 해결해야 할 문제는 만몽문제였다. 이 내각은 만몽에서 일본의 특수 권익이 축소된 원인으로 시데하라카쥬로幣原喜重郞의 연약외교를 지적하였다. 하마구치 내각에서는 만몽의 특수 권익을 공고히 하기 위해 무력 사용의 필요성을 절감하였다. 일본 내각의 신속성은 관동군의 침략성을 더욱 배가시켰다.9) 대륙 침략의 교두보를 확보하고 세계 대공황의 여파를 타파하기 위해 일제는 만주사변을 일으켰다.

1931년 9월 18일, 일제는 이른바 '유조호柳條湖'사건을 일으키면서 만주 침략을 단행하였다. 9월 18일 밤 10시 20분, 일본철도대 독립수비대 가와모토 스메모리河本末守 중위는 철도를 순시하다가 고의로 유조호 부근 철로를 일부 훼손한 후 봉천특무기관에 전화를 걸어 중국 군대가 일본 수비대를 습격하였다고 허위로 보고하였다.10) 독립 수비대 제3대대는 장학량張學良 군대의 중심이었던 심양 북대영北大營을 공격하면서 만주를 점령해 나갔다. 당시 일제 관동군 사령관이었던 혼조 시게루本庄繁와 만주사변을 적극적으로 계획했던 이다가키 세이시로板垣征四郞는 제2차 세계대전이 끝난 후 자살과 처형으로 최후를 맞게 되었을 정도로 만주사변은 대륙 침략의 본격적인 신호탄이자 국제사회를 대상으로 벌였던 전면전의 서막이었다.11)

1931년 9월 18일부터 1932년 2월 5일까지 일본군은 주력 관동군,

---

9) 강동진, 『일본근대사』, 한길사, 1985, 362.
10) 王明偉, 『東北抗戰史』, 長春出版社, 2017, 32.
11) 張承鈞 主編, 『僞滿洲國』, 長城文化出版公司, 2003, 19.

제2사단 등이 출동하여 심양을 중심으로 장춘과 하얼빈, 치치하얼까지 점령하였다. 심양을 점령하면서 심양 병기공장에 "일본군 외에 출입을 금지하며 출입자는 사살한다" 라고 건물 벽에 크게 써 놓았다.[12) 중국인들에게 공포심과 함께 일본군이 만주 지역을 완전히 점령하였다는 강력한 메시지를 전달하기 위함이었다.[13) '만주사변' 당시 북대영 대장을 맡고 있었던 이수계李樹桂가 일본군의 침입 상황과 중국군의 퇴각 상황을 "18일 10시 20분 유조호 방면에서 큰 굉음이 발생하였으며 일본군이 바로 북대영을 침습하자 이에 북대영은 저항 한 번 제대로 못하고 동대영으로 퇴각하였고 이 과정에서 많은 사상자가 발생하였다"[14)라고 기록한 데서 알 수 있듯이 일본군은 9월 19일 요녕성 정부를 점령하였으며, 여순에 있는 관동군 사령부를 심양으로 이전했다. 9월 20일 관동군 사령관은 도이하라 겐지土肥原賢二를 시장으로 선임하였으며, 심양을 '봉천'으로 개명하였다. 1932년 2월 5일 하얼빈을 점령함으로써 동북 지역의 대도시는 일본군의 수중에 들어갔다.

만주 지역 대도시 점령이 일단락되면서 일제는 1932년 3월 1일 만주국 성립을 공포하였다. 만주국은 성립 초기 "왕도주의를 받들며 민의 개명 정치를 순응 실행하고 민족융화와 편안하게 살 수 있는 안락한 곳을 만드는 것이 근본 방침"이라고 천명하였다. 1932년 3월 9일 만주국 정부는 집정에 부의溥儀, 국무총리에는 정효서鄭孝胥 체제로 출범하였다. 만주국은 일제로서는 대륙 침략 정책의 이정표이면서 새로운 실험 무대의 완성이었다.[15)

12) 張承鈞 主編, 『偽滿洲國』, 27.
13) 王明偉, 『東北抗戰史』, 33.
14) 孫邦, 『9.18事變資料匯編』, 吉林文史出版社, 1991, 276-281.
15) 만주국 성립과 한인 문제는 불가분의 관계였다. 한인들이 대륙 침략의 첨병으로 중국인들에게 본격적으로 인식되었던 것도 이 시기부터라고 할 수 있다(김경일·윤휘탁·이동진·임성모, 『동아시아의 민족이산과 도시』, 역사비평사, 2004,

일제는 요녕성柳條湖에 '昭和六年 九月十八日 支那兵鐵路爆破地點'이라는 표식을 건립하여 기억의 공간성을 확보하려 했다. 이뿐만 아니라 장갑차裝甲車 모형의 '만주사변기滿洲事變記念'물을 제작하였다.16) 장갑차 모형을 만든 것은 상징적 의미가 있다. 9월 18일 이후 심양으로 일본군이 침략할 때 가장 먼저 장갑차를 앞세웠기 때문으로 풀이된다. 1938년에는 '폭파지점爆破地點'이라는 만주사변기념비를 건립하여 이날의 중요성을 기억하고자 했다.17) 일제의 입장에서 1931년 9월 18일은 대륙 침략의 신호탄이었지만 이를 대외적으로 알리는 것은 부담스러웠다. 만주사변을 직접 언급하기 보다는 중국군이 만철을 폭파하였기 때문에 이에 대응하는 측면에서 군사 행동을 취했다는 인식을 심어주기 위해 '폭파지점' 표식과 기념비를 세웠다고 보여진다. 현재 표식의 행방은 알 수 알 수 없지만, 기념비는 9.18역사 박물관九·一八歷史博物館 광장에 전시해 놓았다.18)

42-43). 특히 중일전쟁 이후 한인 집단 이민이 대규모로 진행되었으며, 이 문제는 해방 이후에도 중국인들과의 갈등 요소가 되었다.

16) 九·一八歷史博物館 編, 『二戰序幕抗戰起點』, 遼寧人民出版社, 2011, 40. 이 장갑차 모형에는 "만주사변기념滿洲事變記念"과 "남만주철도주식회사南滿洲鐵道株式會社"라는 글자가 새겨져 있으며, 케이스 겉면에는 관동군 사령관關東軍 司令官 혼조 시게루本庄繁의 서명이 있다.

17) 일제는 이미 청일전쟁 및 러일전쟁 이후에도 중국 동북 지역에서 기념물을 건립하여 시간의 역사를 공간의 역사로 함의하여 기념하였다. 예를 들면 러일전쟁의 백옥산白玉山 탑이 그 대표적이라 할 수 있다. 백옥산 탑의 원명은 표충탑表忠塔이다. 현재는 백옥산탑으로 불리고 있다. 러일전쟁이 끝난 후 1907년 6월 일본연합함대 사령관 도고 헤이하치로東鄕平八郎와 노기 마레스케乃木希典는 전쟁에서 전사한 일본군 관병들의 충혼을 기리기 위해 백옥산에 표충탑을 수건할 것을 발기하였으며, 일본에서 모금한 25만 엔을 투자하고 중국 노동자를 동원하여 1909년 11월 12일에 준공하였다(동북아역사재단 엮음, 『한·중·일 전쟁유적과 동북아평화』, 동북아역사재단, 2010, 348).

18) 일본은 9.18사변(만주사변) 이후 동북 대도시에 충령탑을 건립하여 침략의 광기를 은폐하고 국가주의에 입각한 '왕도낙토王道樂土'의 이념을 주입시키려 하

중국 정부는 만주사변 60주년을 기념하여 1991년 유조호에 9.18역사 박물관을 건립하였다. 건립 당시 명칭은 '9.18사변 기념관九·一八事變陳列館'이었다. 2008년에는 9.18역사 박물관 정문과 전시관 입구 사이에 9.18사변 기념비九·一八事变纪念碑를 건립하였다. 9.18사변 기념비는 벽돌과 시멘트를 축조한 공심체로 높이는 18m이다. 재질은 화강암이고, 입체적인 달력 형태의 양쪽 대칭으로 이루어져 있다. 기념비 전체에는 곳곳에 총알 자국을 새겨 넣어 일제 침략의 상징성을 부각시켰다. '勿忘国耻 振兴中华'라는 슬로건을 내세워 중국의 국치일이 9월 18일이라는 것을 상기시켰다. 공간을 기억하는 가장 효율적인 방법은 사건 현장에 기념물을 설치하는 것이다. 그것은 바로 기억의 가치와 등치한다.[19]

9.18역사 박물관은 전국 100개 애국주의 교육기지로 선정되었다. 2016년 12월에는 전국 홍색 관광지로 선정되었으며, 2017년 12월에는 중국의 초중등 학생들의 실천교육기지로 활용되고 있다.[20] 9.18역사 박물관은 중국 국치일 행사의 상징적 장소가 되었지만 과거가 아닌 미래를 위한 중국의 애국교육기지로서의 역할을 강화해가고 있다.

▲ 9.18역사 박물관 전경   ▲ 기념비   ▲ 광장

였다(張承鈞 主編, 『僞滿洲國』, 長城文化出版公司, 2003, 122-125).
19) 김종진, 『공간 공감』, 259.
20) 2018년 9월 20일 심양 9.18역사 박물관 유장강柳長江 부관장 면담.

2) 심양 연합군 포로수용소沈陽二戰盟軍戰俘營

　일본은 제2차 세계대전 기간 중에 중국 동북 지방에 포로수용소를 설치하였다. 1942년부터 1945년 8월까지 포로수용소의 센터 역할을 수행하기 위해 심양에 본소를 설립하였으며, 솽랴오雙遼와 랴오위안遼源 두 곳에 지소를 설립하였다.[21] 연합군 포로는 미국·영국·호주·네덜란드·프랑스·캐나다 등 6개국의 군인들이었으며, 포로 수는 2,000여 명이었다. 태평양 전역의 연합군 포로들이었다. 연합군 포로들은 1942년 10월 7일 마닐라에서 10월 11일에 대만 가오슝高雄을 거쳐 11월 7일 부산항에 도착하였다. 부산항에서 신체검사 및 소독을 거친 후 11월 11일 '봉천 포로수용소'에 수용되었다.[22]

　일제는 1943년 포로들을 효율적으로 관리·감독·활용하기 위하여 만주공작기계주식회사滿洲工作機械株式會社 동쪽에 새로운 포로수용소를 건립을 계획하였다. 같은 해 7월 29일 봉천시 대동구大東區에 심양 제2차 세계대전 동맹군 포로수용소沈陽二戰盟軍戰俘營가 건립되었다.[23] 포로수용소의 면적은 5만㎡였으며, 시멘트와 자갈의 혼합 형태의 건축물이었다. 포로수용소 동북쪽에는 일본군이 거주하였으며, 포로들을 감시할 수 있는 체제를 완비하였다.[24] '봉천 포로수용소'의 연합군 포로들을 직급별로 정리하면 다음과 같다.

---

21)　井晓光 主编, 『沈阳二战盟军战俘营图集』, 辽宁美术出版社, 2011, 10.

22)　井晓光 主编, 『沈阳二战盟军战俘营图集』, 37.

23)　井晓光 主编, 『沈阳二战盟军战俘营图集』, 38.

24)　王鐵軍·高建, 『二战时期沈阳盟军战俘营研究』, 社会科学文献出版社, 2010, 61-64.

<표 1> 봉천포로수용소 연합군 포로 현황 일람표

연도	국적	장교	사병	민간인	소계
1942	미국	16	1,225		1,241
	영국	7	93		100
	계	23	1,318		1,341
1943	미국	16	1,155		1,171
	영국	6	78		84
	호주	1	15		16
	계	23	1,248		1,271
1944	미국	160	1,022	1	1,183
	영국	73	95	7	175
	호주	11	19	1	31
	네덜란드	40	12	4	56
	캐나다	1			1
	기타		1		1
	계	285	1,149	13	1,447
1945	미국	283	1,046	1	1,330
	영국	153	95	7	255
	호주	25	19	1	45
	네덜란드	61	12	4	77
	캐나다	1			1
	기타		1		1
	계	523	1,173	13	1,709

* 井曉光 主編, 『沈陽二戰盟軍戰俘營圖集』, 遼寧美術出版社, 2011, 105.

위의 표에서 알 수 있듯이 1942년에 전체 포로의 수는 1,341명이었
으며, 다음 해에는 1,271명으로 약간 감소하였다. 이는 가혹한 노동과
탄압으로 인한 사망자가 많이 발생하였음을 의미한다.[25) 1944년과
1945년에는 숫자가 계속 증가하였으며, 국적으로는 1942년에 미국과

---

25) 井曉光 主編, 『沈阳二战盟军战俘营图集』, 60.

영국군만 포로수용소에 수용되었지만, 1943년부터는 호주·캐나다·네덜란드 군인들도 수용되었다. 사람 수로는 미국이 압도적으로 많았다.

봉천 포로수용소 본소의 수용 인원이 증가하자 일제는 봉천 시내에 3곳의 파견소를 설치하였다. 1944년 제1파견소를 봉천시 철서구 만주피혁주식회사鐵西區 滿洲皮革株式會社에 설치한 것을 비롯해서 만주범포주식회사滿洲帆布株式會社에 제2파견소, 봉천시 선허구 동양목재소沈河區 東洋木材所에 제3파견소를 설치하여 총 454명의 연합군 포로를 수용하였다.26)

9.18역사 박물관은 전쟁의 폐해와 침략의 본질뿐만 아니라 미래를 위한 평화 활동에도 주력하였다. 2003년 9월 17일, 제2차 세계대전 '미군 포로' 방문단 11명이 심양을 찾았는데, 첫 방문지는 9·18역사 박물관이었다. 징샤오광井曉光 박물관장과의 면담에서 확인하였듯이 일본군은 봉천을 비롯해 일본 본토 및 각 지역에 18개의 포로수용소를 운영하였으며, 현재 가장 잘 보존되어 있는 곳이 봉천 포로수용소라고 했다.27) 전쟁 포로수용소의 부지는 약 5만㎡에 달한다. 현재 남아 있는 건물은 주로 포로수용소 1호와 부속 건물이 있다. 일본군 포로 수용소·병원·구치소와 보일러실 굴뚝 등이 급수탑이다. 심양시는 옛터에 진열관과 '사난자死難者 비석 벽'을 새로 만들었다. 비벽에는 전쟁 포로수용소에서 숨진 연합군 병사 200여 명의 이름이 새겨져 있다.28)

전시공간을 별도로 만들어 연합군 포로들이 그린 만화책도 전시하고 있다. 1475호 포로인 윌리엄 크리스티 워커William Wuttke, 1650호 포로 말콤 포티어Macolm Fortier가 연필로 100점의 포로 생활사를 그렸다.29) 그 일부가 현재 전시관에 전시되어 있다. 2013년 포로수용소 박

26) 井曉光 主編, 『沈阳二战盟军战俘营图集』, 53.
27) 9.18역사 박물관 징샤오광 관장 면담(2012년 11월 28일 역사박물관 관장실).
28) 9.18역사 박물관 징샤오광 관장 면담(2012년 11월 28일 역사박물관 관장실).

▲ 전시관 입구　　　▲ 포로수용소 전경　　　▲ 포로수용소 굴뚝

물관으로 개관하였으며, 국가급 문화재로 지정되었다. 포로수용소 복원 진열관은 사진과 포로수용소의 침대, 러시아식 난로, 긴 나무탁자 등을 복원하였다. 연합군 포로들의 생활 모습 복원하는 차원에서 이불과 세숫대야·치통·칫솔 등의 생활용품을 진열해 놓았다.[30]

3) 평정산平頂山 학살과 기억 공간

만주 지역은 일제가 한국독립운동의 책원지라고 할만큼 항일무장투쟁이 치열하게 전개된 곳이다. 일제의 만주 침략은 동아시아에서 경계의 끈을 놓지 않았던 열강들의 의혹을 사기에 충분하였다. 당시 국제연맹은 리튼을 조사단장으로 한 만주 침략에 대한 실사를 실시하였다.[31] 국제 사회의 움직임은 만주국의 독립성을 담보로 할 때 완화될 수 있었다. 그 상징적 존재가 바로 만주국군의 창설이었다. 만주국군은 초기 혼성여단, 보병단, 보병영으로 구성되었다. 군정부에서는 만주국군 정비를 위해 국군정비 방침을 3기로 나누어 설정하였다.[32] 제1기는 사병의 동요를 방지하고 국군의 안정을 도모한다. 제2기는

---

29) 9.18역사 박물관 징샤오광 관장 면담(2012년 11월 28일 역사박물관 관장실).
30) 사물이 인간과 관계를 맺는 순간 사물은 구체적인 행위를 만들고 포로들 생활의 가치를 구현한다(김종진, 『공간 공감』, 267).
31) 리튼 조사보고서 참조. 『20세기 중국조선족력사자료집 1』(미발간), 167.
32) 滿洲國軍刊行委員會, 『滿洲國軍』, 蘭星會, 1970, 50.

비적 토벌을 할 수 있는 군대로 만든다. 제3기는 확실한 국군으로 만든다. 이와 같은 정책 하에 만주국군은 대내외적 존재를 과시하였다.[33] 또한 관동군은 반만항일反滿抗日세력을 진압하는 데 전력을 쏟아야 했지만 관동군의 기본 임무는 대소전對蘇戰 준비였다. 1933년 일본 육군성은 대소전 준비를 구체화했고, 같은 해 만주관동군도 소련이 수세적 상황에 놓였기 때문에 만몽滿蒙경략에 경주하여 소련의 적화 정책을 무력화시키고 기회가 되면 '길항적인 세력'을 일소해야 한다는 방침으로 정리했다.[34]

만주국 측이 과거 군벌 체제와 잔존하던 저항 세력을 비적이라 칭했다. 그러나 관동군이 창설한 만주국군의 근간이 바로 이러한 비적 출신 군벌 장군들과 그 휘하의 군인이었다는 것은 역설적이다.[35] 이른바 '비적' 진압을 위해 일본은 여러 종류의 인력을 동원했는데 한때 10만 명을 상회한 만주국군을 포함, 진압에 동원된 병력의 기강을 잡는 것은 쉽지 않은 국가적 사업이었다.

만주국군은 2가지 측면에서 중요시 되었다. 하나는 국가적 신인도이며, 다른 하나는 군대 본연의 임무이다.[36] 후자의 경우 만주국 초기에는 '치안 유지'를 위해 경찰과 함께 동원되었다. 만주국 건국 이후 끊임없이 전개된 저항 세력의 활동은 군대의 임무를 잠시 내적 문제

---

33) 만주국군의 정비 핵심은 滿洲國軍刊行委員會, 『滿洲國軍』, 50-51 참조.
34) 허은, 「냉전분단시대 '對遊擊隊國家'의 등장」, 『한국사학보』 65, 고려사학회, 2016, 433.
35) 한석정, 『만주국 건국의 재해석』, 동아대출판부, 2007, 80-84.
36) 만주국군은 국군으로 불리며 건국의 효과에도 기여하였다. 일제는 조선과 타이완의 많은 청년들을 제2차 세계대전에 동원했지만, 이들에게는 독자적인 군대 이름을 허용하지 않았다. 따라서 이들은 일본 제국 육해군의 일원으로 참전했다. 독립국으로 보이기 위한 방법은 그럴듯한 규모의 국군을 보유하는 일이다. 건국의 효과는 단순히 국군을 소유한다는 사실에 그치는 것이 아니라 무력이 주는 시각적 이미지에서도 나올 수 있다(한석정, 『만주국 건국의 재해석』, 69).

의 '해결'에 치중하게 만들었다. 기존 군벌들의 저항도 있었지만, 항일무장 세력의 저항은 만주국 정부의 존립 자체를 위협하는 요인으로 작용하였기 때문에 군대를 통한 탄압을 펼치게 된 것이다.

만주국 건국 이후에도 치안 상황은 여전히 불안정했다. 봉계군벌 마점산馬占山 등이 조직한 의용군, 구국군의 활동과[37] 중국 공산당 만주성위 산하 기관들의 조직적인 항일 투쟁은 만주국 입장에서는 공권력의 확립과 그들이 건국 이념으로 내세웠던 '오족협화'를 실현하기 위해 가장 시급히 해결해야 할 과제였다. 또한 일제는 잠재적 저항 집단으로 여겨졌던 이주 한인에 대한 근본적인 대책이 마련되어야 한다고 인식하였다.[38] 저항 세력에 대한 가장 잔인한 방법, 그것은 학살이었다.

1932년 9월 15일 야간에 요녕민중항일자위군辽宁民众抗日自卫军 1,200여 명이 평정산 근처의 일본군을 습격하여 파출소 등을 파괴하였다. 이에 대한 보복으로 다음날 오전 일본헌병대 무순撫順 분견대장 가와카미 세이이치川上精一가 이끄는 일본군은 평정산 지역에 거주하는 촌민들을 집합한 뒤 총격을 가하기 시작하였다. 항일무장 투쟁을 지지한다는 이유로 노인·부녀자·어린이를 포함한 3,000여 명을 무참히 학살하였으며, 다시 시신을 불태웠다. 평정산 학살은 일본군이 중국인들을 대규모 학살한 첫 사례이다.[39] 당시 모인 3,000여 명 가운데 생존한 사람은 100여 명에 불과하였다.[40] 당시 생존자였던 모덕성莫德胜은 다음과 같이 증언하였다.

---

37) 봉계군벌奉系軍閥의 역사는 1912년 북양정부 임시대총통 원세개袁世凱가 장작림張作霖을 육군 제27사단장에 임명하면서 시작되었다. 그후 부침을 거듭하면서 1928년까지 지속되고 이후 장학량張學良에 의해서 운영되었다.(胡玉海 主編, 『奉系軍史』, 遼海出版社, 2000, 1-2).

38) 民族問題研究所 編, 『日帝下戰時體制期政策史料叢書』 1, 556-557.

39) 九・一八历史博物館, 『二戰序幕抗戰起點』, 84-85.

40) 日本殖民地文化研究會, 『偽滿洲國的眞相』, 社會科學文獻出版社, 2010, 57-58.

1932년, 나는 막 여덟 살인데, 평평한 산촌에 살고 있고, 가족은 네 명이며, 아버지는 광부이고 외할아버지는 유명한 한의사였다. 정오가 넘어서자 우리 집에 침입해서 침략군 문을 걷어차서 열고 가족들을 겁박하였다. 아버지는 집에 남아 있겠다고 하니 일본군은 모두 나가라고 윽박질렀다. 한 곳에 모아놓고 기관총을 난사하였다. 두 차례 기총 사격이 끝나고 다시 시신에 불을 질렀다. 큰 불이 하늘을 찌르고 있었다. 부상을 입지 않은 사람들이 일어나 탈출을 준비하다가 또 두 번째 기관총소사까지 했는데, 이번에는 총알이 더 작렬하였다. 마지막으로 친척을 보고 수수밭에 들어갔다.[41)

　　1951년 3월, '평정산 학살'로 희생된 사람들을 기리기 위해 무순시撫順市에서는 학살지에 '평정산순난동포기념비平頂山殉難同胞紀念碑'를 건립하고, 1971년 '평정산순난동포유골관平頂山殉難同胞遺骨觀'을 건립하였다. 기념관 내에는 현장에서 발굴된 유해를 수습하여 전시하였다. 1988년 1월 31일 국무원에서는 평정산참안유적平頂山慘案遺蹟을 전국 중점문화재로 지정하였다.

　　기념관에 전시된 800여 구의 유해는 1970년 학살 현장에서 발굴해 전시한 것이다. 사망한 사람 중에 남녀노소의 시체가 종횡으로 겹쳐져, 남북 길이 약 80m, 동서 너비 약 6m 범위 안에 분포하였다. 학살의 기억을 재생산하기 위해 기념관 입구에 거대한 글자로 희생당한 중국인 숫자인 3,000을 양각한 기념비를 설치하였다.

▲ 평정산 기념관 전경　　　　　▲ 평정산 기념관 기념물

41) 平頂山慘案. [www.baidu.com].

3. 심판과 화해

1) 종전 전범 재판과 심양 특별 법정

1956년 4월 중국 전국 인민대표 대회 상무위원회에서는 '일본의 중국 침략 전쟁 중 범죄 분자에 처리에 관한 결정'에 따라 1956년 6월 9일부터 7월 20일 최고 인민법원에서 심양과 태원에 특별 군사법정을 설치하여 스즈키 케이큐鈴木啓久(일본육군 제117사단장 중장), 토미나가 준타로富永順太郎(국민정부 특무기관), 조노 히로시城野宏(국민당), 타케베 로쿠조武部六藏(만주국 국무원총무청 장관) 등 4개 안건 일본 전범 45명에 대한 재판을 진행하였다.[42] 1956년 6월 9일 오전 8시 30분 심양 특별 군사법정에서 일본군 전 중장 스즈키, 후지타 시게루藤田茂 등 8명의 주요한 전범 재판이 열렸다.[43] 중국은 중국 인민이 1840년 아편전쟁 이래 처음으로 중국 땅에서 어떠한 외부 간섭도 받지 않고 외국 침략자를 재판한 것으로, 당시 세계가 주목한 일이었다고 자평하였다.[44] 당시 재판을 받았던 일본인 전범 가운데 쿠보데라 히사오久保寺尚雄는 당시의 상황을 다음과 같이 회고하였다.

> 1956년 6월 중화인민공화국 정부가 沈陽特別軍事法庭에서 일본 전범에 대한 불기소처분으로 석방되기에 이르렀다. 나는 天津을 출발하여 興安丸을 타고 舞鶴港에 도착했다. 고급 장교, 교관 및 만주국 고등관 45인은 20년 이하의 有期徒刑 판결을 받았으며, 사형은 한 명도 없었다. 돌이켜 보면 정전 이후부터 계산한 관대한 판결이었다.[45]

---

42) 新井利男資料保存會 編, 『中國撫順 戰犯管理所職員 證言』, 有限會社梨木舍, 2003, 15.
43) 新井利男資料保存會 編, 『中國撫順 戰犯管理所職員 證言』, 40-41.
44) 新井利男資料保存會 編, 『中國撫順 戰犯管理所職員 證言』, 40-41.
45) 田剛, 『鐵證―日本侵華老兵口述歷史證言』, 李素楨 主編, 中華工商聯合出版社, 2017, 26-27.

쿠보데라 히사오久保寺尚雄(1921년생)은 일본 가나가와현神奈川縣에서 출생하여 1942년 일본군 제59사단에 배속하여 중국에서 침략군으로 활동하였다. 그는 심양특별군사법정에서 재판을 받고 본국으로 귀국하였다. 재판에 대한 그의 기억은 관대한 판결이었으며, 중국의 위대함을 느낄 수 있는 판결이었다는 것이다.[46]

한편 심양특별군사법정에서는 판사, 변호사, 기록원, 도우미 등의 인원이 필수적이었다. 당시 군사법정에서 법관보조원 역할을 수행하였던 권덕원[47]은 1956년 6월 전범 재판이 시작되는 당시를 이렇게 기억했다.

> 벨이 처음으로 울리자 입장권을 소지한 방청객들이 법정에 들어섰다. 각 계층의 유지인사와 중앙의 간부 등 전국 각 지역에서 선정된 인물들이었다 두 번째 벨이 울리자 공소인과 변호사, 피고, 증인, 번역인원이 입석했다. 공소인과 변호사는 1:1 비율이었다. 이어 피고가 들어섰다. 병석에 있는 1명을 제외한 27명이었다. 세 번째 벨이 울리자 판사 2명이 심판장을 앞세우고 들어섰다.[48]

권덕원은 증인석에 나선 청나라의 마지막 황제 부의溥儀의 모습도 있지 못한다고 했다. 1956년 7월 2일 부의는 심양특별군사법정에 처음으로 전범과 증인으로 등장했다. 여기에서 부의는 "중화인민공화국의 최대의 한간漢奸인 애신각라 부의愛新覺羅 溥儀"라고 첫 증언을 시작했다.[49]

심양군사법정은 북릉영화관北陵映畵館을 빌려서 사용하였다. 북릉영화관은 경사가 심한 2층 건물로, 1956년 이후 두 차례나 크게 바뀌었

---

46) 田剛, 『鐵證－日本侵華老兵口述歷史證言』, 李素楨 主編, 中華工商聯合出版社, 2017, 26-27.
47) 권덕원은 경북 영양군 출신으로 초등학교 3년 때 이주하였다. 목단강에 정착한 후 중국 정법대학을 졸업한 후 심양군사법정 기록원으로 배치받았다.
48) 김호림, 『조선족, 중국을 뒤흔든 사람들』, 글누림, 2016, 129.
49) 김호림, 『조선족, 중국을 뒤흔든 사람들』, 132-133.

▲ 심양 전범재판소

다. 건축물은 중국 전통적 양식과 러시아의 건축 양식이 혼합된 형태이다. 심양에 현존하는 건물 가운데 이러한 건축 양식을 띠고 있는 건축물은 많지 않다. 현재 심양군사법정은 2011년 정비를 거쳐 2015년 개관하였다.[50]

2) 전범 처리와 무순 전범관리소撫順戰犯管理所

제2차 세계대전 종전 후 중국의 전범 정책은 국무원 총리 주은래周恩來가 총괄하였다. 중국은 전범을 공안부公安部와 사법부司法府 가운데 어느 쪽에서 처리할 것인지 논의가 되었으며, 공안부로 정리되었다. 당시 공안부 부장은 라서경羅瑞卿이었다. 그는 연안延安의 항일군정대학抗日軍政大學 부학장으로 일본군 포로의 취급에 관한 규율의 정비를 호소한 인물이었다. 전범의 사상 교육 및 재판에서의 관대한 처리는 모두 그의 머리에서 나왔다고 해도 과언이 아니다.[51]

---

50) 필자는 2015년 9월 심양 방문 시 9.18역사 박물관 유장강柳長江 부관장과 동행 참관하였으며, 관리는 9.18역사 박물관에서 담당하고 있다고 했다.
51) 新井利男資料保存會 編, 『中國撫順 戰犯管理所職員 證言』, 19.

무순 전범관리소War criminals' control house of Fushun는 중국이 제2차 세계대전 이후 가장 선전을 많이 한 곳이기도 하다. 특히 900여 명의 전범에 대한 일체의 학대행위 중지와 사상적 순화를 강조하였다는 점은 선전의 '단골 메뉴'였다.[52] 무순 전범관리소는 1950년 6월에 설립되었으며, 비교적 온전히 보존되어 있다. 일본인 전범 982명과 만주국 전범 71명, 그 가운데 청나라 마지막 황제 부의도 있었다. 1986년 중국 국가공안부, 외교부, 인민해방군 총정치부 허가를 받아 전범관리소가 정식 개관한 후 2005년 11월에는 전국 애국주의 교육기지로 지정되었다.[53]

2008년 4월 요녕성遼寧省은 무순 전범관리소를 전면적으로 수리하였다.[54] 전범관리소를 새롭게 리모델링한 전시관은 800여 평의 규모에 800여 장의 사진, 500여 개의 실물, 특히 마지막 황제인 부의와 관련된 80여 점의 실물이 전시되어 있다. 부의의 전범 수용번호는 981호이며, 그의 동생 부걸傅傑 등과 생활하는 모습을 찍은 사진들과 유품 등을 전시하였다.

무순 전범관리소에서 복역한 일본인들 가운데 귀국한 후 전범 관리소의 생활을 기억에서 소환하였다. 회구의繪鳩毅는 1913년 일본 돗토리현鳥取縣에서 태어났다. 동경대학 졸업 후 1941년 일본군에 배속되어 중국 산동성 등 침략 전쟁에 참가하였다. 1945년 일본 패전 후 소련군에 잡혀 시베리아에서 5년간 포로수용소 생활을 하다가 1950년 무순 전범관리소에서 6년간 복역한 후 일본으로 귀환하였다. 그가 겪은 무순 전범관리소의 생활은 다음과 같다.

---

52) 新井利男資料保存會 編, 『中國撫順 戰犯管理所職員 證言』, 23.
53) 2007년 9월 5일 전 무순 전범관리소 교육원이었던 류가상劉家常 면담. 그는 일본 학자들의 잦은 왕래와 비교하여 한국 학자들이 찾지 않는 것에 대하여 아쉬움을 토로하기도 하였다.
54) 2016년 9월 1일 무순 전범관리소 손걸孫杰 소장과의 면담.

무순 전범관리소에서 우리들은 전범으로서는 상상하기 어려운 우대를 받았다. 이곳에서는 강제 노동이 없었다. 우리들은 행운이라고 여겼으며, 전범들은 매일 장기와 바둑을 두는 등 구속 없는 생활을 영위하였다. 관리소 공작원들도 전범을 대하는 태도가 좋았다. 관리소에서는 직원들에게 매일 두 끼의 식사를 제공하였지만 전범들에게는 매일 세끼의 식사를 제공하였다. 뿐만 아니라 신년에는 전범들에게 일본식 음식을 제공하였다. 관리소에서는 매일 규칙적으로 전범들에게 운동을 시켰으며, 1년에 두 번의 운동회를 개최하였다. (하략)[55]

　　무순 전범관리소에서는 전범에 대한 일체의 가혹 행위를 금지하였다. 무엇보다도 신체를 강박할 수 있는 강제 노역이 없었으며, 전범들의 생활 안정을 위해 크고 작은 행사를 열었다. 전범들의 건강을 관리하기 위하여 규칙적인 운동 프로그램도 가동하였다. 중국에서는 이를 통해서만 사상적 개조가 가능하다고 판단한 것 같다. 전범관리소에서는 매일 마이크를 통해 '신시대'를 방송하였으며, 모택동이 저술한 『실천론』과 『모순론』을 읽혀 철학적인 사상 개조를 시도하였다.[56] 쿠보데라 히사오久保寺尙雄는 전범관리소 입소 2일 차에 느낀 학습 상황을 다음과 같이 회고하였다.

　　무순관리소 교육책임자는 다음과 같이 말했다. "중국정부는 당신들에게 강제 노역을 시키지 않을 것이며, 당신들 스스로 학습을 진행하라"고 했다. 우리의 학습 내용은 일본군은 왜 무기를 들고 중국을 침략했을까 였다. 실내에서 학습 중에는 소련에서 신중국으로 돌려 보낸 것에 대한 불만과 중국의 불신임 등에 대해서 토론하였으며, 몇 년간 이에 대한 토론이 이어졌다.[57]

　　필자는 무순 전범관리소 교원이었던 류가상劉家常을 2007년 9월 직

---

55) 田剛, 『鐵證－日本侵華老兵口述歷史證言』, 李素楨 主編, 中華工商聯合出版社, 2017, 6-7.

56) 田剛, 『鐵證－日本侵華老兵口述歷史證言』, 6-7.

57) 田剛, 『鐵證－日本侵華老兵口述歷史證言』, 20-21.

▲ 무순 전범관리소 입구   ▲ 무순 전범관리소 전시관

접 만나 전범관리소에 대한 이야기를 들을 수 있었다. 그 역시 무순 전범관리소는 "세계에서 유래가 없는 평화적이며 비폭력적 전범관리소"였음을 강조하였다.[58] 무순 전범관리소 소장을 역임한 김원金源 역시 "적대적인 인물들을 친구(友人)로 거듭 태어나게 했던 곳, 평화로운 세상을 만들기 위한 혁명적 인도주의자로 거듭났던 곳"으로 평가하였다.[59]

4. 기억의 공간적 확장

19세기 이후 제국주의 시대 가장 피해를 많이 입었던 아시아, 아프리카 지역에서의 전쟁 기억은 유럽과 미주와는 판이하다. 식민지를 경험했던 국가들에게 전쟁의 기억은 침략과 희생으로 각인되었다. 이를 극복하기 위해 세계는 공동으로 노력해야 한다. 그 응답 가능성은 국경을 넘어 새로운 기억을 창조하기 위한 대안으로 많이 제시되었다. 국가주의적 장벽을 넘어서는 유용한 방법으로 국경을 넘는 평화공원의 경험을 내세운 경우도 있다.[60]

---

58) 2007년 9월 5일 면담. 劉家常, 전범관리소 참조. 유가상은 전범개조 실기라는 저서를 통해 청나라 마지막 황제의 동생인 부걸傅傑의 교원이었음을 밝혔다.
59) 新井利男資料保存會 編, 『滿洲國軍』, 83-92.

인간이 국경으로 나눈 산과 강의 양쪽은 자연의 관점에서 보면 서로 짝이 되는 경우가 많기 때문에 국경을 공유하는 평화공원은 자연 및 환경 보호의 관점에서 의미있는 사례가 될 수 있다는 점을 강조하였다. 다만 이것이 중국의 제국주의 전쟁 유적을 활용하는 데에 크게 유용하지 못한 것 같다. 그렇다면 제국주의 시대 전쟁의 기억과 트라우마를 극복하고 평화 체제를 구축할 수 있는 것은 무엇일까. 지금까지 제기된 가장 일반적인 활용 방안은 관광 루트의 개발이었다.61) 그러나 관광 루트는 활용면에서 가시적 효과를 거둘 수 있지만 그것이 교육과 연계되지 않으면 한계가 일찍 나타난다.

이뿐만 아니라 '애국교육기지' 등 후세들의 교육에 심혈을 기울이고 있다. 자국사 입장에서는 바람직하지만 전쟁의 기억과 이를 바탕으로 한 미래의 평화에 대한 교육을 지나치게 강요하거나 주입한다면 진정한 의미의 평화 교육은 퇴색하기 쉽다. 평화 연대는 자국인들에게 애국교육뿐만 아니라 인류의 보편적 가치를 앞세울 때 빛을 더욱 발하기 때문이다. 침략과 저항의 갈등 구조를 지양하고 인간 존중 교육이 선행되어야 할 것이다.

이를 위해 평화 루트和平大路의 구상과 실현이 필요하다. 전쟁에 대한 기억은 가해자의 망각과 피해자의 트라우마가 공존한다. 동북아시아에서 평화를 실현하기 위해 과거 전쟁의 기억과 사적지의 활용은 그래서 더욱 절실하다. 이를 위해 9.18사변 이후 요녕성 지역의 항일 투쟁에 대해 중국인들뿐만 아니라 한국인과 일본인들에게도 공유의 역사라는 점을 부각하기 위해 평화 루트의 개발을 제안하고자 한다.

일제의 침략 시간을 순서로 해서 침략의 공간이었던 9.18역사 박물

---

60) 동북아역사재단, 『한·중·일 전쟁유적과 동북아평화』, 49-50.
61) 박선영·우영란·최봉룡·한상도, 『중국 랴오둥, 산둥반도 국제전 유적과 동북아평화』, 200-216.

관부터 무순에 있는 평정산 참안지와 무순 전범관리소를 답사한 후 다시 심양의 '연합군 포로수용소'와 심양 특별법정을 답사하는 평화 루트이다. 여기에는 전제 조건이 있다. 먼저 중국인을 대상으로 하는 것이 아니라 전쟁의 기억에서 자유롭지 못한 동북아 각국의 구성원들을 대상으로 해야 한다. 그래야 평화 루트 개발의 정당성이 확보된다. 전쟁의 공간이 중국이었지만 1937년 이후에는 동북아 모든 곳이 전장이었다. 중국인들의 고통스러운 기억의 공간을 함께 공유하는 것이 동북아 미래 평화를 위해서도 중요하기 때문이다. 다시 말해 침략과 항일의 역사를 기억하고 기념하는 사업이 미래에 대한 가치를 충분히 제공하고도 남는다고 할 수 있다.

각국 시민 사회의 연대와 평화 루트 개발 및 활용을 통한 동북아 전쟁 기억의 치유와 미래의 평화 체제를 구축할 수 있다.[62] 시민 단체는 각국 정부가 하지 못하는 민감한 문제까지 치유할 수 있다.[63] 이뿐만 아니라 평화 루트와 병행하여 평화학술영화제를 개최한다면 평화의 기억을 확장시키는 데 효율적이라 여겨진다.[64] 가해자와 피해자가 진정으로 소통할 수 있는 평화 루트 개발에는 각국 시민 단체의 참여가 필수적이라고 할 수 있다. 아프고 슬픈 역사의 응답가능성은 국경을 초월한다. 시민단체의 역할은 상대 국가의 강도가 다른 전쟁의 기억을 치유하고 미래 평화의 초석을 만드는 데 있다.[65]

---

62) 安齋育郎, 「평화를 위한 박물관의 조선 ― 중일 양국의 평화적·공생적 관계 발전을 위하여」, 『일본의 전쟁기억과 평화기념관』 I ― 관동, 동북지역 편, 109.

63) 동북아역사재단, 『한·중·일 전쟁유적과 동북아평화』, 2010, 608.

64) 현재 일본 리쓰메이칸 대학 코리아센터에서는 한일 양국의 문화를 알 수 있는 학술영화제를 2006년부터 개최하고 있으며 시민들의 호응도 뜨겁다고 한다(카츠무라 마코토, 「한일관계와 한국학 관련 연구센터의 현황 및 활동 그리고 과제」, 원광대학교 동북아시아인문사회연구소 2018년 10월 18일 발표문, 102).

65) 큰 틀의 평화 루트는 동선이 확정되면 걷는 길을 함께 만들 필요가 있다. 자동차나 자전거로 답사하는 것은 기억의 항구성을 비교해 볼 때 도보와는 큰 차

전쟁은 흔히 승자의 영광과 패자의 치욕으로 종식되지만, 패자의 치욕은 복수심을 불태우게 하여 새로운 시대에 또다른 승자의 영광을 꿈꾸게 한다.[66] 그것이 바로 전쟁의 무한 반복이다. 전쟁을 극복하고 책임지는 자세는 국제 사회의 모본이다. 하지만 힘이 없으면 이것 역시 공허하다.

중국의 애국교육기지 지정 및 운영은 그들이 1931년 9월 18일을 국치일로 지정한 것과 연관된다. 항일 전쟁의 시작인 1931년부터 1945년까지 중국인 사상자는 약 3,500만 명에 달한다.[67] 더 이상 외세의 침략으로 자국인들을 희생시킬 수 없다는 강한 의지가 반영된 것이 애국교육기지 건설이었다.[68] 중국 동북 지역에 건립된 기념관, 박물관 등을 '애국교육기지'로 선정하여 운영하고 있다.[69]

'애국교육기지'는 전역에 분포되어 있다. 예를 들면 요녕성 본계本溪에 1988년 설립된 본계열사기념관本溪烈士紀念館은 애국교육기지로서의 기능뿐만 아니라 국방 교육기지로 지정되어 군인들의 교육의 장으로 활용되고 있다. 타국의 침략으로 수많은 자국민을 희생시킨 국가의 입장에서 보면 당연한 현상일 수 있다. 힘없는 국가의 또다른 전철을 밟지 않기 위한 강력한 국가 위주의 애국 교육은 역사의 준엄한 교훈을 정책에 반영시킨 예라고 할 수 있다. 다만 그것에는 두 가지의 조건이 전제되어야 더 강한 '애국'과 세계인의 덕목을 배양할 것이다.

먼저 애국의 경계는 어디까지인지에 대한 문제 의식이다. 애국은

이가 나기 때문이다.

66) 박선영·우영란·최봉룡·한상도, 『중국 랴오둥, 산둥반도 국제전 유적과 동북아평화』, 동북아역사재단, 2013, 23.

67) 동북아역사재단, 『한·중·일 전쟁유적과 동북아평화』, 2010, 67.

68) 羅存康·李鑫, 중국의 항일전쟁 유적·유물 및 기념시설과 그 활용 방안, 『근현대 전쟁의 기억과 동북아 미래의 평화 발표문』, 2010, 387.

69) 동북아역사재단 엮음, 『일본의 전쟁기억과 평화기념관 Ⅱ』, 동북아역사재단, 2011, 22-50.

나라 사랑이다. 그런데 그것이 지나치면 자칫 타국에 대한 배타적 경향으로 흐를 수 있다. 제국주의 침략 전쟁의 피해를 되풀이 하지 않기 위한 교육적 측면에서 강조해야 할 자국 역사를 타국의 역사에도 이식하려하는 것은 바람직하지 않다고 여겨진다. 예를 들면 대한민국임시정부 관련 기념관을 애국교육기지로 지정하여 운영하고 보존하는 것은 자국에 있는 타국의 공간의 역사도 보호한다는 측면에서는 높이 평가할 만하다. 다만 대한민국임시정부의 역사가 한국의 역사인 것처럼 전시관의 전시 내용 역시 한국의 역사인데 중국 측에서는 지나치게 경직된 모습을 보이기도 했다.[70] 그 의도가 어떠하든 타국의 역사까지 자국의 애국교육기지로 지정하여 운영되는 것은 지나친 애국의 강조가 아닌가 싶다.

둘째, 제국주의 전쟁 유적 가운데 기념관 또는 박물관의 결론은 평화였다. 동북아시아를 넘어 세계의 평화를 이야기한다.[71] 그런데 정작 평화를 이야기하면서 세계인들의 목소리에는 얼마나 귀를 기울이고 있냐는 것이 문제이다. 제국주의 침략 전쟁으로 수많은 인명 피해와 물적 피해 속에서 70여 년이 지난 중국이 '침략'과 '항일'이라는 점에 매몰되어 헤어나지 못한다면 진정한 의미의 동아시아 평화와 세계 평화를 위한 미래의 중국인들을 키워낼 수 있을까. 그러한 의미에서 과거의 역사적 사실을 잊지 않으면서 미래를 준비하는 자세가 필요하다.

---

70) 현재 중경대한민국임시정부 기념관을 재개관하지 못한 것도 이와 같은 맥락으로 보여진다(2018년 8월 16일 독립기념관 관계자 면담).
71) 2015년 승전 70주년 재개관 기념식을 거행한 중국인민항일전쟁기념관이 그 대표적인 예라고 할 수 있다.

5. 맺음말

일제의 패망 소식이 전해지자 서안西安에 있던 백범 김구는 탄식과 함께 조국의 앞날에 대한 근심어린 회고를 다음과 같이 하였다.

> 이 소식은 내게 희소식이라기 보다는 하늘이 무너지고 땅이 꺼지는 일이었다. 수년 동안 애를 써서 참전을 준비한 것도 모두 허사로 돌아가고 말았다. (중략) 그런데 그러한 계획을 한 번 실시해 보지도 못하고 왜적이 항복하였으니 지금까지 들인 정성이 아깝고 다가올 일이 걱정되었다.[72]

같은 전쟁에서도 해방·광복·종전·승전·패전 등 각국의 입장에 따라 사용하는 용어가 다르다. 기억도 다르다. 시간을 머금고 있는 공간에 대한 기억은 망각을 허용하지 않는다. 그래서 각국에서는 기억을 소환해서 기념하기 위해 박물관 또는 기념관을 건립하여 운영하고 있다. 이 글에서 제시하고 있는 전쟁의 기억과 그 활용의 전제는 평화이다. 다만 평화가 한 국가의 독점으로 퇴색되는 경우가 많기 때문에 이를 연대하여 서로 공유할 필요가 있는 것이다. 따라서 중국 요녕성 지역의 전쟁 유적지를 평화 루트로 개발하기 위해서는 동북아 각국의 평화교육 교재를 제작해야 한다. 평화교육 교재 제작을 위해서는 각국 역사학자들의 교류와 소통이 전제되어야 할 것이다.

나아가 동북아시아의 진정한 평화를 위한 시민 사회의 역할도 주목할 필요가 있다. 요녕성의 각 도시에 산재한 전쟁 유적을 보다 효율적으로 평화 루트를 개발하기 위해서 동북아 각국 도시와 중국 도시 간 교류 협력을 통한 방법도 고려해 볼 만하다. 국가 간의 어려운 문제는 도시간에는 비교적 수월하게 해결할 수 있는 경우가 많다. 평화 루트는 공간을 기억하는 방법이다. 공간은 체험하지 않으면 무의미하

---

72) 도진순 주해, 『백범일지』, 돌베개, 2002, 399.

다. 전쟁의 기억을 소환해서 미래의 새로운 소통의 장을 마련하는 것이 평화루트 조성의 목적이기 때문이다.

중국 요녕성 지역 전쟁사적지는 한국인들에게도 기억을 소환하기에 여전히 유효하다. 만주사변 당시 피난했던 수많은 한인들의 기억은 오늘날에도 만주 지역에 전쟁 유적의 형태로 남아 있다. 고통의 기억이 무한 반복되지 않기 위해서는 만주 지역 전쟁 유적을 통한 기억의 공간적 확장을 중국에만 국한시킬 것이 아니라 동북아 전체의 집합 기억으로 승화시켜야 한다. 침략과 전쟁, 갈등보다 평화의 소중함이 절실하다는 메시지는 유적의 공간을 통한 기억의 소환과 소통으로 가능하다.

참고문헌

강동진, 『일본근대사』, 한길사, 1985
도진순 주해, 『백범일지』, 돌베개, 2002
동북아역사재단, 『일본의 전쟁기억과 평화기념관 Ⅱ』, 동북아역사재단, 2011
동북아역사재단, 『한, 중, 일의 전쟁유적과 동북아 평화』, 동북아역사재단, 2010
박선영·우영란·최봉룡·한상도, 『중국 랴오둥, 산둥반도 국제전 유적과 동북
    아 평화』, 동북아역사재단, 2013
양우조·최선화, 『제시의 일기』, 김현주 옮김, 혜윰, 1998

羅存康·李鑫, 「중국의 항일전쟁 유적·유물 및 기념시설과 그 활용방안」, 『근현
    대 전쟁의 기억과 동북아 미래의 평화 발표문』, 2010

九·一八歷史博物館 編, 『二戰序幕抗戰起點』, 遼寧人民出版社, 2011
滿洲國軍刊行委員會, 『滿洲國軍』, 蘭星會, 1970
孫邦, 『9.18事變資料匯編』, 吉林文史出版社, 1991
王明偉, 『東北抗戰史』, 長春出版社, 2017
日本殖民地文化研究會, 『僞滿洲國的眞相』, 社會科學文獻出版社, 2010
張承鈞 主編, 『僞滿洲國』, 長城文化出版公司, 2003
田剛·李素楨 主編, 『鐵證-日本侵華老兵口述歷史證言』, 中華工商聯合出版社, 2017
井曉光 主編, 『沈陽二戰盟軍戰俘營圖集』, 遼寧美術出版社, 2011
胡玉海 主編, 『奉系軍史』, 遼海出版社, 2000.

역사의 재인식과 재현의 점이지대*

글렌데일과 나고야의 '평화의 소녀상'

신현선
원광대학교 융합교양대학 강사

1. 머리말

본 연구는 미국 캘리포니아 주California State 글렌데일시Glendale City
와 일본 아이치현愛知縣 나고야시名古屋市에 설치·전시된 '평화의 소녀
상(이하 '소녀상')'의 역사적·사회적·정치적·공간적 함의를 살펴보려
고 한다. 도시 공간 속 식민시대 역사를 재인식하는 과정이 '소녀상'
이라는 조형물로 발현되는 점에 주목하여 위안부 기억의 재현 양상에
대해 조명하고자 한다.

글렌데일에서는 '소녀상' 설치와 관련하여 의견을 수렴하고 설치
를 결정하기까지 일련의 과정에서 찬반의 대립 양상을 보였다. 이러
한 갈등은 '소녀상'이 설치된 후에도 '소녀상'을 훼손하는 사건으로까
지 이어졌다. 글렌데일에서 '소녀상'의 문제는 단순히 조각상을 공원
에 설치하는 것을 찬반 논쟁하는 거주민의 문제가 아니었다. 이 도시
에서 '소녀상' 설치의 문제는 역사적 재인식을 놓고 한국과 일본뿐만
아니라 다양한 인종의 거주민의 국가·정치·역사·사회·문화 등의 다

---

  * 이 글은 〈신현선, 「역사의 재인식과 재현의 점이지대」, 『일본학연구』 제60집,
    단국대학교 일본연구소, 2020〉에 수록된 내용을 수정·보완한 것임.

양한 경험 요소들이 총합하는 양상을 보였다. 즉, 소녀상 설치 문제를 두고 재미한국인과 재미일본인 간의 인종적 갈등, 지역사회 갈등에서 나아가 한국과 일본의 정치적, 역사적 갈등의 양상으로 확전되면서 양측의 의견이 팽팽하게 맞서며, 더불어 글렌데일의 다양한 인종의 역사적 경험이 투영된 인권에 대한 발언까지 혼재하는 양상을 보였다.

글렌데일의 경우 '소녀상' 문제가 해외에서 촉발되었다는 점에서 중요성을 갖는다. 한편 나고야는 '소녀상' 문제를 통해 위안부라는 역사적 사실과 전쟁에서 인권의 문제를 제기하였다. 나고야의 '소녀상' 전시는 과거의 문제를 현재의 문제로 현재화하여 논란을 재점화하고 격돌하게 함으로써 한일 관계의 긴장감을 고조시켰다. 나고야의 경우 글렌데일과는 다르게 전시 중단 및 제한된 방식의 전시를 재개하는 것으로 일단락되었으며, 일본 극우의 일방적인 득세의 양상으로 나타났다. 그러나 미미하지만 소수의 인식이 표출되고 그것이 하나의 경계가 되어 한 공간에서 다른 인식의 경계와 충돌하였다는 점에서 나고야의 '소녀상' 전시는 의미가 있을 것이다. 이와 같은 의견 충돌은 분열을 야기하는 것이 아니라 이해와 절충 그리고 새로운 역사의 지점으로 나아갈 수 있는 시초가 되기 때문이다.

점이지대는 원래 서로 다른 지역의 특성이 혼재하여 중간적인 특징을 보이는 지역을 말한다. 본고에서 점이지대는 기존에 두 나라 사이의 국경 지대의 도시들과 같은 지리적 특성을 강조한 것에서 나아가 대립하는 인식의 경계가 혼재한 공간으로 그 개념을 확장하여 사용한다. 본고에서는 미국의 글렌데일시를 '소녀상' 문제로 다양한 인종과 국가, 전쟁과 인권의 문제, 역사의식 등 국가·인종·이념의 경계들이 혼재하고 충돌하고 융합하는 점이지대로 지칭한다. 글렌데일의 '소녀상' 설치와 나고야의 '소녀상' 전시를 통해 '소녀상'이 설치되고 전시된 두 지역의 장소와 대립하는 이념과 가치관이 혼재한 공간을,

'소녀상'으로 촉발된 역사적 재인식을 두고 국가적·정치적·역사적·사회적인 인식의 경계에 놓인 점이지대로 이해하는 것이다.

　동아시아 각국은 자국민에 대하여 자행된 국가적 폭력이라는 큰 논쟁거리를 안고 있다[1]. 특히 '위안부' 문제는 1990년대에 처음 가시화된 이후, 더 이상 한일 간의 문제에 머무르지 않고 국제적 이슈가 되었다. UN 인권위원회도 전시 성노예 문제는 보편적 인권에 관련된 문제로서 과거 문제로만 치부되어서는 안 된다고 강조하는 등 강간 피해자들을 위한 역사적 정의historical justice의 실현 요구가 증가하였다.

　2007년 연방 하원의 위안부 결의안이 추진되고 2010년 뉴저지 첫 위안부 희생자 추모 기림비와 2013년 글렌데일 첫 위안부 소녀상이 건립될 때 일본은 로비와 소송을 통해 이를 저지하려 했지만 실패했다. 그러자 2015년 정부 예산안을 대폭 증가한 5억 달러를 국가홍보 예산으로 책정하고 전략적 대응에 나섰다. 아베 정권이 과거사 문제에 얼마나 민감한지는 소녀상 건립과 관련해 2017년 연방대법원에 제출한 의견서에서 '소녀상 철거'를 '핵심적 국가 이익'이라고 표현한 데서 고스란히 드러난다.[2]

　역사수정주의자로 불리는 일본 우익들은 미국을 상대로 맹렬한 활약을 전개해 왔다. 한미일 삼각 동맹 리더인 미국에서 일본에 불리한 여론이 확산되거나 소녀상 설치가 퍼져 나가는 것을 저지하기 위해서다. 미국 사회는 위안부 문제에 대해 보편적 여성인권 문제로 접근 가능한 사회 구조를 가지고 있었고, 재미한인 단체들이 미국 사회에서 강력한 시민 집단으로 성장하기 시작한 점[3]도 기림비와 소녀상 확산에

---

[1]　미마키 세이코, 『전쟁을 모르는 세대는 어떻게 전쟁을 기억해야 하는가?』, 김민 옮김, 제이앤씨, 2018, 27.

[2]　「米国グレンデール市慰安婦像訴訟 日本国政府の意見書提出」, 《外務省》(2019. 6. 8.) [https://www.mofa.go.jp/mofaj/a_o/rp/page3_002006.html](검색일 2020. 2. 2.)

[3]　허성태·임영언, 「일본정부의 위안부문제 인식과 동포사회의 공공외교적 대응

기여했다.

식민지 청산과 역사 인식 문제, 전후보상 문제들은 대응하기 복잡한 사회적 구조를 갖는다. 2015년 한일 일본군 '위안부' 협상에서도 짐작할 수 있듯이 그동안 일제강점기에 벌어진 인권 침해는 자연스럽게 주변화되고 외면당해 왔다. 위안부 문제의 심각성과 인권 이슈에 대한 경각심은 시민들의 공감을 불러일으켰는데, 이는 소녀상 설치와 전시에 상당한 영향력을 주었다. 본 연구는 이러한 과정을 추적하면서 도시 공간을 통한 기억의 이동과 확산 문제의 양상과 구체적 사례를 논하고자 한다.

기왕의 선행 연구에서는 위안부 문제의 역사적·법적·정치적 문제에 주목하여 그 해결 방안을 강구하는 측면이 다수를 차지하고 있다. 위안부 문제가 국제 사회의 이슈가 되면서 최근 '소녀상'에 대한 연구 (최은주 2016, 김부자 2017, 김동엽 2018, 문경희 2018, 송진원·안병학 2019, 윤지환 2018·2019, 이지영 2019 등)도 증가하고 있지만 주로 기억의 경관, 기억의 정치, 역사 인식, 젠더 관점에서 바라보는 측면이 많다. 본 연구와 관련성 있는 논문으로는 이지영(2019)의 연구가 있는데 일본군 '위안부' 문제를 '역사전'으로 바라보고 글렌데일시 '평화의 소녀상'과의 영향력을 고찰한 점이 주목된다. 그러나 '소녀상'을 중심으로 집단적 움직임이 다양화·광역화하고, 시민적 연대가 강렬해지는 데 비해 이에 대한 연구는 미비하다. 이에 본 연구는 일본군 '위안부' 문제를 재점화하는 도시인 글렌데일과 나고야를 중심으로 소녀상을 둘러싼 역사적·사회적·정치적 움직임을 포착하고 일본 제국주의가 남긴 기억의 투쟁, 식민 지배를 경험한 동아시아 국가들과의 문제로 소녀상의 본질에 다각도로 접근해 가는 점에서 의의가 있다.

고찰: 위안부 기림비 건립을 중심으로」,『동북아문화연구』47, 동북아시아문화학회, 2016, 173.

아시아태평양전쟁 시기 제국 일본의 피식민지민에 대한 성적 착취와 인권 유린을 규탄하는 기념비로서 '소녀상'은 이제 세계로 발신되는 하나의 메시지[4]가 되었다. 한일 양국의 첨예한 대립 양상을 보이는 위안부 문제는 일본 제국주의 식민지 지배와 착취, 전시 성폭력 등 20세기 제국주의 시대의 모순이 응축되어 있다. 이를 기억하기 위해 제작된 '소녀상'은 보편적 인권과 정의 구현, 초국적 연대를 도모하고 있다는 점에서 중요하다.

소녀상은 단순한 기념비로서의 조형물이 아니다. 그동안 배제되었던 위안부 피해자들의 무형의 기억을 대중에게 전달하고 저항의 응집력과 공감대를 확산한 계기를 만든 상징,[5] 즉 일종의 응집 기억이다. 이에 공간적 네트워크를 따라 일본군 '위안부' 문제의 상징으로 자리하고 있는 '소녀상'에 주목함으로써 소녀상의 본질과 의의를 정립하고 그 함의를 밝힐 수 있을 것이다.

2. 글렌데일 소녀상과 표현의 자유 논쟁

'소녀상' 건립 운동은 국내외 여러 지역을 중심으로 널리 확산되고 있다. '소녀상'은 줄곧 일본 우익들의 공격의 대상이 되어왔는데, 일본 정부의 사죄와 책임에 대한 메시지를 던지고 있다는 점에서 그들은 '소녀상'에 대한 불편함과 반감을 노골적으로 드러내고 있다. 일본 우익 세력의 '소녀상'에 대한 민감한 반응은 횟수를 거듭할수록 '소녀

---

4) 최은주, 「위안부='소녀'상과 젠더」, 『동아시아문화연구』 66, 한양대학교 동아시아문화연구소, 2016, 245.

5) 송진원·안병학, 「평화의 소녀상을 통해 나타난 시각 문화의 상징성과 사회적 기억의 확산」, 『기초조형학연구』 20/5, 한국기초조형학회, 2019, 241.

상' 건립 열기로 더욱 확산되었으며, 이는 곧 '소녀상'이 일본 정부에 대한 한국인의 항거의 상징물로 감정 이입의 대상6)이 되었음을 의미한다. 그리하여 위안부 문제의 심각성은 인권 이슈에 대한 관심을 환기시키며 소녀상 설치 승인 및 일본의 행방에 영향을 미치게 되었다. 아래 예문은 이와 관련하여 시대적·역사적 상황을 보여 준다.

> 동아시아에서는 현재 내셔널리즘 충돌에 '역사'를 개입시키려는 '역사전쟁'이 전개되고 있다. (중략) 독립주권국가로서의 역사관을 재건하지 않으면 눈앞에 국가의 존립이 위험해진다. 바야흐로 우리 개개인의 역사관이야말로 이 '역사전쟁'에서 안전을 보장해주는 최후의 보루인 것이다.7)

'역사전歷史戰' 인식은 우파들 사이에서 '위안부' 문제의 주된 전쟁터는 '미국'이고, 일본은 이것에 대항하지 않으면 안 된다는 주장과 맞물리면서 특히 주목을 모은 것이 캘리포니아주 글렌데일Glendale시의 '위안부' 소녀상 설치였다.8) 2007년 1월 31일 위안부 상원결의안 채택, 7월 30일 일본 정부의 사죄를 촉구하는 결의안HR121 통과9)로 위안부 사죄 결의안이 전 세계로 확대되기 시작했다. 이는 무엇보다 미국 의회가 일본 정부에 '위안부' 문제의 책임 인정, 공식 사죄 및 미래세대 교육을 요구했다는 데 의의가 있다. 위안부 결의안을 채택한 미국 각지에서는 '위안부' 기림비 설립 등 결의안을 형해화하지 않

---

6) 문경희, 「호주 한인들의 소녀상 건립과 일본군 위안부운동」, 『페미니즘연구』 18/1, 한국여성연구소, 2018, 72.

7) 「강한 일본을 향해─안녕 '마음 속의 전후 체제(Regime)'」, 『正論』(2013. 2.).

8) 야마구치 도모미 외, 『바다를 건너간 위안부』, 어문학사, 2017, 172-173.

9) 2012년 힐러리 클린턴 미국 국무장관은 위안부 문제에 대하여 '위안부라는 용어보다는 강제된 성노예'라는 용어를 공식적으로 사용하였으며, 2014년 4월 25일 미국 오바마 대통령도 위안부 문제에 대해 '심각한 인권 침해'라는 표현을 사용하였다. (허성태·임영언, 「일본정부의 위안부문제 인식과 동포사회의 공공외교적 대응 고찰: 위안부 기림비 건립을 중심으로」, 163)

기 위한 실천 노력이 이어졌다.

　미국은 해외에서 최초의 소녀상과 다수의 기림비가 건립된 곳이다. 2013년 글렌데일시는 일본 우파의 첫 번째 전장이 되었다. 그런데 왜 글렌데일이었는지에 주목할 필요가 있다. 이는 글렌데일에 해외에서 가장 큰 아르메니아인 공동체가 있다는 사실과 연동한다.[10] 터키로부터 집단 학살의 고통을 경험한 아르메니아인들은 '위안부'의 고통에 공감했고, 소녀상 건립 운동에 적극 동참했다. 고통의 감정과 연대 경험의 공유가 소녀상 설치에 큰 역할[11]을 한 것이다. '아르메니아 제노사이드에 대한 기억'이 '소녀상' 건립에 있어서 아르메니아인 공동체의 강한 지지를 얻었다고 볼 수 있다. 소녀상은 특정 민족의 기억을 넘어, 전쟁의 잔인성에 대한 보편 기억을 이끌어 내는 상징물로 자리매김된 것이다.[12]

　재미일본인 단체도 곧바로 소녀상 설치에 찬성과 지지를 표명했다. 일본계 미국인 인권단체인 '시민권과 명예회복을 요구하는 일계인의 모임NCRR, Nikkei for Civil Rights & Redress'[13]과 '일본계 미국인 시민연합JACL, Japanese American Citizens League'은 한미포럼과 연대했다. 여기

---

10) 전체 인구가 20만 명이 채 안 되는 이 작은 도시에서 40%가 넘는 8만 명이 아르메니아계이다.

11) 이지영, 「일본군 '위안부'문제를 둘러싼 '역사전'과 글렌데일시 '평화의 소녀상'」, 『일본연구』 81, 한국외국어대학교 일본연구소, 2019, 72-74 참조.

12) 임지현, 『기억전쟁』, 휴머니스트, 2019, 162.

13) NCRR은 제2차 세계대전 중의 일계인 수용 정책에 관해 미국 정부에 대해 사죄와 보상을 요구하기 위해 1980년에 설립된 단체이다. 1988년에 정부가 그 요구에 응하고 나서도, 미국이나 일본에서의 민족적 마이너리티의 권리와 인권 침해 시정을 추진하는 활동을 하고 있다. '위안부' 기념비 제막식에 초대된 그 단체의 캐시 마시오카 공동대표는 연설에서, 미국 정부에 의한 공식 사죄와 개인 배상이 강제수용 정책의 피해를 당한 일계인들에게 얼마나 큰 의미가 있었던가를 말하고, 일본 정부가 전 '위안부'에 대해 더욱 명확한 사죄와 개인 배상을 할 것을 호소했다. (야마구치 도모미 외, 『바다를 건너간 위안부』, 67-68)

서 상기할 점은 일본과의 태평양전쟁 중에 벌어진 일본인 및 일본 출신 이민자들의 강제 수용Japanese Americans Internment 사건이다. 아이젠하워Dwight David Eisenhower는 일본계 미국인을 국제적 프로파간다 작전에 이용하는 것이 연합국 측에 중요한 요소이자 도움이 된다고 보았다. 미국에서 태어나 교육받은 다수 일본인의 충성심을 보증할 필요성을 언급하면서 일본계 미국인이 전쟁에 공헌할 수 있는 가장 효과적인 방법은 군대에 참가하여 미국을 위해 목숨을 걸고 전쟁함으로써 미국이 인종주의적이지 않다는 것을 스스로 증명해보이는 것이라고 하였다. 이는 전쟁에 승리하기 위한 수단으로서 인종주의를 부인하는 국가 전략이기도 하다.14)

글렌데일에 거주하는 일부 재미일본인은 반일본 정서를 야기한다며 소녀상 철거를 요구했다. 이들은 '소녀상'이 이 지역에 거주하는 일본인들에게 수치심을 유발할 뿐만 아니라 일본과 미국의 관계를 손상시킨다고 주장했다. 나아가 일본계 극우단체 '역사의 진실을 요구하는 세계연합회GAHT, The Global Alliance for Historical Truth'를 설립했고 대표 메라 고이치目良浩一 등은 미국연방 지방재판소에 글렌데일 시를 상대로 소녀상 철거를 요구하는 소송을 제기했다.

일본 국내 활동은 〈'위안부 진실' 국민운동〉의 가세 히데아키加瀬英明가 중심이 되어 추진했으나 이 소송으로 나데시코액션なでしこアクション을 비롯해 역사전의 범 우파 연대가 형성되었다. 역사전의 여론 형성은 산케이신문産經新聞이, 집회와 모금을 통한 풀뿌리 참여는 〈'위안부 진실' 국민운동〉과 나데시코액션이, 정치력 동원은 자민당과 〈일본유신회〉의 우파 정치가가 담당했다.15)

---

14) 나리타 류이치 외, 『감정·기억·전쟁』, 소명출판, 2014, 278-281 참조.
15) 이지영, 「일본군 '위안부'문제를 둘러싼 '역사전'과 글렌데일시 '평화의 소녀상'」, 76-77.

일본 정부는 글렌데일 소녀상 설치 및 철거를 요구하는 소송에 전면 개입했다. 이에 대해 2013년 7월 31일 스가 요시히데菅義偉 관방 장관은 "글렌데일시의 시장과 의회에 소녀상 설치를 재고하도록 요구해 왔다"며 "'소녀상' 설치는 일본 정부의 입장과 상반되며 매우 유감"이라고 거듭 강조했다. 그러나 일본 정부까지 개입한 이 재판은 패소로 종결되었다.[16] 이에 스가 관방 장관은 2017년 3월 27일 "위안부상(像) 설치 움직임은 우리나라(일본) 정부의 입장과 상반되는 것으로서 매우 유감스런 일"로 "정부는 다양한 관계자들에게 위안부 문제에 관한 기본적 입장과 노력에 대해 적절히 설명하고 정확한 이해를 요구해 왔다"며 "이런 노력을 계속해 갈 것"이라고 강조했다.[17] 이와 같이 글렌데일 시를 필두로 한 소녀상 설치 움직임은 일본 우파에 큰 충격을 주었고, 이것이 '역사전' 점화의 계기가 되었다. 해외 거주 일본 우파들은 일본 정부의 후원을 받아 조직적으로 집요하게 집회, 소송, 가두선전, 각종 유언비어 등을 통해 과거 일본의 만행을 전면 부정하는 '역사전'을 전개하였다.[18] 이 역사전은 그야말로 총력전이었다. 그러나 이런 방해 공작은 오히려 미국 사회에서 일본 정부가 과거의 잘못을 인정하지 않는다는 부정적 여론을 확산시키는 결과를 초래하였다.

더불어 소녀상 지키기 운동도 더 활발해졌다. 글렌데일 소녀상에 대해 일본계 시민단체 NCRR, JACL는 "인류에 가해진 흉악한 범죄가 다시는 일어나지 않도록 기억하게 하는 도구"라며 강하게 지지했고

---

16) 2017년 3월 27일에 연방재판소에서, 2017년 5월 4일에는 캘리포니아 주 재판소에서 글렌데일 시의 소녀상 설치는 시의 표현의 자유에 해당하며 이것은 연방정부의 외교 권한을 침해하지 않으며 소용 비용 30만 달러의 지급을 명하는 최종 판결이 나왔다.(이지영, 「일본군 '위안부'문제를 둘러싼 '역사전'과 글렌데일시 '평화의 소녀상'」, 78)

17) 「日 '글렌데일 소녀상' 소송 패소에 "매우 유감"」, 《뉴스1》(2017. 3. 28.)[http://news1.kr/articles/?2949630](검색일 2020. 2. 14.)

18) 야마구치 도모미 외, 『바다를 건너간 위안부』, 248.

뜻을 같이 하여 2018년 2월 글렌데일 소녀상 앞에서 두 행사가 진행되었다. '내일소녀단'의 〈망각에의 저항〉과 시마다 요시코嶋田美子[19]의 〈일본인 위안부 동상되기〉를 함께 상연한 퍼포먼스가 그것이다.[20]

글렌데일에서 진행된 이 행사에는 두 가지 의의가 있다. 하나는 일본 우익이 역사(왜곡)전을 펼치는 주 무대인 미국에서 일본군 '위안부' 문제에 대한 관심을 촉구하는 것이고, 다른 하나는 전쟁과 성착취 문제에 저항하는 데 있어서 국가주의를 극복하고 여성/약자로서의 연대를 모색하는 것이다.[21] 그들은 글렌데일이라는 도시 공간에 설치된 소녀상을 중심으로 관심과 연대를 확산시키는 데 주력하고 있다. 이

---

19) 평화의 소녀상을 재현해 일본의 만행을 고발하는 행동은 지속적으로 이루어지고 있다. 일본 최고의 반전反戰 여성 예술가로 꼽히는 시마다 요시코嶋田美子는 전쟁의 침략자이자 희생자인 일본 여성의 존재를 부각해 왔다는 평가를 받고 있으며 영국 런던 주재 일본대사관과 미국 글렌데일 등에서 평화의 소녀상으로 분장하는 퍼포먼스를 벌였다. 정치 개입과 극우 세력의 협박으로 전시 사흘 만에 중단된 〈아이치트리엔날레 표현의 부자유전 2019〉 직후 '소녀상 되기' 운동에도 참여해 주목을 받았다. '소녀상'을 대신해 소녀상을 그대로 재현하는 항의 퍼포먼스가 전 세계로 번졌는데 '소녀상 되기' 운동은 '표현의 부자유상' 운동으로 불리며 호응을 얻었고 소녀상을 직접 그려서 올리거나 항의 퍼포먼스에 동참하는 일반인들도 늘어났다. 「세계로 번지는 '내가 소녀상' 운동…日 전시 중단 항의」, 《뉴스1》(2018. 8. 26.)[http://news1.kr/articles/?3689636](검색일 2020. 2. 2.)

20) 퍼포먼스 참여자들은 잔디밭 곳곳에 널리 퍼져 누워 있다가 한 명씩 일어나 릴레이로 다른 퍼포머를 일으켜 세워주고 그 자리에 선다. 모두 일어서게 되면 참여자들은 팻말과 해바라기가 놓인 곳에 둥글게 모여 손을 잡는다. 팻말에는 "망각에 저항한다", "그녀들과 함께 합니다", "우리가 바라는 것은 진정한 사죄"라는 문구가 적혀 있다. 가면을 쓴 내일소녀단 멤버가 과거 일본군 '위안부' 여성들에게 연대를 표하는 선언문을 낭독하면 일동은 "망각에 저항한다Against forgetting"라고 제창한다. 제창을 마친 참여자들은 팻말이나 해바라기를 들고 일렬로 서서 소녀상의 무릎에 해바라기 꽃 한 송이를 두고 시마다에게 포옹을 건넨다.

21) 「글렌데일 소녀상을 둘러싼 갈등, 국가주의를 넘은 여성들의 연대」, 《일다》(2019. 3. 5.)[https://blogs.ildaro.com/3511](검색일 2020. 2. 4.)

▲ 내일소녀단, 〈망각에의 저항〉(2018, 글렌데일 센트럴 공원)
출처: 페미니스트저널 《일다》(2019. 3. 5.)[https://blogs.ildaro.com/3511]

렇듯 글렌데일 소녀상은 제2차 세계대전 기간 일본 제국주의 군대에 의한 위안부 희생자들을 상징하는 재현물이자 역사 인식을 촉구하고 보편적 인권에 대한 공감을 도모하는 역할을 하고 있다.

한편 이와 비례하여 소녀상의 수난도 끊이질 않았다. 글렌데일에서는 2019년 7월 소녀상 낙서 훼손 사건을 비롯하여 배설물 테러 사건 등 각종 증오범죄가 집중적으로 일어났다. 미국에서 공공 기념물을 훼손하는 '공공기물 파손 범죄vandalism'는 중범죄에 속하지만, 글렌데일 평화의 소녀상을 대상으로 한 유사 사건은 오히려 다양한 수법으로 지속되고 있다.

◀ 개 배설물 테러를 당한 글렌데일 소녀상

출처: 《연합뉴스》(2019. 7. 26.)[https://www.yna.co.kr/view/AKR20190726006800075]

▲ 2013년 소녀상 설립 직후 친일파 미국인 토니 마라노는 소녀상 얼굴에 봉지를 씌워놓고 '못난이'라고 조롱하는 동영상과 사진을 찍어 국내 네티즌의 공분을 샀다. 해당 영상은 2019년 개봉한 다큐멘터리 〈주전장〉에도 등장한다.

출처: 《국민일보》(2019. 7. 30.)[https://news.naver.com/main/read.nhn?oid=005&aid=0001223610]

2019년 11월 5일 글렌데일에서 아키라 무토 LA주재 일본 총영사의 망언을 규탄하는 집회가 열렸다. 총영사가 최근 글렌데일 시의원들에게 "여기서 내 유일한 임무는 소녀상을 철거하는 것"이라고 압박을 가했다는 프랭크 퀸테로Frank Quintero 시의원(글렌데일 전 시장)의 폭로 때문이다. 그는 "총영사는 일본 정부가 수년간 추진해온 그것, 그 상징물(소녀상)을 없애는 것만 얘기하고 싶어한다고 했다"고 전했다. 이 같은 소녀상 철거 망언에 대해 위안부행동CARE과 미주민주참여포럼KAPAC은 이것은 단순하고 독립적인 사건이 아니라 "전 세계 인류의 보편적 인권의 문제"이므로 "소녀상이 영원히 지켜질 수 있도록 해야 한다"고 커뮤니티의 연대를 촉구했다. 또한 NCRR 전 공동의장 캐시 마사오카Kathy Masaoka는 "모든 위안부 할머니와 커뮤니티가 이 소녀상을 상징한다"면서 "일본 정부와 총영사는 아르메니아계, 라티노, 흑인, 한인, 일본인까지 함께 하는 커뮤니티의 연대, 연대의 힘을 알지 못한다"라고 주장했다.[22]

---

22) 「日아베정권, 소녀상에서 손 떼라」 美글렌데일서 강력 대응」, 《연합뉴스》(2019.

위안부 문제의 본질에는 제국주의의 식민지 지배와 그에 따른 피식민지인 착취/동원, 그리고 전시성폭력이라고 하는 20세기 제국주의 시대의 모순과 문제점이 응축되어 있다. 이를 기억하기 위해 제작된 기념비로서 소녀상은 가해자의 진정한 사죄를 요구하고 희생자의 넋을 위로하려는 의미23)를 담고 있으며 피해 여성들의 고통을 상징화하고 일본의 역사 왜곡을 정면에서 부정한다는 점에서 시사하는 바가 크다.

일본 정부는 '소녀상' 설치가 일본의 책임 및 역사 회피에 대한 한국 민중의 항의 표시, 저항의 상징이라는 것을 잘 알고 있다. 그러나 오히려 소녀상 철거를 강력하게 요구하며 각종 보복과 압력을 행사하고 있는데 이는 역사적 사실을 부정하고 책임 인정을 거부하는 것과 다르지 않다. 우익의 목소리에 정부 및 좌파 성향 정치인 학자까지 가세한 점은 일본 사회가 역사수정주의에 견인되고 있다는 증좌이기도 하다.

3. 아이치 트리엔날레 '표현의 부자유전'과 혐오의 정치

일본의 침략 전쟁과 식민 통치가 종결된 지 오랜 세월이 경과했지만 역사적으로 남아 있는 문제들은 여전히 해결되지 않은 채 일본과 근린 아시아국가 사이에 역사적 화해 과정을 철저히 가로막고 있다.24) 최근 한일 양국은 일본 정부의 법률적 책임 문제, 강제성 문제,

---

11.6)[https://www.yna.co.kr/view/AKR20191106038400075?input=1195m](검색일 2020. 2. 2.).

23) 최은주, 「위안부='소녀'상과 젠더」, 244.

24) 이성일·예동근, 「아베정부의 위안부문제 인식과 한일관계의 딜레마」, 『동북아문화연구』 58, 동북아시아문화학회, 2019, 229.

위안부 피해자에 대한 보상 방식, 합의의 이행 및 위안부 동상 등의 문제에서 여전히 의견 불일치가 존재하고 있으며, 특히 한국 여론과 민중이 양국의 위안부 문제 합의 내용(2015. 12. 28.)에 대해 강렬한 불만을 표출하면서 위안부 문제는 한일 관계에 있어 해결하기 어려운 난제[25]로 자리잡았다.

특히 한일 갈등의 뇌관인 '소녀상' 문제는 2019년 8월 1일 일본 아이치현 나고야시 아이치현문화예술센터에서 진행되던 일본 최대 국제 예술제 〈아이치 트리엔날레 2019〉에 출품된 '평화의 소녀상' 전시가 사흘 만에 강제로 중단된 사건으로 다시금 불거졌다. 한국 대법원의 일제 강제징용 판결에 일본은 2019년 8월 2일 한국을 화이트리스트(수출심사우대국가)에서 제외하며 경제적 보복 감행에 이어 '예술적 탄압'이라는 칼을 뽑았다. 그리고 실행 위원회는 8월 3일 극우·보수 세력의 협박으로 인한 고충을 이유로 특별 기획전 〈표현의 부자유전不自由展, 그 후〉 전시 전체를 '중단'한다고 발표했다. 일본의 '표현의 부자유' 민낯을 그대로 드러내고 폐막에 이른 것이다.

〈표현의 부자유전〉 전시는 제목에서도 유추할 수 있듯이 그동안 자유를 억압하는 움직임에 의해 전시되지 못한 작품들을 한 자리에 모아 선보였다.[26] 일본 정부와 우익의 압박으로 '평화의 소녀상' 등이 전시된 〈표현의 부자유전, 그 후〉 전시가 중단되자 참여 작가들은 '표현의 자유 억압과 검열'에 항의하며 자신의 작품도 전시하지 않겠다는 의사를 주최 측에 전달했다. 소녀상 전시가 중단되자 일본 시민 사회는 사실상의 검열 조치라며 거세게 반발했고 연일 항의 집회를 열었다. 전시 중단 조치에 대해 예술계도 "역사 문제를 정치적·경제적

---

25) 이성일·예동근, 「아베정부의 위안부문제 인식과 한일관계의 딜레마」, 236.

26) '평화의 소녀상'은 2012년 도쿄도립미술관에서 20cm 크기의 모형 소녀상으로 전시될 예정이었으나 '정치적 표현물'이라는 이유로 철거된 바 있다. 모형이 아닌 본 작품이 전시된 것은 이번 트리엔날레가 처음이다.

으로 악용하고 예술에까지 영향을 미치려 해서는 안 된다"며 반발했다.27) 일본 언론들 사이에서도 비판적인 논조가 두드러졌는데 예컨대 "사회의 자유에 대한 협박", "표현의 부자유를 상징하는 무서운 사태"28)라는 등 강력히 규탄했다. 또한 "사회를 보다 유익하게 만들게 하는 행위를 근저에서 떠받치는 '표현의 자유'가 크게 상처입었다", "표현의 자유, 그 기회가 닫혀버렸다"29)라는 비판도 가세했다.

이와 같이 소녀상 전시 중단 소식은 예술의 사회적 기여를 정치적 시선으로 매도했다는 점에 대한 우려와 함께 문제의 심각성이 널리 전파되었고 표현의 자유를 억압하는 일본의 모습은 국제적인 이슈로 대두되었다.

---

27) 임민욱 작가는 "한일 갈등 때문에 예술이 정치적 도구로 이용되는 것에 대한 문제가 아니라 검열에 대항하는 '표현의 자유 문제'에 작가로서 침묵할 수 없다"면서 '평화의 소녀상'이 전시되지 못한다면 내 작품도 철수하겠다는 입장을 전했다. 그는 자신의 결정이 반일 감정 때문이 아니라 '표현의 자유'에 관한 것임을 강조하며 "전시 중단과 관련해 일본 작가들도 안타깝고 부끄럽게 생각하고 있다"고 했다. 영상 작품 '소년병'을 출품한 박찬경 작가는 "한일 정치 갈등 이전에 '표현의 자유'를 주제로 한 전시를 중단시킨 사실이 문제"라며 "검열과 검열에 관련된 사회적 협박에 굴해서는 안 된다"고 강조했다. 결국 전시 중단 소식이 알려지자 일본 정부와 우익 세력의 철거 요구로 전시 중단된 '평화의 소녀상'을 스페인의 유명 언론인이자 사업가인 주제프 마리아 베네트가 구매했다. 그는 정치적, 윤리적, 도덕적, 성(姓)적인 논란을 일으켜 규제를 받거나 전시가 중단된 작품을 세계 각지에서 매입해 왔는데 "전시 중단 사태는 표현의 자유 침해일 뿐 아니라 전시의 가치를 훼손한 행위였다"며 "(매입한) 작품을 2020년 개관하는 바르셀로나 '자유미술관'에 전시할 예정"이라고 밝혔다. 「日서 전시 중단 '소녀상' 스페인 미술관에 새 둥지」, 《동아일보》 (2019. 8. 16.)[http:// www.donga.com/news/article/all/20190816/96984085/1](검색일 2020. 2. 2.)
28) 「부자유전 중지, 사회 자유에의 협박이다」, 《도쿄신문》(2019. 8. 7. 사설).
29) 「아이치 기획전 중지 부른 사회의 병리」, 《아사히신문》(2019. 8. 6. 사설).

▲ 〈아이치 트리엔날레 2019〉에 전시됐던 평화의 소녀상

출처: 《뉴스핌》(2020. 2. 3.)[http://www.newspim.com/news/view/20200203001121]

전시 개막과 동시에 일본 정부와 우익들은 예민하게 반응했다. 정부 대변인인 스가 요시히데菅義偉 관방 장관은 정례 회견에서 "(행사에 대한) 정부 보조금 교부 관련 사실 관계를 조사해 적절히 대응하겠다"고 압박했고 가와무라 다카시河村隆之 나고야 시장은 위안부 문제에 대해 "사실이 아니었을 가능성이 있다"는 망언과 함께 "일본 국민의 마음을 짓밟는 행위"라며 전시 중단을 요구했다. 오무라 히데아키大村秀章 아이치현 지사도 안전상의 이유로 전시 중단을 전격 지시했다.[30] 이에 대해 트리엔날레 실행 위원들은 "역사적 폭거"이자 "전후 일본 최대의 검열 사건이 될 것"이라고 목소리를 높였다.[31]

아울러 촉각을 곤두세우며 활동을 개시한 일본 내 움직임도 주시하지 않을 수 없다. '소녀상'이 공공시설에 처음으로 전시됐던 〈아이

---

30) 소녀상 전시 당시 트리엔날레 측에는 무려 770건의 협박 이메일이 쇄도했다. 우익들은 교토京都에서 발생한 애니메이션 센터 방화 사건을 상기시키며 휘발유를 뿌리고 불을 붙이겠다고 협박했고 일부는 경찰에 붙잡히기도 했다. 「日정부, 위안부 소녀상 전시 예술제 보조금 깎나 "적절히 대응"」, 《연합뉴스》(2019. 8. 2.)[https://www.yna.co.kr/view/AKR20190802095351073?input=1195m](검색일 2020. 2. 2.)

31) 「日 소녀상 전시 철거, 역사 문제 직시 않는 불관용」, 《쿠키뉴스》(2019. 8. 4.)[http://www.kukinews.com/news/article.html?no=688542](검색일 2020. 2. 2.)

치 트리엔날레－표현의 부자유전, 그 후〉에 대한 반발로 2019년 10월 27일 일본 아이치현 나고야시 월아이치Will Aichi에서 〈일본인을 위한 예술제 아이치 토리카에나하레 2019－표현의 자유전〉이 열렸다. 혐한[32] 내용이 담긴 전시회였다. 예컨대 '직수입 기생'이란 제목의 그림에는 '소녀상'을 빗댄 여성이 그려져 있고 '날조된 종군위안부' '매춘' 등이 언급되어 있는 등 소녀상에 대한 모욕과 조롱은 위험 수위를 넘나들며 혐오를 조장하고 있었다.

주최 측은 '일본제일당'이라는 극우 정치 단체로, 헌법 개정·반이민·한일 단교 등을 내세우고 있다. 혐한 활동을 주도해 온 재특회(재일 특권을 용납하지 않는 시민 모임)의 전 대표인 사쿠라이 마코토櫻井誠는 '소녀상'을 희화화한 모습을 하고 사람들과 사진을 찍는 퍼포먼스를 진행하기도 했다. 일부 시민 단체들은 이 행사를 두고 헤이트스피치(특정 집단에 대한 혐오 발언)라며 강하게 반발했다.

이에 대해 헤이트스피치 반대 시민 단체가 극우 단체 전시에 강하게 항의했지만, 전시 시설 측은 "중단할 근거를 못 찾았다"는 이유로 행사를 막지 않았다. 전시 작품 중에는 '범죄는 언제나 조선인'이라는 문구를 비롯하여 재일한국인에 대한 증오를 부추기는 내용이 부각되어 있다. 일본제일당은 이날 400명이라는 방문객 수를 강조하며 '표현의 부자유전'이 인정받는다면 자신들의 전시도 인정받아야 한다는 입장을 보였다. 소녀상에 대한 혐오는 극우 단체에만 한정된 것은 아니다. 일본 유명 애니메이터 사다모토 요시유키貞本義行[33]는 아이치 트리

---

32) 혐한 문제는 1990년대 일본군 '위안부' 문제와 함께 일본과 한국 언론에서 대두되기 시작했으며 사죄할 필요성을 전혀 못 느낀다는 일본 지식인들의 발언이 심층적인 보도와 함께 한국 전반에 대한 혐嫌의 감정으로 분출되었다. (노윤선, 『혐한의 계보』, 글항아리, 2019, 134 참조.)
33) 애니메이션 〈신세기 에반게리온〉과 영화 〈시간을 달리는 소녀〉의 캐릭터 디자인을 한 애니메이터.

직수입 기생 ▶

▲ 사쿠라이 마코토의 퍼포먼스
출처:《한겨레신문》(2019. 12. 28.)[https://news.naver.com/main/read.nhn?
oid=028&aid=0002479755]

엔날레에 전시된 소녀상을 겨냥하여 자신의 트위터에 "더러운 소녀
상" "(소녀상)은 조형물로 매력이 없고 지저분하다고 느꼈다" 등의 글
을 남겼는데 그의 표현은 일본 안에서도 선을 넘었다는 반응이다.

한편 일본 정부가 2019년 9월 개막한 오스트리아의 〈재팬 언리미
티드Japan Unlimited〉 예술 전시회를 후원했다가 취소한 사실이 드러났
다. 전시회가 일본 정부에 불리한 내용을 갖고 있다고 판단했기 때문
이다.[34] 교도 통신은 일본 정부의 공인 취소가 아이치 트리엔날레의

소녀상 전시 취소로 인한 표현의 자유 침해 문제의 연속선상에 있다는 점에 주목하며 "표현의 자유를 둘러싼 '불관용' 문제가 해외에 파급된 모습"이라고 설명했다. 예술 전시를 둘러싼 이 같은 움직임은 일본 사회의 '표현의 부자유' 문제를 환기하는 계기이자 부당함에 반발하는 시민사회의 연대를 적나라하게 보여 주고 있다.

역대 한국 정부는 일본과의 경제·안보 관계를 과거사 문제 해결보다 더 중시했다. 그래서 한일 간의 "미래지향적 관계"가 "과거"보다 더 중요하다는 견해를 고수했다. 그 가운데 위안부 문제는 한반도를 둘러싼 강대국들의 첨예한 이해 관계와 얽힌 난제로 자리잡고 있다.[35] 특히 미국은 중국 견제와 더불어 견고한 한미일 삼각 동맹 구축을 바랐기 때문에 위안부 문제로 한일 관계 개선이 지체되는 것에 불편한 기색을 드러냈다. 일례로 2015년 4월 8일 미국 국방장관 애슈턴 카터는 "(한일 간)협력에 의한 잠재적 이익이 과거에 있었던 긴장이나 지금의 정치 상황보다 중요하다. (…) 우리 세 나라(한미일)는 미래로 눈을 돌려야 한다"고 밝혔다. 그래서 2015년 12월 28일 〈한일 위안부 합의〉가 발표되자 미국이 가장 크게 환영했던 것이다. 한일 위안부 합

---

34) 이 전시회에는 아베 총리를 상징하는 인물이 역사 문제를 둘러싸고 한국과 중국에 사죄하는 모습을 담아 과거사의 잘못을 부정하는 아베 정권을 풍자하는 동영상이 전시됐다. 방사선 방호복에 일장기 형태로 떠다니던 피가 떨어지는 모습을 형상해 후쿠시마福島 제1 원전 사고를 비판한 오브제와 태평양 전쟁 당시 일왕인 히로히토裕仁를 풍자하는 작품도 함께 전시됐다. 전시회 측에 따르면 아이치 트리엔날레의 기획전 〈표현의 부자유전不自由展·그 후〉에 참가한 작가가 '재팬 언리미티드'에 작품을 출품한 것이 일본에서 알려지며 일본의 국회의원이 외무성에 조사를 요청했고, 일본 정부가 전시 내용을 문제 삼아 결국 공인을 취소했다. 「日, '韓에 사죄하는 아베' 풍자 해외 예술제 "후원 취소"」, 《연합뉴스》(2019. 11. 6.)[https://www.yna.co.kr/view/AKR20191106079100073?input=1195m] (검색일 2020. 2. 2.)

35) 김영익, 「위안부 문제는 무엇이고, 왜 이토록 해결되지 않을까?」, 『마르크스』 21/25, 책갈피, 2018, 87.

의가 미국의 관장 아래 나온 약속이라는 점은 위안부 문제가 오늘날의 제국주의 문제와 깊이 관련돼 있음을 보여준다.

무엇보다 '합의'의 조건에 일본대사관 앞에 설치한 '소녀상' 철거가 포함되었다는 것은 '소녀상'이 글로벌 저항 운동의 상징으로 진화하였음을 의미한다. 즉 '소녀상'은 한일 양 정부와 시민운동 사이의 대항 관계에서 성장하여 한국이나 일본, 그리고 세계에서 '위안부' 문제를 다룰 때 반드시 등장하는 상징적 존재로 정착하였다.(김부자, 2017)[36] '합의' 이후 '소녀상'은 그야말로 민족을 상징하는 표상이자 글로벌 저항운동의 상징이 되었다. 피해자의 고통을 상징화할 뿐만 아니라 일본 역사 왜곡을 정면에서 부정하고 진정한 사죄를 요구한다는 차원에서도 소녀상이 함유한 의미는 크다고 할 수 있다.

2016년 12월, 한국의 한 민간단체는 부산의 일본총영사관 근처에 '소녀상'을 설치하였다. 그러자 2017년 1월 일본 정부는 항의 조치로 일본 주한대사 나가미네 야스마사長嶺安政와 부산총영사 모리모토 야스히로森本康敬를 초치招致했고 그 후 한일 관계는 오히려 더욱 복잡한 양상을 띠게 되었다. 이어 아베 총리는 "최종적이고 불가역적 합의"임을 강조하며 일본은 "10억 엔을 지원하고, 성실하게 합의를 이행"했으니 "한국 정부도 성의를 보여라"면서 한국의 합의 이행과 '소녀상' 철거에 압력을 가했다. 이후 소녀상은 국가간 신용 문제로 자주 등장하게 되었다. 주목할 점은 2017년 2월 3일, 스가 요시히데菅義偉 관방 장관이 '소녀상' 호칭을 '위안부상'으로 통일시킨다는 방침을 발표한 사실이다. "소녀상이라고 하면 위안부였던 당시 모두 소녀였다는 오해를 준다"는 반박 논리를 보더라도 일본정부와 자민당이 '소녀' 이미지에 불편한 심리, 기피 감정을 가지고 있음을 알 수 있다.

아베 총리의 합의 이행 요구에 대해 문재인 대통령은 당선 이후

---

36) 문경희, 「호주 한인들의 소녀상 건립과 일본군 위안부운동」, 73에서 재인용.

"우리 국민들 대다수가 정서적으로 합의를 수용하지 못하고 있는 것이 현실"이라며 '소녀상'에 대해서도 "민간의 영역에서 일어나는 문제에 대해 정부가 나서서 해결하는 데는 한계가 있기 때문"에 일본 정부가 요구하는 빠른 시기에 소녀상을 철거하는 것이 어렵다고 표명하였다. 이렇게 한일 양 정부와 시민운동 사이에서 성장한 '소녀상'은 외교 문제로 부상하여 '위안부' 문제의 상징적 존재로 정착되었다.

주지하다시피 소녀상 전시로 인한 논란은 끊이지 않고 다양한 양상으로 나타났는데 특히 〈아이치 트리엔날레 2019〉 전시회는 일본 정부와 우익의 입장을 분명히 각인시키는 역할을 하였다. 일본의 공공 전시장에서 거부당한 예술작품을 모은 기획전 '아이치 트리엔날레'는 2019년 8월 일본 국내외에서 많은 관심을 끌었지만 사흘 만에 중단되었고 논란 끝에 10월 8일 일주일간 다시 전시된 후 폐막됐다. 재개된 전시에는 뜨거운 관심이 집중[37]됐지만 한정된 인원에 대해 제한된 방식으로 전시가 재개되어 "일본의 표현의 부자유를 보여주는 퍼포먼스", "반쪽짜리 전시회"[38]라는 비판을 면치 못했다. 전시 재개라는 작은 성과도 있었지만 소녀상 사태는 향후 일본 사회에서 정부의 '예술제 개입 강화'와 '예술계의 우경화'라는 악영향을 끼칠 것으로 우려된다. 실제 소녀상 전시로 인한 논란으로 나고야시가 '평화의 소녀상'을 전시했던 국제예술제에 대한 지원을 2020년 예산안에 반영하지 않은 것도 이를 반증한다.

오랫동안 일본 제국주의가 남긴 과거사 문제는 줄곧 중국, 러시아,

---

37) 교도통신에 따르면 13일까지 닷새 동안 추첨을 통해 뽑힌 221명이 관람을 했는데, 관람을 희망한 사람은 2천 964명이나 됐다.

38) 트리엔날레 측은 하루 최대 6회에 걸쳐 1회당 30~40명씩만 가이드의 안내를 받는 조건으로 관람을 허용했다. 관람객들은 사진·영상 촬영을 하지 않고(9일부터 사진 촬영은 허용) 촬영된 사진·영상을 사회관계망서비스(SNS) 등에 올리지 않겠다는 서약서에 서명을 해야 했다.

한국, 북한 등의 강렬한 불만과 비판을 야기하였고, 일본과 동북아 지역 국가들과의 사이에 놓여 있는 최대의 장애물로 작용하였다. 일본은 시종일관 그 침략의 역사에 대한 철저한 반성과 사죄의 행동을 취하지 않았고[39] 이러한 문제는 새로운 역사적 조건 아래에서 축적, 고착되어 폭발하는 계기가 되었다. '강한 일본'을 향해 '전후체제로부터의 탈각'을 주장하며 민족의 명예를 위한 총력전을 벌이는 일본 우파, 그리고 근래 아이치트리엔날레 〈표현의 부자유전〉 사태는 혐오로 물든 일본의 현실을 방증하고 있다. 이는 일본의 국익 훼손뿐만 아니라, 전쟁과 식민지 지배 피해자들의 존엄이 계속 짓밟히고 있음을 상기시킨다.

4. 소녀상을 둘러싼 기억공간의 확장과 연대

> 1997년은 종전 50주년에서 3년째인데 어쩐지 일본의 전쟁범죄, 역사인식을 추궁하는 Japan bashing(일본 비난)의 해가 된 것 같은 느낌이다. 이 포위망에는 항상 적지 않은 일본인 운동가도 가세하고 있지만 지금까지와 조금 다른 점이 있다면 한국, 미국, 중국이라는 3대국의 그늘이 어른거리는 점이다.[40]

예문에서도 알 수 있듯이 1997년을 기점으로 전쟁 및 역사의 재인식을 촉구하는 분위기가 대두되기 시작한다. 일본에서는 고노 담화(1993), 무라야마 담화(1995) 이후 1997년부터 일본군 '위안부' 문제가 중학교 역사 교과서에 실리게 되었고 이를 계기로 '위안부' 문제의 중요성이 고조되었다. 아울러 과거 일본군의 전쟁범죄에 대해 시민운동의 국제적 연대가 형성되었다, 그리고 곧 우파의 공격도 가세했는데 1997년

---

39) 이성일·예동근, 「아베정부의 위안부문제 인식과 한일관계의 딜레마」, 239.
40) 『제군!』(1997. 3.)(야마구치 도모미 외, 『바다를 건너간 위안부』, 20에서 재인용).

1월에 '새로운 역사 교과서를 만드는 모임'이 결성되어 '위안부' 기술 삭제를 위한 활동이 본격화되었고 2006년에는 모든 중학교 역사교과서에서 사라지게 되었다. 후지오카 노부가츠藤岡信勝 교수는 "성에 관련한 문제를 폭력과 연결해서 다루는 이러한 화제를 의무교육 단계에 있는 중학생에게 가르치는 것은 교육적으로 봤을 때 심각하게 잘못됐다"며 "장래를 담당하는 일본 아이들의" 공교육이 이루어지는 공공 공간에 '위안부' 문제가 등장하여 일본의 공적 기억이 되는 것에 대한 위기감, 기피감을 드러냈다.41) 이러한 인식은 '소녀상'에서도 발견된다. 소녀상이 공공 공간에 설치되는 것은 곧 '위안부' 문제가 한국 또는 일본 국외에서 공적 기억이 되는 것을 의미하기 때문이다.42)

기억은 한 집단의 경험 및 정서적 측면과 강하게 연결된 문화 요소이자 다양한 주체들의 이해가 교차되는 지점에 위치한 상징적 자산이다. 위안부 할머니들의 기억은 공간적으로 확산되면서 한국과 일본의 지정학적 갈등을 불러왔으며, 시민단체들의 초국적 네트워크를 통한 연대적 움직임43)이 본격적으로 나타났다. 이식된 기억은 공감을 도출해내기 위한 시각적·물질적 요소를 동반할 필요성이 제기되었는데 이러한 요구는 위안부 기림비와 소녀상의 형태로 실현되기 시작했다.

위안부 기억은 태평양전쟁 기간 중 자행된 일본군의 체계적 성범죄이자 집단적 상처이다. 그렇기 때문에 새로운 장소에서 기억이 재영역화되기 위해서는 무엇보다 외부 집단들과의 공감과 협력, 적극적 유대 관계가 우선되어야 했다. 글렌데일의 경우에도 이러한 과정을 통해 소녀상 건립이라는 결실을 맺을 수 있었다. 소녀상은 단순한 역

---

41) 김부자, 「한국의 〈평화의 소녀상〉과 탈진실의 정치학」, 『한국여성학』 33/3, 한국여성학회, 2017, 302-303 참조.
42) 김부자, 「한국의 〈평화의 소녀상〉과 탈진실의 정치학」, 304.
43) 윤지환, 「기억의 초국적 이동과 이민자 집단의 정치: 미국 위안부 소녀상을 사례로」, 『한국경제지리학회지』 21/4, 한국경제지리학회, 2018, 398.

사적 재현물이 아닌 위안부 피해자들의 상처가 응집된 상징이자 위안부 사건에 대한 사회적 기억의 구심점[44])이 되어 저항의 응집력과 공감대를 불러일으켰다.

이후 소녀상은 다양한 주체의 자발적 참여로 국내외 도시로 확산되었다. 위안부 저항 운동의 주요 동력이자 위안부 이슈를 공론화시키는 데 있어 중심적인 역할을 담당해 온 수요집회 및 주한 일본대사관 앞은 사회 권력의 장벽이 견고히 쌓인 공간이자 사회적 메시지 생산의 파급력이 극대화될 수 있는 양면성을 지닌 공간, 한일 외교 관계의 민감한 특수성이 고스란히 반영된 공간으로 이러한 외교적 상징성이 내포된 공간에 위안부 기억을 상징적으로 드러내는 소녀상의 건립[45])은 여러 갈등과 부담으로 작용하였다.

집단 간의 기억을 둘러싼 투쟁은 도시 공간을 중심으로 빈번하게 발생[46])하며 재현의 문제를 둘러싸고 갈등 양상을 보인다. 이러한 가운데 소녀상은 위안부의 기억을 상징적으로 응축시키고자 제작되었고 이후 수요집회를 통해 의의를 확산시키게 되었다. 소녀상은 대중들의 도덕적 인식 제고에도 역량을 발휘했는데 그 결과 수요집회 참석자들과 위안부 할머니들과 간의 정서적 유대는 소녀상을 통해 거듭났다.

이후 위안부 기억을 재현하는 다양한 형태의 소녀상은 한국 내에서뿐만 아니라 미주와 유럽 지역의 각 도시에서도 건립되고 있다. 각 도시에 설치된 소녀상은 위안부 기억을 기리는 행사들의 구심점 역할

44) 송진원·안병학, 「평화의 소녀상을 통해 나타난 시각 문화의 상징성과 사회적 기억의 확산」, 246.
45) 윤지환, 「평화의 소녀상을 통해 형성된 위안부 기억의 경관과 상징성에 관한 연구」, 『대한지리학회지』 54, 대한지리학회, 2019, 61.
46) 윤지환, 「기억의 초국적 이동과 이민자 집단의 정치: 미국 위안부 소녀상을 사례로」, 62.

을 수행하고 있으며 전쟁 성범죄의 잔악함과 평화에 대한 교훈[47]을 일깨워 주고 있다. 일례로 2014년 미국 뉴저지주New Jersey 유니온 시티Union City '일본군 강제동원 군 위안부 기림비' 건립 제막식에는 위안부 피해자들을 상징하는 피 흘리는 소녀상 12점이 전시되었으며 소녀상들은 일본 제국주의에 의해 자행된 역사적 사건들을 그대로 재현하여 보여 주고 있다. 이들 소녀상 중에는 한국과 중국, 필리핀, 인도네시아 전통 옷차림의 소녀상도 전시되어 일본정부의 위안부 강제동원이 한국뿐만 아니라 아시아 전역에서 자행되었음을 알려 주고 있다.[48] 이렇듯 확장된 피해자성은 새로운 연대감을 형성함으로서 일본 나고야를 비롯한 해외 여러 도시들로 확산되었고 최근까지 '표현의 자유 문제'를 둘러싼 '불관용 문제'로 논란의 한가운데 섰다.

　무엇보다 대중들에게 위안부 기억을 전파하고 전시 성범죄로부터 비롯된 상처를 공유하는 데 소녀상의 상징적 재현은 시사하는 바가 크다. 이것은 과거 사회로부터 배제되었던 일본군 '위안부'에 대한 기억이 소녀상이라는 시각 조형물과 그 안에 담긴 상징적 의미를 통해 대중의 관심과 이해를 확대, 재생산하는 전형적인 사례를 보여 준다. 또한 이 과정은 다양한 계층이 연대하는 저항운동의 성격을 드러내고 있다. 이를 통해 촉발된 자발적 운동이 왜곡되고 소외되었던 과거의 기억에 대한 재구성과 위안부에 대한 기억의 사회적 확산을 가져왔다.[49]

　주지하다시피 2007년 연방하원의 위안부 사죄결의안이 추진되고 2010년 뉴저지 첫 위안부 희생자 추모기림비와 2013년 글렌데일 첫

---

47) 윤지환, 「평화의 소녀상을 통해 형성된 위안부 기억의 경관과 상징성에 관한 연구」, 64.

48) 허성태·임영언, 「일본정부의 위안부문제 인식과 동포사회의 공공외교적 대응 고찰: 위안부 기림비 건립을 중심으로」, 170.

49) 송진원·안병학, 「평화의 소녀상을 통해 나타난 시각 문화의 상징성과 사회적 기억의 확산」, 245.

위안부 소녀상이 건립될 때 일본은 로비와 소송을 통해 이를 저지하려 했지만 실패했다. 소녀상이 공공 공간에 설치되는 것은 위안부 문제의 공적 기억화를 공적 기억화를 의미하기 때문에 공공 공간에서 추방하고자 압력을 가했고 당연히 글렌데일시 공공장소에 설치된다는 것에 반발했다. 그러나 역사전의 주전장인 미국에서 아르메니아 제노사이드에 대한 기억이 소녀상 건립에 아르메니아인 공동체의 강한 지지를 얻어 소녀상은 특정 민족의 기억을 넘어 전쟁에 대한 보편 기억을 이끌어내는 상징물로 기능했다. 글렌데일 소녀상은 일본 제국주의에 의한 위안부 희생자들을 상징하는 재현물이자 역사 인식을 촉구하고 보편적 인권에 대한 공감을 도모하는 역할을 하게 된 것이다.

이처럼 일본 제국주의 침략에서 비롯된 소녀상이라는 시각 조형물의 상징성은 역사적 사건에 대한 관심에서 참여로, 참여에서 확산으로, 확산을 통한 기억의 재구성으로의 유기적인 연결을 만들었다.[50] 위안부 합의에 소녀상 철거의 조건이 제시될 정도로 일본 정부와 우파는 소녀상 확산 저지에 총력을 기울였다. 그러나 합의에 소녀상 철거가 언급된 후 오히려 소녀상 건립 열기는 더 고조되었고 소녀상을 중심으로 한 연대와 공생의 목소리는 더욱 커지고 있다. 2019년 〈아이치트리엔날레 ─ 표현의 부자유전, 그 후〉에서 엿볼 수 있듯이 그들은 전시에서 불편한 진실을 목도하였고 소녀상을 증오와 혐오 감정 배출구로 적극 활용하였다. 억압과 검열, 전시 중단사태 후 전시회를 재개하였지만 한정적·제한적 전시회였던 만큼 우려가 클 수밖에 없었다. 그야말로 '표현의 부자유전'이었다.

'소녀상'에 대한 일본 정부, 역사수정주의자들의 과도한 집착은 무엇을 의미하는가. 사실을 둘러싼 역사의 문제는 어떻게 왜소화되고

---

50) 송진원·안병학, 「평화의 소녀상을 통해 나타난 시각 문화의 상징성과 사회적 기억의 확산」, 248.

정치화되는가. '소녀상'은 제국주의 식민지배와 국가 폭력, 착취, 차별에 대한 역사적이고 구조적인 부정의에 대해 문제 제기하며 전 세계 인류의 보편적 인권과 인도주의적 가치, 정의의 문제로 자리매김하고 있다. 이렇듯 '소녀상'을 둘러싼 역사적 '사실'의 문제는 선별적·가변적 정의를 가지고 기억의 응집체로 기능하고 있다.

5. 맺음말

이상으로 역사의 재인식과 재현의 점이지대로서 미국의 글렌데일시와 일본 나고야시에 설치·전시된 '평화의 소녀상'의 역사적·사회적·정치적·공간적 함의를 살펴보았다. 제국주의 시대의 모순이 응축되어 있는 일본군 '위안부' 문제를 기억하기 위해 제작된 '소녀상'은 보편적 인권과 정의 구현, 초국적 연대를 도모하고 있다는 점에서 중요하다. 이에 도시 공간 속 식민시대 역사를 재인식하는 과정이 '소녀상'이라는 조형물로 발현되는 점에 주목하여 위안부 기억의 재현 양상을 살펴본 결과는 다음과 같다.

위안부 문제는 한일관계 개선을 위한 과거 역사 인식의 바로미터가 되어왔다. 위안부 문제는 국내 일본대사관 앞 수요집회 등과 같이 한정된 공간에 머물러 있었지만 소녀상 건립과 더불어 장소가 확장되었고 이를 통해 공론의 공간, 또한 세계로 발신되는 기억의 초국적 움직임이 생성되었다.

해외에서도 위안부 문제를 다룬 새로운 양상이 나타났는데 위안부 문제를 재점화한 도시로 '글렌데일'과 '나고야'를 꼽을 수 있다. 미국에서 아르메니아인 공동체의 강한 지지를 얻어 전쟁에 대한 보편 기억을 이끌어내는 상징물로 기능한 글렌데일 소녀상은 일본 제국주의에 의한 위안부 희생자들을 상징하는 재현물이자 역사 인식을 촉구하고 보편적 인권에 대한 공감을 도모하는 역할을 하게 되었다. 또한 혐오로 물든 일본의 현실 및 일본 내부 자성의 목소리가 2019년 〈아이치트리엔날레－표현의 부자유전, 그 후〉 전시회를 통해 격돌, 표출되기도 하였는데 이는 공생 네트워크의 가능성을 시사하며 문제인식의 확대와 성찰을 가져왔다고 볼 수 있다.

이와 같이 '평화의 소녀상'은 제국주의 식민 지배와 국가 폭력, 착취, 차별에 대한 역사적이고 구조적인 부정의에 대해 문제 제기하며 전 세계 인류의 보편적 인권과 인도주의적 가치, 정의의 문제로 자리매김하고 있다. 나아가 초국적으로 이동하는 기억의 응집체로 기능하면서 연대의 확산을 도모한다는 점에서 그 가치를 재고할 수 있다.

참고문헌

김서경·김운성, 『빈 의자에 새긴 약속-평화의 소녀상 작가 노트』, 도서출판
    말, 2016

나리타 류이치, 『감정·기억·전쟁』, 소명출판, 2014

노윤선, 『혐한의 계보』, 글항아리, 2019

미마키 세이코, 『전쟁을 모르는 세대는 어떻게 전쟁을 기억해야 하는가?』, 김
    민 옮김, 제이앤씨, 2018

야마구치 도모미 외, 『바다를 건너간 위안부』, 어문학사, 2017

임지현, 『기억전쟁』, 휴머니스트, 2019

김부자, 「한국의 〈평화의 소녀상〉과 탈진실의 정치학」, 『한국여성학』 33/3,
    한국여성학회, 2017

김영익, 「위안부 문제는 무엇이고, 왜 이토록 해결되지 않을까?」, 『마르크스』
    21/25, 책갈피, 2018

문경희, 「호주 한인들의 소녀상 건립과 일본군 위안부운동」, 『페미니즘연구』
    18/1, 한국여성연구소, 2018

송진원·안병학, 「평화의 소녀상을 통해 나타난 시각 문화의 상징성과 사회적
    기억의 확산」, 『기초조형학연구』, 한국기초조형학회, 2019

윤지환, 「기억의 초국적 이동과 이민자 집단의 정치: 미국 위안부 소녀상을
    사례로」, 『한국경제지리학회지』 21/4, 한국경제지리학회, 2018

윤지환, 「평화의 소녀상을 통해 형성된 위안부 기억의 경관과 상징성에 관한
    연구」, 『대한지리학회지』 54, 대한지리학회, 2019

이성일, 「아베정부의 위안부문제 인식과 한일관계의 딜레마」, 『동북아문화연
    구』 58, 동북아시아문화학회, 2019

이지영, 「일본군 '위안부'문제를 둘러싼 '역사전'과 글렌데일시 '평화의 소녀

상'」,『일본연구』81, 한국외국어대학교 일본연구소, 2019

최은주, 「타자화된 여성들, 일본 영화 속 '조선인 위안부' 표상－오하루(お春)와 쓰유코(つゆ子)의 사이에서」,『일본학연구』44, 단국대학교 일본연구소, 2015

최은주, 「전후일본 미술계의 '위안부' 표상－전중세대의 '빈민'에 주목하여」,『일본학연구』46, 단국대학교 일본연구소, 2015

최은주, 「위안부 ＝ '소녀'상과 젠더」,『동아시아문화연구』66, 한양대학교 동아시아문화연구소, 2016

최은수, 「한일 영화 속 '위안부' 표상과 민족 남성 주체－요모타의 물음에 응답하며」,『일본학연구』58, 단국대학교 일본연구소, 2019

허성태·임영언, 「일본정부의 위안부문제 인식과 동포사회의 공공외교적 대응 고찰: 위안부 기림비 건립을 중심으로」,『동북아 문화연구』47, 동북아시아문화학회, 2016

[https://blogs.ildaro.com/3511]

[http://www.ohmynews.com/NWS_Web/View/at_pg.aspx?CNTN_CD=A0002274882]

[http://www.koreatimes.com/article/1262155]

[http://news1.kr/articles/?2949630]

[http://news1.kr/articles/?3689636]

[https://www.yna.co.kr/view/AKR20191106038400075?input=1195m]

[http://www.donga.com/news/article/all/20190816/96984085/1]

[https://www.yna.co.kr/view/AKR20190802095351073?input=1195m]

[http://www.kukinews.com/news/article.html?no=688542]

[https://www.yna.co.kr/view/AKR20191106079100073?input=1195m]

[https://www.mofa.go.jp/mofaj/a_o/rp/page3_002006.html]

2부

극동 만주 체험과
문학적 기억

한국 근대시에 나타난 만주 체험과 북방 의식 연구*

백석, 이용악, 유치환의 북방시편을 중심으로

강연호
원광대학교 문예창작학과 교수

1. 서론

1930년대의 만주 및 그 주변은 동북아시아 역사에 있어서 특별한 지정학적 위상을 가졌던 공간으로 자리하고 있다. 이 시기에 만주는 일본 제국주의의 자장 아래에 놓여 있으면서 동시에 중국, 러시아 등 동북아시아 각국의 각축장이자 접점의 공간이었다. 우선 일본으로서는 제국주의적 팽창의 거점이었으며, 중국으로서는 쇠락하는 국권을 그나마 유지하고자 애를 쓰던 동북 공간이었고, 러시아로서는 부동항의 교두보로 자리하고 있었다. 그리고 당대 일본의 식민지였던 조선의 입장에서 보면 만주는 고조선이나 고구려, 발해 등의 흥망을 안고 있는 역사의 공간이기도 하고, 거란이나 여진 등 여러 이웃 민족들과 갈등과 공존을 함께한 변경이기도 했다. 그리고 일제에 의해 포장된 것이기는 하지만 새로운 삶과 희망의 개척 공간이기도 했다.

1931년의 만주사변과 1932년의 만주국 건국, 1937년의 중일전쟁을 거치며 만주는 일제에 의해 이른바 오족협화五族協和로 포장된 왕도낙

---

* 이 글은 〈강연호, 「한국 근대시에 나타난 만주 체험과 북방 의식 연구」, 『한국 문학이론과 비평』 제87집(24권 2호), 2020〉에 수록된 내용을 수정·보완한 것임.

토王道樂土의 위장된 공간이 된다. 한족과 만주족뿐만 아니라 일본인, 조선인, 몽골인, 그리고 러시아인까지 뒤섞여 있어 여러 민족의 유대를 내세웠던 만주국에서 조선어의 허용은 불가피했다. 일본의 식민지로서 일본어 외에 만주어, 몽골어 등의 언어와 함께 조선어 역시 소수민족의 언어로서 필요했던 것이다. 당대 조선인의 만주행 결행은 대체로 몰락한 농민들이 새로운 땅의 개척을 빌미로 밀려나는 유이민의 성격이 강했지만, 다수의 문인들이 만주로 주한 것은 이처럼 그나마 조선어로 문학 활동이 가능했다는 점도 작용했다. 당시 조선에서는 일제의 조선어 사용 금지나 창씨개명, 그리고 조선어 신문 잡의 폐간 등이 이어지고 있었던 것이다.

이 시기를 전후하여 만주행을 택한 조선인이 200만 명을 넘었는데[1] 그중에서 문인들은 대략 130여 명 정도로 추산된다.[2] 이들은 제각기 이주 또는 체류의 형식으로 만주 체험의 이력을 갖게 된다. 만주 체험은 강제된 유이민으로서의 체험뿐만 아니라 새로운 개척지에 대한 기대를 안고 이루어진 자발적 이주의 체험까지 그 경우가 다양했다. 어쨌든 1930년대 말에 특히 집중된 만주와 그 일대를 둘러싼 탈향과 이주, 혹은 유랑은 당대 조선인의 뿌리 뽑힌 삶을 고스란히 투영하고 있다. 이 시기 만주는 조선인뿐만 아니라 일본인, 중국인, 몽고인, 러시아인, 그리고 현지의 만주인 등 당대 지정학적 관련국의 이주민 혹은 유이민들이 한데 모여 투쟁하고 공유했던 삶의 공동체 공간이기도 했다.

이 연구는 1930년대 후반 한국 근대시에 나타난 만주 체험과 그 바탕을 이루고 있는 북방 의식의 몇 가지 양상을 고찰하는 데 목적이 있다. 이 시기 주요 시인들의 시세계를 통해 만주에서의 체험이 어떻

---

1) 이에 대해서는 김경일 외, 『동아시아의 민족이산과 도시』, 역사비평사, 2004, 67과 김창호, 「일제 강점기 한국과 만주의 문학적 상관성 고찰」, 『만주연구』 12, 만주학회, 2011, 55 등을 참조.
2) 이에 대해서는 이명재, 『식민지 시대의 한국문학』, 중앙대 출판부, 1991, 174 참조.

게 형상화되고 있으며, 이들 시인의 북방 의식에 어떠한 편차가 있는 가를 고찰하고자 한다. 이러한 연구는 당대 만주 일대를 중심으로 한 동북아문학의 양상을 가늠하는 데 있어서도 선행적으로 필요하다. 여 기서는 우선 백석, 이용악, 유치환의 시세계를 통해 만주 체험의 형상 화와 이를 통한 북방 의식의 양상을 살펴보기로 한다. 특히 이들 세 시인은 일련의 작품군을 통해 만주 체험의 형상화를 분명하게 보여 주고 있으며, 북방 의식 역시 각기 다른 양상을 띠고 있어 그 변별이 뚜렷하다는 판단 때문이다.

1930년대 한국 근대시에 나타난 만주 체험과 북방 의식의 양상을 살펴보기 위해서는 우선 몇 가지 용어의 정리가 필요해 보인다. 한국 의 근대시에서 북방 공간의 형상화는 1920년대 김동환 이후 백석, 이 찬, 이용악, 유치환, 오장환, 이육사, 서정주, 김달진 등 여러 시인에게 서 확인할 수 있다. 이들을 통해 북방이라는 용어의 사용이 대강 이루 어지는데, 이때 북방은 당대 서울(경성)을 기준으로 관북 등 북쪽 지 방을 가리키기도 하고, 조선을 기준으로 압록강과 두만강 이북의 공 간을 가리키기도 하며, 어느 경우에는 연해주와 시베리아 대륙까지 포괄하기도 한다. 그리고 북방 외에 만주, 북국, 북간도, 북쪽, 북새, 북만 등의 용어가 함께 쓰이고 있으며, 북관이나 관서 등 함경도와 평 안도를 가리키는 명칭이 사용되기도 한다. 또한 주로 조선의 입장에 서 사용하는 이러한 명칭 외에 당대 중국에서는 동북이라는 말을, 일 본에서는 만주라는 말을 주로 사용했다고 구분하기도 한다.[3] 그리고 이러한 시공간을 배경으로 한 일련의 작품군에 대해서도 몇 가지 명 칭이 혼용되고 있다. 흔히 1930년대 만주에서의 체험을 기반으로 하 는 작품군을 통칭하여 '만주 체류기 시편'이나 '만주시편' 혹은 '북방 시편' 등의 용어가 사용되고 있다.[4] 본고에서는 1930년대 만주를 중

3) 곽효환, 「이용악의 북방시편과 북방의식」, 『어문학』 88, 한국어문학회, 2005, 298.

심으로 하되, 연해주나 시베리아 등의 지역도 일부 포괄하는 명칭으로 북방이라는 용어를 사용하기로 하며, 이러한 지정학적 배경을 바탕으로 하거나 이와 관련되어 있는 일련의 작품군을 북방시편이라 부르기로 한다. 만주, 북간도, 연해주, 시베리아 등의 용어는 지리적 고유명사로서 특정 공간을 국한하고 있지만, 북방이라는 용어는 그런 지리적 위치를 가리킬 뿐만 아니라 내적인 의식의 지향까지 포괄한다는 판단 때문이다.

2. 본향의 상실과 낙백의 개인

평안도 정주가 고향인 백석의 북방행이 언제인지는 1939년 말과 1940년 초로 다소 엇갈리지만 그 편차가 작아 큰 의미는 없어 보인다. 어쨌든 이 시기에 만주로의 이주가 갑작스럽게 결행되는데 당시 백석은 "만주라는 넓은 벌판에 가 시 백 편을 가지고 오리라"[5]는 자못 의욕이 넘치는 다짐을 했다고 한다. 이를 보면 백석은 만주행을 결행하면서 새로운 삶의 의욕과 함께 자신의 문학에 있어서의 적극적인 기획도 보여주었다고 할 수 있다. 기록에 의하면 백석은 1940년 만주 신경(창춘)에서 만주국 국무원 직원으로 근무하기도 하고, 1942년 안동(단둥)에서 세관 일을 맡기도 했으며, 해방과 함께 귀국해 신의주에 머물다 고향으로 돌아간 것으로 되어 있다.

당시 개척붐이 한창이던 만주는 일제가 위성국 만주국을 내세워 오족협화라는 미명 아래 일본인, 조선인, 한인漢人, 만주인, 몽고인 등

---

4) 이에 대해서는 강연호, 「백석의 북방시편 연구」, 『열린정신 인문학연구』 15/2, 원광대 인문학연구소, 2014, 28-30 참조.
5) 조영복, 「백석」, 『월북 예술가 오래 잊혀진 그들』, 돌베개, 2002, 101.

이 함께하는 왕도낙토의 건설을 주창하는 공간이었다. 그래서 개개인의 사정이 어떠했든지 조선에서의 삶을 청산하고 새로운 기획을 모색하고자 하는 사람들에게 있어서 만주는 희망과 개척의 땅으로 덧칠되어 상당한 기대를 갖게 했던 것으로 보인다. 하지만 당시 만주는 조선과 마찬가지로 제국주의의 피지배 식민지였고, 거기에다가 여러 민족들이 함께하면서 "이산, 정착, 유리遊離와 탈출, 방황으로 점철된 무수한 다중적 정체성이 형성되고 경험"[6]되는 공간이었다.

백석의 「북방에서」는 그가 만주로 이주한 직후인 1940년 7월에 《문장》(2권9호)에 발표된다. 이 작품은 그러므로 새로운 생활을 시작하게 된 만주에 대해 백석이 어떤 생각을 갖고 있었는지를 가늠하게 해 준다.

> 아득한 넷날에 나는 떠났다 / 夫餘를 肅愼을 渤海를 女眞을 遼를 金을 / 興安嶺을 陰山을 아무우르를 숭가리를 / 범과 사슴과 너구리를 배반하고 / 송어와 메기와 개구리를 속이고 나는 떠났다 // 나는 그때 / 자작나무와 이깔나무의 슬퍼하든 것을 기억한다 / 갈대와 장풍의 붙드든 말도 잊지 않었다 / 오로촌이 멧돌을 잡어 나를 잔치해 보내든 것도 / 쏠론이 십릿길을 따러나와 울든 것도 잊지 않었다 // 나는 그때 / 아모 이기지 못할 슬픔도 시름도 없이 / 다만 게을리 먼 앞대로 떠나 나왔다 / 그리하여 따사한 햇귀에서 하이얀 옷을 입고 매끄러운 밥을 먹고 단샘을 마시고 낮잠을 잤다 / 밤에는 먼 개소리에 놀라나고 / 아츰에는 지나가는 사람마다에게 절을 하면서도 / 나는 나의 부끄러움을 알지 못했다. // 그동안 돌비는 깨어지고 많은 은금보화는 땅에 묻히고 가마귀도 긴 족보를 이루었는데 / 이리하여 또 한 아득한 새 넷날이 비롯하는때 / 이제는 참으로 익이지못할 슬픔과 시름에 쫓겨 / 나는 나의 넷 한울로 땅으로──나의 胎盤으로 돌아왔으나 // 이미 해는 늙고 달은 파리하고 바람은 미치고 보래구름만 혼자 넋없이 떠도는데 // 아, 나의 조상은 형제는 일가친척은 정다운 이웃은 그리운것은 사랑하는것은 우럴으는것은 나의 자랑은 나의 힘은 없다 바람과 물과 세월과 같이 지나가고 없다.

「北方에서 – 鄭玄雄에게」 전문[7]

---

6) 김경일 외, 『동아시아의 민족이산과 도시』, 17.

「북방에서」는 화자가 '태반胎盤'이라고 하는 북방을 떠나갔다가 돌아오게 된 과정을 설화적으로 전개하고 있다. 그래서 이 작품은 북방으로부터 점차 남하하여 한반도에 정착하게 된 한민족의 민족사적 이동을 자연스럽게 겹쳐서 읽게 한다. 백석이 만주로 이주를 결행한 뒤 바로 이어서 이 작품이 발표되었다는 점을 감안하면, 「북방에서」는 아마 한때 조상들의 삶의 터전이었던 곳에 와서 느끼게 된 소회를 펼쳐 보인 것이라 짐작할 수 있다.

그런데 이 작품을 온전히 이해하기 위해서는 당시 만주에서 발행된 《만선일보》에 거의 비슷한 시기에 실린 백석의 산문 「조선인과 요설饒舌」의 내용을 들여다 볼 필요가 있다.

> 조선인에게는 이러케 悲哀와 寂寞이 업슬 것인가. 조선인은 이러케 緊張과 興奮을 모르는 것인가 그리고 생각하는 것가지도 일허버린 것인가. 滅亡의 究極을 생각하면 그것은 無感한데 잇슬 것이다. 그것은 無感하야 나날이 짓거리고 밤낮으로 시시닥걸이고 언제나 어데서나 실업슨 우슴을 웃고 더드는데가 잇슬 것이다.[8]

상·하로 나뉘어 《만선일보》(1940. 5. 25. ~ 26.)에 이틀에 걸쳐 실린 산문에서 백석은 만주에 이주해 와서 살고 있는 조선인들에 대해 강한 어조로 비판을 하고 있다. '비애悲哀와 적막寂寞'이 없고, '긴장緊張과 흥분興奮'을 모르며, '생각하는 것'까지도 잃어버렸다는 것이다. 그리고 '멸망滅亡의 구극究極'을 '무감無感'한 데 있다고 진단한다. 무감하여 "나날이 짓거리고 밤낮으로 시시닥걸이고 언제나 어데서나 실업슨 우슴을 웃고 더드는데" 있다는 것이다. 시 작품 「북방에서」와 산문 「조선인과 요설」의 상관성을 추정하는 이유는 발표 시기가 비슷하다는

---

7) 본고에서의 백석 시 인용은 고형진 엮음, 『정본 백석 시집』, 문학동네, 2007에 따른다.

8) 백석, 「조선인과 饒舌－西七馬路 斷想의 하나」 上, 《만선일보》(1940. 5. 25.).

것뿐만 아니라 내용상 겹쳐 읽을 만한 부분이 적지 않기 때문이다. 즉, 「조선인과 요설」의 '무감無感'한 조선인들의 행각은 「북방에서」에서 그려지고 있듯이 슬픔도 시름도 없이 부끄러움도 알지 못했다는 화자의 자조적인 진술과 상통한다. 「북방에서」는 누대에 걸친 민족의 이동을 배경으로 하고 있지만, 현재에 이르러서는 그 삶의 터전을 잃어버렸으며, 이러한 상실감을 자책의 어조로 표출하고 있는 작품이다. 이런 점에서도 이 작품은, 일제에 나라를 빼앗긴 채 피지배 식민지인으로 아무 생각 없이 살고 있는 조선인들에 대한 안타까움을 비판적으로 펼쳐 보인 「조선인과 요설」의 맥락과 중첩된다.

이 작품은 이처럼 북방을 떠났다가 다시 그곳으로 돌아오게 된 화자의 내면을 그려내고 있으나, 결과적으로 보면 시인 백석의 한 시절의 일대기를 읽는 듯한 느낌도 준다. 백석 자신이 갑작스러운 만주행 결행을 하여 그곳에서도 유랑에 가까운 삶을 살다가 해방과 함께 귀국했기 때문이다. 물론 「북방에서」는 백석이 만주에 이주한 직후에 발표된다. 그러므로 자신이 개인적으로 낙백한 체험을 그려냈다기보다는 누대에 걸친 민족사적 이동을 노래하면서 동시에 공동체적 삶의 터전 상실을 표출한 작품으로 보아야 한다.

그런데 흥미로운 것은 백석의 일련의 북방시편들이 대체로 두 가지 대조되는 시선과 분위기를 보여주고 있다는 사실이다. 가령 앞서 살펴본 「북방에서」처럼 자신의 처지나 내면을 향하는 작품들에서는 지극한 상실감과 낙백의 정서, 그리고 이국에서의 쓸쓸한 회고가 주조를 이루고 있다면, 만주에서 접하게 되는 중국의 현지인들이나 그들의 풍습을 등장시킬 때는 친근하고 우호적이며 긍정적인 태도가 두드러진다.

어진 사람이 많은 나라에 와서 / 어진 사람의 짓을 어진 사람의 마음을 배워서 수박씨 닦은 것을 호박씨 닦은 것을 입으로 앞니빨로 밝는다 / (중략) / 어진 사람이 많은 나라에서는 / 五斗米를 버리고 버드나무 아래로 돌아온 사람도 / 그 녑차개에 수박씨 닦은 것은 호박씨 닦은 것은 있었을 것이다 / 나물 먹고 물 마시고 팔벼개를 하고 누었든 사람도 / 그 머리맡에 수박씨 닦은 것은 호박씨 닦은 것은 있었을 것이다

「수박씨, 호박씨」 부분

　　이렇게 발가들벗고 한물에 몸을 씻는 것은 / 생각하면 쓸쓸한 일이다 / 이 딴나라사람들이 모두 니마들이 번번하니 넓고 눈은 컴컴하니 흐리고 / 그리고 길죽한 다리에 모두 민숭민숭 하니 다리털이 없는 것이 / 이것이 나는 웨 작고 슬퍼지는 것일까 / 그런데 저기 나무판장에 반쯤 나가누어서 / 나주볕을 한없이 바라보며 혼자 무엇을 즐기는듯한 목이긴 사람은 / 陶淵明은 저러한 사람이였을것이고 / 또 여기 더운물에 뛰어들며 / 무슨 물새처럼 악악 소리를 질으는 삐삐 파리한 사람은 / 陽子라는 사람은 아모래도 이와같었을것만 같다 / 나는 시방 넷날 晉이라는 나라나 衛라는 나라에 와서 / 내가 좋아하는 사람들을 맞나는것만 같다 / 이리하야 어쩐지 내마음은 갑자기 반가워지나 / 그러나 나는 조금 무서웁고 외로워진다 / 그런데 참으로 그 殷이며 商이며 越이며 衛며 晉이며 하는나라사람들의 이 후손들은 / 얼마나 마음이 한가하고 게으른가

「澡塘에서」 부분

　　인용한 두 편의 작품에서 백석이 만주에서 접하는 현지인은 만주족이나 몽골인이 아니라 중국의 한족으로 간주되고 있음을 확인할 수 있다. 또한 백석은 이들의 삶이나 풍속에 대해 대체로 우호적이며 친근한 정서를 표출하고 있다.

　　「수박씨, 호박씨」에서 화자는 만주 북방에서의 이민족과의 만남을 어진 사람의 나라에서 그들의 뜻과 마음을 배우는 것이라 간주한다. 그래서 수박씨나 호박씨를 까 먹으면서 그 어진 사람들을 생각하고 있는 것이다. 이 작품의 인용 부분에서 "오두미五斗米를 버리고 버드나무 아래로 돌아온 사람"이라는 구절은 도연명陶淵明의 고사를, "나물 먹고 물 마시고 팔벼개를 하고 누었든 사람"은 공자의 『논어』에서 따

온 것이다. 그리고 여기서 인용하지 않았지만 작품 중에 "오천五天말 남기고 함곡관函谷關도 넘어가고" 부분은 노자老子의 고사와 연결된다. 결국 백석이 말하는 어진 사람이란 도연명과 공자, 그리고 노자 등인 셈이다.

「조당澡塘에서」는 목욕탕에서 "딴나라사람들"과 발가벗고 목욕을 하며 느끼는 소회를 풀어 보이고 있는데, 여기서도 도연명과 양자 같은 중국의 옛사람들을 떠올리며 이들을 "내가 좋아하는 사람들"이라 며 친근감을 표출하고 있다. 그리고 이러한 의식은 더욱 확장되어 아예 '은殷', '상商', '월越', '위衛', '진晋' 등의 나라 사람들의 후손이라는 표현을 통해 중국 대륙에서 흥망성쇠를 거쳤던 나라 이름을 일일이 열거하는 데까지 이르게 된다.

일제에 의해 세워진 만주국은 당시 백석과 같은 조선인은 물론이고 중국 한인漢人뿐만 아니라 일본인, 만주인, 몽고인 등이 뒤섞여 있어 그야말로 당대 동북아의 여러 민족들이 함께한 공간이었다. 그러니까 이른바 오족협화라는 허울 좋은 이념도 강조되었던 것이다. 그런 곳에서 백석은 중국의 역사를 통해 잘 알려진 옛사람들을 거명하고 지금 만나는 현지인들은 모두 그들의 후손이라는 생각에 그치고 있는 것이다. 조선과 마찬가지로 당시 만주 역시 일제 식민지 치하의 상황이었다는 점에서 백석의 이와 같은 시선과 의식이 갖는 한계를 지적할 수도 있다. 그런데 달리 보면 오랫동안 동경하던 중국 옛사람들의 후손으로 현지인을 인식하는 태도는 낙백한 개인의 동병상련의 연민으로 보는 것이 자연스럽다. 조선인의 처지와 마찬가지로 만주의 중국 현지인들 역시 일제에 의한 피지배 식민지인이었다는 사실은 분명하기 때문이다. 실제로 「조당澡塘에서」에서 드러나 있듯이 화자가 느끼는 정서는 사실 복잡 미묘하다. 쓸쓸하기도 하고, 슬퍼지기도 하고, 갑자기 반가워지기도 하고, 또 조금 무섭고 외로워지기도 한다는 것이다.

백석의 북방시편들 중에서 「북방에서」나 「흰 바람벽이 있어」, 「두보杜甫나 이백李白같이」 등의 작품에 나타나 있듯이 화자의 시선이 주로 자신을 향할 때는 상실감과 낙백의 정서, 그리고 이국에서의 쓸쓸한 회고가 주조를 이룬다. 반면에 위의 「수박씨, 호박씨」나 「조당澡塘에서」, 그리고 「귀농歸農」 등의 작품에 드러나듯 중국의 옛사람들이나 현지인들을 등장시키고 있을 때에는 친근하고 우호적인 태도의 표명이 두드러진다. 한편으로는 낯선 이방인으로서 낙백한 삶의 복잡한 심사를 읽을 수 있고, 다른 한편으로는 옛 대륙의 역사를 한 순간에 잃고 일제 식민지로 전락한 중국인들의 처지에 대한 동병상련의 연민을 엿볼 수 있다.

> 수박이 열면 수박을 먹으며 팔며 / 감자가 앉으면 감자를 먹으며 팔며 / 까막까치나 두더쥐 돗벌기가 와서 먹으면 먹는대로 두어두고 / 도적이 조금 걷어가도 걷어가는대로 두어두고 / 아, 老王, 나는 이렇게 생각하노라 / 나는 老王을 보고 웃어말한다 // 이리하여 老王은 밭을 주어 마음이 한가하고 / 나는 밭을 얻어 마음이 편안하고

「歸農」 부분

1940년대 만주국의 현실에서 이처럼 "중국인 지주와 조선인 소작농 사이의 화평하고 목가적인 임대계약"[9]을 통해 귀농의 삶에 대한 지향을 표출하고 있는 것은 사실 시대착오적이라 여겨질 수도 있다. "노왕老王은 밭을 주어 마음이 한가하고 / 나는 밭을 얻어 마음이 편안하고"와 같은, 지주와 소작인의 관계는 당대 상황에서 물론 비현실적일 것이다. 그런데 이렇게 부정적으로만 보면 자연 친화나 귀농 등을

---

9) 심원섭, 『자기 인식 과정으로서의 시적 여정 – 백석의 만주체험』, 『세계한국어문학』 6, 세계한국어문학회, 2011, 203.

노래한 동서고금의 많은 작품들은 모두 이러한 비판에서 자유로울 수 없다. 실제 백석의 삶에서 귀농이 말 그대로의 적극적인 귀농이라기보다는 한가하고 여유 있는 삶을 꿈꾸던 태도의 반영으로 보는 것이 더 설득력이 있다. 이 작품에서 지주인 노왕과 소작인인 화자가 서로에게 대하는 태도 역시 중국 고대사와 옛사람들, 그리고 그들의 후예인 현지인들에 대한 백석의 친근감이나 동질감의 표현으로 보아야 자연스럽다.

3. 변경의 삶과 정서적 연대

함경북도 경성이 고향인 이용악의 만주나 북방행은 구체적이지 않다. 연보에 의하면 그는 함북 경성에서 출생하여 1932년에 일본 유학을 한 뒤 1939년 귀국하여 잡지사에 근무하다가 고향에서 광복을 맞은 것으로 되어 있다. 따라서 이러한 이용악의 이력만으로는 만주에 대한 구체적인 체험 사실을 확인하기 어렵다. 그럼에도 그는 출생 자체가 두만강 접경이어서 북방과의 국경 지대였으며, 집안이 국경을 넘나드는 밀무역에 종사했다는 점, 그리고 이러한 상황을 배경으로 하는 작품을 여럿 남겼다는 점에서 만주 체험 양상이나 북방 의식을 살필 수 있다. 실제로 이용악의 많은 시편들은 정도의 차이는 있으나 서사의 지향이 두드러지는데, 그 서사의 정황이 대체로 시인의 직접적인 체험[10]을 바탕으로 하고 있다. 따라서 그의 시편들 자체가 만주

---

10) 다음과 같은 작품에서 이러한 자전적 체험의 형상화 양상을 쉽게 확인할 수 있다. "아버지도 어머니도/젊어서 한창땐/우라지오로 다니는 밀수꾼//눈보라에 숨어 국경을 넘나들 때/어머니의 등곬에 파묻힌 나는/모든 가난한 사람들의 젖먹이와 다름없이/얼마나 성가스런 짐짝이었을까"(「우리의 거리」 부분)

와 연해주 등을 포함한 북방의 체험과 정서를 기반으로 하고 있다고 판단된다.

이용악의 첫 시집 『분수령』에 실린 「북쪽」은 북방에 대한 시인의 의식을 가늠하게 할 뿐만 아니라, 1930년대 당대의 시대적 상황과 북방 유이민의 현실을 이해하는 데 있어서도 중요한 의미를 지니는 작품이다.

> 북쪽은 고향 / 그 북쪽은 女人이 팔려간 나라 / 머언 山脈에 바람이 얼어붙을 때 다시 풀릴 때 / 시름 많은 북쪽 하늘에 / 마음은 눈감을 줄 모르다
>
> 「北쪽」 전문11)

전체 6행의 간결한 작품이지만 제목을 포함하여 '북쪽'이라는 시어가 네 차례나 나오고 있으며 서사 지향도 담고 있어서 이에 대한 상세한 접근이 필요하다. 우선 북쪽이라는 방위가 가리키는 공간은 그 자체로는 상당히 모호하지만 화자의 위치와 시선을 가늠하게 한다. 즉, 고향을 떠나온 화자가 남쪽의 어딘가에서 고향을 향해 시선을 두고 시름을 펼쳐 보이고 있는 상황인 것이다. 여기서 첫 행의 북쪽은 "북쪽은 고향"이라는 시행 그대로 고향을 가리키지만, 정작 더 의미를 갖는 것은 둘째 행의 "그 북쪽"이 가리키는 곳이다. 연구자에 따라 첫 행과 둘째 행의 북쪽을 모두 같은 공간, 즉 고향으로 보기도 하지만, 그보다는 첫 행의 북쪽은 고향을 가리키고, 둘째 행의 북쪽은 북쪽의 북쪽, 다시 말해 고향에서 다시 북쪽을 가리키는 것으로 읽어야 맥락이 자연스럽다. 즉, 화자의 시선은 지금 북쪽의 고향과, 고향에서 다시 북쪽에 위치한, 여인이 팔려간 나라까지 가늠하고 있는 것이다.

---

11) 본고에서의 이용악 시 인용은 윤영천 편, 『이용악 시 전집』 증보판, 창작과비평사, 1995에 따른다.

그래서 다섯째 행의 "사름 많은 북쪽 하늘"은 고향인 북쪽뿐만 아니라 북쪽의 북쪽, 여인이 팔려간 나라까지 포괄한다. 실제로 1930년대 당시 유이민의 실상에 비추어 보면 인신매매가 성행했다는 점에서 이러한 텍스트 읽기가 자연스러우며 이용악의 다른 시편들과의 상호텍스트성을 감안할 때도 타당하다. 이런 점에서 북쪽으로 지칭된 공간은 이용악의 시에 있어서 중심 공간이라 하겠다.[12] 다음 시편들은 "여인이 팔려간 나라"인 북쪽에서의 실상을 더 자세히 확인하게 해 준다.

> 胡人의 말몰이 고함 / 높낮어 지나는 말몰이 고함- / 뼈자린 채쭉 소리 / 젖가슴을 감어 치는가 / 너의 노래가 漁夫의 자장가처럼 애조롭다 / 너는 어느 凶作村이 보낸 어린 犧牲者냐 // 깊어가는 大陸의 밤- / 未久에 먼동은 트려니 햇살이 피려니 / 성가스런 鄕愁를 버리자 / 제비 같은 少女야 / 少女야……
>
> 「제비 같은 少女야 – 강건너 酒幕에서」 부분

> 바람소리도 호개도 인전 무섭지 않다만 / 어두운 등불 밑 안개처럼 자욱한 시름을 달게 마시련다만 / 어디서 흉참한 기별이 뛰어들 것만 같애 / 두터운 벽도 이웃도 못미더운 북간도 술막 / (중략) / 네 두만강을 건너왔다는 석 달 전이면 / 단풍이 물들어 천리 천리 또 천리마다 불탔을 겐데 / 그래두 외로워서 슬퍼서 초마폭으로 얼굴을 가렸더냐 / 두 낮 두 밤을 두루미처럼 울어 울어 / 불술기 구름 속을 달리는 양 유리창이 흐리더냐
>
> 「전라도 가시내」 부분

인용한 두 작품은 모두 화자가 강 건너 북쪽의 '주막' 또는 '술막'에서 만난 여인과의 대화 형식으로 이루어져 있다. 「제비 같은 소녀少女야」는 아예 "강건너 주막酒幕에서"를 부제로 달고 있으며, 「전라도 가시내」는 "북간도 술막"이라고 구체적으로 배경을 제시하고 있어,

---

12) 강연호, 「이용악 시의 공간 연구」, 『현대문학이론연구』 23, 현대문학이론학회, 2004, 87.

이들이 국경 너머 낯선 이국으로 건너오게 된 내력의 신산스러움을 짐작하게 한다. 그 내력은 앞의 작품에서 "너는 어느 흉작촌凶作村이 보낸 어린 희생자犧牲者냐"라는 시행이나, 뒤의 작품에서 "그래두 외로워서 슬퍼서 초마폭으로 얼굴을 가렸더냐"라는 시행 등을 통해 대략 가늠할 수 있다. 물론 두 작품에서 이런 탄식 섞인 대화를 건네고 있는 화자 역시 그 처지가 다르지 않아 보인다. 이들은 모두 "호인胡人의 말몰이 고함"이나 "두터운 벽도 이웃도 못미더운" 등이 상징하는 바와 같이 이국의 공간에서 언제 무슨 두려운 일이 벌어질지 모르는 부정적인 상황에 처해 있는 것이다. 그래서 두 작품 모두에서 화자가 여인에게 위로를 건네는 정황이 그려지고 있지만, 이것은 기껏해야 이국에서 우연히 만난 뜨내기들의 잠시 동안의 위안과 연대 이상이 되지는 못한다.

당대 유이민의 처지와 사연들은 이렇듯 직접적으로는 가난과 궁핍 등의 생활고를 원인으로 하고 있지만, 그 참상의 근원에 일제의 식민지 수탈이 자리하고 있음은 물론이다. 두 번째 작품에서 '전라도 가시내'와 대화를 나누는 상대를 '함경도 사내'로 설정하고 있는 것은 시인의 실제 고향을 지칭하기도 하지만, 당대의 이향과 유이민의 현실이 조선의 남쪽 끝에서 북쪽 끝까지 전체의 문제였음을 확인하게 해준다. 다음 작품은 아예 일가 전체가 국경을 넘어 야반도주하는 서사를 담고 있다.

갓주지 이야기와 / 무서운 전설 가운데서 가난 속에서 / 나의 동무는 늘 마음졸이며 자랐다 / 당나귀 몰고 간 애비 돌아오지 않는 밤 / 노랑고양이 울어 울어 / 종시 잠 이루지 못하는 밤이면 / 어미 분주히 일하는 방앗간 한구석에서 / 나의 동무는 / 도토리의 꿈을 키웠다 // 그가 아홉 살 되던 해 / 사냥개 꿩을 쫓아다니는 겨울 / 이 집에 살던 일곱 식솔이 / 어데론지 사라지고 이튿날 아침 / 북쪽을 향한 발자옥만 눈 우에 떨고 있었다 // 더러는 오랑캐령 쪽으로 갔으리라고 / 더러는 아라사로 갔으리라고 / 이웃 늙은이들은 / 모두 무서운 곳을

짚었다 // 지금은 아무도 살지 않는 집 / 마을서 흉집이라고 꺼리는 낡은 집 / 제철마다 먹음직한 열매 / 탐스럽게 열던 살구 / 살구나무도 글거리만 남았길래 / 꿀벌 하나 날아들지 않는다

「낡은집」 부분

　이 작품은 '털보네'로 지칭되는 어느 일가의 신산스러운 삶과 마침내 야반도주로 귀결된 사연을, 그 털보네의 아들과 동무였던 어린 화자를 관찰자로 내세워 짐짓 천진난만하게 그려내고 있다. 밀무역으로 늘 마음 졸이며 잠을 이루지 못했던 털보네의 일상과, 어느 눈 내린 겨울밤에 결행된 일곱 식솔의 "북쪽을 향한" 갑작스러운 이주는 자연스럽게 이웃들의 후일담으로 자리잡는다. "더러는 오랑캐령 쪽으로 갔으리라고 / 더러는 아라사로 갔으리라고" 추정하는 그 북쪽은 어쨌든 "무서운 곳"으로 간주되는 곳이다. 무작정 결행된 탈향과 뿌리 뽑힌 삶의 절박함 때문이기도 하고, 낯선 이국에서의 유랑을 예비하고 있기 때문이다. 이와 같은 한 가족의 갑작스러운 몰락을 "마을서 흉집이라고 꺼리는 낡은 집"으로 그려내고 있는 이 작품의 서사는 특히 "일곱 식솔이 / 어데론지 사라지고", 다만 "북쪽을 향한 발자옥만 눈 우에 떨고 있었다"는 부분에 초점을 맞추고 있다. 고향을 떠나 탈향에서, 그것도 북쪽이 상징하는 이국의 낯선 곳에서 장차 겪어야 할 고초의 공간으로 북쪽이 형상화되어 있는 것이다.

　이용악의 많은 시편들에서 고향의 북쪽은 바로 낯선 이국의 공간을 지칭하는 방위이며, 북쪽행은 곧 국경을 넘어 유이민의 삶을 예비하는 것으로 곧잘 그려진다. 그곳은 「북쪽」에 나타나 있듯이 여인이 팔려간 나라이기도 하고, 「제비 같은 소녀少女야—강건너 주막酒幕에서」, 「전라도 가시내」 등에 나타나 있듯이 주막에서 남자들을 상대하는 삶을 살아야 하는 공간이기도 하며, 「낡은집」의 경우처럼 식솔을 거느리고 갑작스럽게 결행되는 야반도주의 향방이기도 하다. 이용악의 시

에서 국경 너머 북방이라는 공간은 이처럼 탈향, 인신매매, 이산, 유랑 등 대체로 부정적인 함의를 가진 곳으로 나타난다.

「오랑캐꽃」은 북방에 대한 이용악의 이러한 인식이 '오랑캐'와 '오랑캐꽃'이라는 구체적인 거명을 통해 집약되고 있는 작품이다.

> 아낙도 우두머리도 돌볼 새 없이 갔단다 / 도래샘도 띳집도 버리고 강건너로 쫓겨갔단다 / 고려 장군님 무지 무지 쳐들어와 오랑캐는 가랑잎처럼 굴러갔단다 // 구름이 모여 골짝 골짝을 구름이 흘러 / 백년이 몇백년이 뒤를 이어 흘러갔나 // 너는 오랑캐의 피 한 방울 받지 않았건만 / 오랑캐꽃 / 너는 돌가마도 털메투리도 모르는 오랑캐꽃 / 두 팔로 햇빛을 막아줄게 / 울어보렴 목놓아 울어나 보렴 오랑캐꽃

「오랑캐꽃」 전문

제비꽃의 별칭으로 흔히 알려져 있는 오랑캐꽃은 자연스럽게 오랑캐를 연상시킨다. 오랑캐는 주지하다시피 두만강 일대에 살던 여진족을 멸시하여 이르던 말이기도 하고, 아예 이민족을 통칭하여 낮잡아 이르는 말로도 쓰인다. 따라서 오랑캐꽃이라는 명칭은 한국인에게 북방 이민족의 삶과 빈번하던 한반도 침입 등 오랜 역사적 사실을 함께 상기시키기도 한다. 「오랑캐꽃」은 이러한 꽃 이름의 유래와 정황을 아예 작품의 머리해제로 덧붙여 놓고 있다.

> – 긴 세월을 오랑캐와의 싸홈에 살았다는 우리의 머언 조상들이 너를 불러 '오랑캐꽃'이라 했으니 어찌 보면 너의 뒷모양이 머리태를 드리인 오랑캐의 뒷머리와도 같은 까닭이라 전한다 –

그런데 이러한 해제에도 불구하고 이 작품은 의외로 상당한 해석상의 논란을 안고 있다. 작품의 온당한 이해를 위해서는 '오랑캐'와 '오랑캐꽃'을 분별하는 데서부터 출발할 필요가 있다. 즉, 해제에 아

예 덧붙여 있듯이 우리 조상들이 긴 세월 오랑캐와 싸우며 살았으니, 오랑캐는 이민족을 부정적으로 지칭하는 말일 수밖에 없다. 그런데 한편으로 오랑캐꽃은 그 뒷모양이 오랑캐의 머리태를 연상시키기 때문에 붙여진 꽃 이름일 뿐이지 꽃 자체는 부정적인 것이 아니다. 즉, 오랑캐와 오랑캐꽃은 머리모양의 유사성만 있을 뿐인 것이다. 그런데 제비꽃이라는 예쁜 이름을 두고 굳이 오랑캐꽃이라 하여, 마치 오랑캐처럼 인식되기도 하니 꽃으로서는 억울한 일이 아닐 수 없다. 즉, "오랑캐의 피 한 방울 받지 않았건만" 오랑캐꽃이라 하고, 오랑캐의 풍습과 관련된 "돌가마도 털메투리도 모르는"데 오랑캐꽃이라 한다는 것이다. 그러니 "두 팔로 햇빛을 막아줄게"라며 그 꽃의 연약한 모습을 지켜주고 싶은 화자는 "울어보렴 목놓아 울어나 보렴"이라는 권유까지 하면서 그 억울함에 대한 안타까운 정서를 드러내고 있다.

여기서 시인이 오랑캐꽃을 소재로 작품을 쓴 창작 의도를 추론해 볼 필요가 있다. 작품 속에서 화자는 오랑캐가 아니면서도 오랑캐꽃으로 불리우는 그 꽃의 억울함에 대해 안쓰러움의 정서와 연민의 정서를 동시에 표출하고 있다. 이러한 공감과 연민은 바로 우리 민족의 당대 현실이 이렇다는 이용악의 현실 인식과 정서를 반영한다. 즉, 우리 민족은 오랑캐가 아닌데도, 그 옛날 강 건너로 쫓겨가던 오랑캐처럼, 지금 강 건너 국경 너머로 쫓기고 있다는 인식이 반영된 작품인 것이다. 이처럼 일본 제국주의의 침탈과 강제된 유이민의 참담함을 상징적으로 그려낸 작품이 바로 「오랑캐꽃」이다.

그리고 여기에 덧붙여서 이 작품의 둘째 연에서의 정황을 이미 앞서 살펴본 백석의 「북방에서」와 견주어 볼 필요가 있다.

그동안 돌비는 깨어지고 많은 은금보화는 땅에 묻히고 가마귀도 긴 족보를 이루었는데 / 이리하여 또 한 아득한 새 넷날이 비롯하는때

「北方에서 — 鄭玄雄에게」 부분

구름이 모여 골짝 골짝을 구름이 흘러 / 백년이 몇백년이 뒤를 이어 흘러갔나

「오랑캐꽃」 부분

　　두 작품에서 오랜 세월의 흐름을 표출하고 있는 시행들을 일부러 견주어 보면, 작품의 전체 맥락과 분위기가 의외로 어느 정도 닮아 있음을 확인할 수 있다. 즉, 「북방에서」가 삶의 태반인 본향의 태고적 기억을 찾아 돌아왔으나 아무것도 남은 게 없다는 낙백의 정서를 보여준다면, 「오랑캐꽃」은 한때 오랑캐를 몰아내던 조상들의 역사가 몇백년이 흐르는 동안 다 사라져 버린 채 이제는 그 옛날의 오랑캐처럼 강 건너 국경 너머로 쫓기는 신세로 전락한 민족의 현실에 대한 안타까움이 투영되어 있는 것이다. 결국 두 작품은 앞뒤 정황의 차이에도 불구하고 모두 당대 일본 제국주의의 피지배 식민지인으로서 감내해야 했던 내면의 정서를 짐작하게 해 준다.

4. 추상화된 낭만과 지사 정신의 굴절

　　앞서 살펴본 바와 같이 백석의 북방행은 홀로 이루어진 개인적 이주였던 반면에, 이용악의 북방행은 고향이 국경의 접경 지역이고 집안이 대대로 밀무역에 종사했다는 이력으로 인해 자연스럽게 체득된 경험을 바탕으로 한다. 이들과 비교하면 유치환의 북방행은 아예 가권을 거느린 국외로의 이주라는 속성을 보여 준다는 점에서 또 다르게 변별된다.
　　유치환의 만주 이주는 1940년 봄에 결행되는데, 식솔들을 모두 거느린 갑작스러운 이주가 어떤 연유를 갖고 있었는지에 대해서는 논란이 있다. 그동안 유치환의 만주 이주에 대해서는 크게 지사형 도피설과 개인형 도주설의 두 가지로 나누어 볼 수 있다.[13] 어쨌든 유치환의

만주 이주가 갑자기 쫓기듯 결행되었다는 것은 분명하며, 따라서 그 자신이 나중에 "오직 나의 인생을 한번 재건하여보자"[14]는 자발적 결의에서 비롯되었다는 설명은 다소 덧칠된 것으로 보아야 한다. 이런 점에서 그의 만주행에 아나키스트와 독립운동가와의 교류나 이로 인한 일제의 감시 등의 상황을 결부시켜서 이른바 "지사志士적 의미를 부여한 수사들"[15] 역시, 시인 자신이나 일부 연구자들에 의해 과장된 것이라 하겠다.

어쨌든 유치환은 만주에 체류하는 동안 일정한 생업을 꿋꿋하게 유지하면서 작품 창작에도 공을 들인다. 1945년 해방이 되기 직전에 귀국한 2년 뒤인 1947년에 나온 『생명의 서』는 유치환의 두 번째 시집인데, 북만주에 살면서 쓴 시편들을 제2부에 배치했다고 서문을 통해 밝히고 있기도 하다.

> 여기에 모은 것은 첫 詩集 이후 해방전까지 된 것들로 그중에도 제2부 것은 내가 북만주로 도망하여 가서 살면서(진정 도망입니다) 떠날 새 없이 허무 절망한 그곳 광야에 위협을 당하며 排泄한 것들입니다.[16]

여기서 시인이 북만주행에 대해 '도망'이라는 낱말을 쓰고 있으며, 거기다가 굳이 괄호까지 삽입하면서 진정 도망이었다고 부연 술회하는 부분에 주목할 필요가 있다. 물론 이를 단순히 짐짓 자기 비하를 섞은 겸양의 표현으로 간주할 수도 있으나, 어느 정도는 솔직함을 가장한 반어적 자기 합리화의 함의도 엿볼 수 있다. 또한 어떤 의미에서

---

13) 이에 대해서는 박태일, 「청마 유치환의 북방시 연구」, 『어문학』 98, 한국어문학회, 2007, 294-310 참조.

14) 남송우 엮음, 「광야의 생리」, 『청마 유치환 전집』 V, 국학자료원, 2008.

15) 윤은경, 「유치환의 시에 나타난 디아스포라적 의식과 혼종성」, 『비평문학』 4, 한국비평문학회, 2014, 255.

16) 유치환, 『생명의 서』 서문, 행문사, 1947.

는 북만주행의 이유 중에서 이른바 개인형 도주설을 둘러싼 세간의 의혹과 궁금증에 대해 선제적으로 고백하여 넘기고자 하는 뜻도 포함되어 있지 않은가 추정된다.

유치환을 일컬어 흔히 생명파라는 식의 정체가 모호한 꼬리표를 붙이거나 남성적 어조와 지사정신의 표출을 보여주었다는 식의 평가를 답습하는 것은 재고할 필요가 있다. 사실 고어투의 어조와 추상적 관념어의 남용이 문학적 완성도 측면에서 문제가 되고 있으며, 시문학사에서 애초에 덧칠해 놓은 기존의 평가를 여러 논자가 무비판적으로 되풀이하는 관행도 바로잡아야 한다. 여기서는 우선 유치환의 시에서 자주 나타나는, 이른바 회한悔恨이나 회오悔悟의 표현에 주목할 필요가 있다.

> 고향도 사랑도 회의도 버리고 / 여기에 굳이 立命하려는 길에 / 曠野는 陰雨에 바다처럼 荒漠히 거츨어 / 타고 가는 망아지를 小舟인 양 추녀 끝에 매어 두고 / 낯설은 胡人의 客棧에 홀로 들어 앉으면 / 오열인 양 회한이여 넋을 쪼아 시험하라 / 내 여기에 소리없이 죽기로 / 나의 인생은 다시도 기억ㅎ지 않으려니
>
> 「絕命地」 전문[17]

> 興安嶺 가까운 북변의 / 이 광막한 벌판 끝에 와서 / 죽어도 뉘우치지 않으려는 마음 위에 / 오늘은 이레째 暗愁의 비 내리고 / 내 망난이에 본 받아 / 화틋장을 뒤치고 / 담배를 눌러 꺼도 / 마음은 속으로 끝없이 울리노니 / 아아 이는 다시 나를 過失함이러뇨 / 이미 온갖을 저버리고 / 사람도 나도 접어주지 않으려는 이 자학의 길에 / 내 열 번 패망의 인생을 버려도 좋으련만 / 아아 悔悟의 앓임을 어디메 號泣할 곳 없어 / 말없이 자리를 일어나와 문을 열고 서면 / 나의 탈주할 사념의 하늘도 보이지 않고 / 정차장도 이백 리 밖 / 암담한 진창에 가친 철벽 같은 절망의 광야!
>
> 「광야에 와서」 전문

---

17) 본고에서의 유치환 시의 인용은 유치환, 『생명의 서』, 행문사, 1947와 남송우 엮음, 『청마 유치환 전집』Ⅰ-Ⅵ, 국학자료원, 2006에 따른다.

인용한 작품들에 나타나듯 유치환에게 있어서 만주는 '절명絶命'의 땅이자 동시에 '절망의 광야'로 다가온다. 두 작품 모두에서 발견할 수 있는 것은 거의 극한에 다다른 듯 '회한'과 '회오'를 거듭하고 있는 자아의 정서 표출이다. 사실 이 작품뿐만 아니라 유치환의 시세계 전 편에서 회한이나 회오 등의 시어와 정서는 거듭 되풀이된다. 그리고 거기에 덧붙여서 자학에 가까운 사념의 표출이 유별나다. 이와 관련하여 이미 유치환의 시세계에 대해 '자학'의 특성을 발견할 수 있다는 지적[18]도 있지만, 문제는 이러한 회오나 자학조차 실제 작품에서의 투영을 통해 살펴보면 자가당착의 모순이나 자기 최면의 문학적 포즈의 혐의에서 자유롭지 않다는 데 있다. 「절명지」에서 "내 여기에 소리 없이 죽기로 / 나의 인생은 다시도 기억ㅎ지 않으려니"라는 의지에 찬 결구는 바로 앞선 시행에 나오는 "오열인 양 회한이여"라는 구절과 서로 배치된다. 또한 「광야에 와서」에서도 "죽어도 뉘우치지 않으려는 마음"이나 "내 열 번 패망의 인생을 버려도 좋으련만" 같은 도저한 진술들은 곧바로 이어지는 "회오悔悟의 앓임"에 의해 스스로 부정되고 만다. 이렇듯 작품 속에서 추상화된 채 생경하게 드러나는 시어와 분위기로 인해 자칫 스스로도 모르는 자가당착에 빠져들어 시적 주체의 인식의 파탄으로 귀결되고 있는 것이다. 즉, 한편으로는 인생을 버려도 좋다는 식의 도저한 결단을 펼치면서 동시에 다른 한편으로는 끊임없이 회한이나 회오의 정서를 드러내는 식의 시상 전개는 한 작품 안에서 서로 상충되는 인식이 아닐 수 없다.

어쨌든 유치환의 작품에서도 만주행 결행 이후 낯선 이국에서 삶과 이민족과의 접촉 등으로 인해 확인하게 되는 이주민으로서의 정서를 엿볼 수 있다.

---

18) 김윤식, 「청마론」, 『한국현대시론비판』, 일지사, 1996, 76.

할아버지의 할아버지쩍 물러 받은 / 도포 같은 슬픔을 입었소 / 벗으려도 벗을 수 없는 슬픔이요 / ─ 나는 한궈人이요 / 가라면 어디라도 갈 / ─ 꺼우리팡스요

「도포」 부분

인사를 청하면 / 검정 胡服에 당딸막이 빨간 코는 가네야마 / 핫바지 저고리에 꿀먹은 생불은 가네다 / 당꼬바지 납짝코 가재수염은 마쓰하라 / 팔대장전 강대뼈는 구니모도 / 방울눈이 친구는 오오가와 / 그 밖에 제멋대로 눕고 앉고 엎드리고─ // 샛자리 만주캉 돼지기름 끄으는 어둔 접시등 밑에 / 잡담과 엽초 연기에 떠오를 듯한 이 좌중은 / 뉘가 애써 이곳 수천리길 이적의 땅으로 끌어 온게 아니라 / 제마다 정처없는 유랑의 끝에 / 야윈 목숨의 우로를 피할 땅뺌이를 찾아 / 북만주도 두메 이 노야령 골짝까지 절로 모여든 것이어니

「나는 믿어 좋으랴」 부분

그 정서는 우선 억압된 피지배 식민지인으로서의 쓸쓸한 자기 확인에서 비롯되며, 현실에의 순응과 저항 사이에서 고민하는 내적 자아의 갈등 양상을 띠기도 한다. 식솔들을 거느리고 북방행을 결행한 유치환으로서는 생업을 위해서라도 일제에 의해 포장된 만주국의 오족협화 이념에 부응할 수밖에 없었을 것이다. 하지만 일본인도 아니고 중국인도 아니며 그렇다고 만주인은 더구나 아니었던, 피지배 식민지인으로서의 조선인이라는 어정쩡한 위상에 대해 고민이 적지 않았을 것이다. 위의 인용시편들은 이러한 정체성의 확인 과정과 갈등을 고스란히 보여 준다. 「도포」에서는 고유의 의상을 입고 "도포 같은 슬픔"을 입었다고 토로하는 "한궈인人"이자 "꺼우리팡스"로서 스스로를 비하하는 자아의 확인이 쓸쓸하게 제시된다. 또한 「나는 믿어 좋으랴」에서는 중국식 복장이나 일본식 복장을 한 채 죄다 일본 이름을 갖고 있는 혼종적 존재로서의 조선인의 비애가 토로되고 있다.

그런데 문제는 이러한 내적 갈등과 비애의 정서가 어설픈 지사 정

신과 결합되면서 굴절을 노정하고 있다는 데서 찾아야 할 것이다. 즉, 죽어도 뉘우치지 않으려는 지사적 다짐과 회한이나 회오의 가슴앓이가 공존하는 자아는 결국 파탄에 이를 수밖에 없다.

> 十二月의 北滿 눈도 안 오고 / 오직 만물을 苛刻하는 黑龍江 말라빠진 바람에 헐벗은 / 이 적은 街城 네 거리에 / 匪賊의 머리 두 개 높이 내걸려 있나니 / 그 검푸른 얼굴은 말라 少年 같이 적고 / 반쯤 뜬 눈은 / 먼 寒天에 謨糊히 저물은 朔北의 山河를 바라고 있도다. / 너희 죽어 律의 處斷의 어떠함을 알았느뇨. / 이는 四惡이 아니라 / 秩序를 保全하려면 人命도 鷄狗와 같을 수 있도다. / 혹은 너의 삶은 즉시 / 나의 죽음의 위협을 意味함이었으리니 / 힘으로써 힘을 除함은 또한 / 먼 原始에서 이어온 피의 法度로다. / 내 이 刻薄한 거리를 가며 / 다시금 生命의 險烈함과 그 決意를 깨닫노니 / 끝내 다스릴 수 없던 無賴한 넋이여 瞑目하라! / 아아 이 不毛한 思辨의 風景 위에 / 하늘이여 恩惠하여 눈이라도 함빡 내리고지고

「首」전문

이 작품은 이른바 친일문학, 또는 부왜문학으로 논란이 된 바 있다. 친일 논란은 처음에 작품 발표 지면의 친일성과 결부되고, 또한 작품 중에 나오는 비적의 정체에 대한 시비에서 비롯된 것이다. 하지만 문제의 본질은 따로 있다. 여기서 비적이 항일 의병이었는지 아니면 단순히 도적이었는지가 중요한 게 아니라, 효시된 비적의 머리를 보면서 "생명生命의 험렬險烈함과 그 결의決意"를 깨닫는 태도의 비정성에 주목할 필요가 있다. 비적은 "율律의 처단處斷"을 받은 것이고, "질서秩序를 보전保全하려면 인명人命도 계구鷄狗와 같을 수 있도다"라는 인식의 표출이 문제의 본질이다. 겉으로는 마치 판결문을 펼쳐 읽는 듯 준엄해 보이나 실상은 체제에 대한 복종과 순응의 자세를 보여주고 있을 뿐인 것이다.

흔히 유치환을 일러 생명파 시인이라고 할 때의 생명 의식이 겨우

비장함을 가장하여 율律 체제에 순응하는 자세를 일컫는다면 이것이 야말로 자가당착의 낭만적 허울일 뿐이다. 이런 점에서 이 작품은 앞서 유치환의 시편들에서 보았던 자가당착, 즉 한편으로는 인생을 버려도 좋다는 식의 도저한 진술을 펼치면서도 동시에 끊임없는 회한이나 회오의 정서를 표출하고 있는 태도 사이의 괴리만큼이나 모순적이다. 이런 점에서 유치환의 북방 의식은 추상적 낭만성에 그쳐 있으며 이른바 지사정신 역시 굴절되어 있다고 하겠다.

5. 결론

이 연구는 1930년대 후반 한국 근대시에 나타난 만주 체험과 그 바탕을 이루고 있는 북방 의식의 몇 가지 양상을 고찰하는 데 목적이 있었다. 이 시기 주요 시인들의 만주 체험 형상화 양상과 북방 의식의 편차를 살펴보는 것은 당대 만주 일대를 중심으로 한 동북아문학의 지형을 가늠하는 데 있어서도 선행적으로 필요하다. 여기서는 우선 백석, 이용악, 유치환 등 세 시인의 작품에 주목하여 각각의 만주 체험과 북방 의식에 대해 논의해 보았다. 특히 이들 세 시인은 일련의 작품들을 통해 이러한 양상을 변별적으로 보여주고 있다고 판단된다.

1930년대 이후 만주는 일제에 의해 이른바 오족협화로 포장된 왕도낙토의 위장 공간이 된다. 그래서 조선을 떠나 새로운 삶을 모색하고자 하는 사람들에게 있어서 만주는 우선은 희망과 개척의 땅으로 덧칠되어 나타난다. 하지만 만주는 조선과 마찬가지로 제국주의의 피지배 식민지였고, 탈향·이산·유랑 등으로 점철된 여러 민족의 다중적 정체성의 혼재하는 공간이었다.

백석의 북방시편들은 삶의 근원으로서의 본향을 상실했다는 의식과 낙백한 자아의 정서를 보여 준다. 백석의 작품에서 만주의 현지인들은 주로 중국의 역사적 인물들의 후손으로 그려지며, 백석은 이들에게 우호적이며 긍정적인 태도를 표출한다. 백석의 이와 같은 시선과 의식은 태고의 본향을 잃고 피지배 식민지인으로 살아가야 하는 낙백한 개인의 동병상련의 연민으로 이해할 수 있다.

이용악의 경우는 시인의 직접적인 체험의 형상화를 바탕으로 하는 북방 의식을 통해 주로 유이민의 참담한 삶을 그려내는 데 집중하고 있다. 이용악의 작품에서 북쪽은 무서운 곳이며 여인이 팔려간 곳이기도 하고 나아가 삶의 터전을 뿌리 뽑힌 유랑의 공간이기도 하다. 이용악은 일련의 북방시편을 통해 일본 제국주의의 피지배 식민지인으로서 감내해야 했던 변경의 삶에 대한 정서적 연대를 보여 준다.

유치환의 만주 체험은 식솔들을 모두 거느리고 북방으로의 이주가 결행되었다는 점에서 우선 변별된다. 유치환의 시에서 북방 의식은 억압된 피지배 식민지인으로서의 쓸쓸한 자기 확인과 함께 현실에 순응하고 체제를 인정하는 내적 자아의 비애로 나타난다. 유치환의 여러 작품에서 보이는 회한과 회오의 정서는 시적 주체의 인식의 파탄을 보여주며 추상적 낭만성과 지사 정신의 굴절로 귀결된다.

참고문헌

고형진, 『정본 백석 시집』, 문학동네, 2007
남송우, 『청마 유치환 전집』1-6, 박철석 옮김, 국학자료원, 2006
윤영천, 『이용악시전집』, 창작과비평사, 1988
유치환, 『생명의 서』, 행문사, 1947

가스통 바슐라르, 『대지 그리고 휴식의 몽상』, 정영란 옮김, 문학동네, 2002
김경일, 『동아시아의 민족이산과 도시』, 역사비평사, 2004
김윤식, 「청마론」, 『한국현대시론비판』, 일지사, 1996
박태일, 『한국 근대시의 공간과 장소』, 소명출판, 1999
유종호, 『다시 읽는 한국 시인』, 문학동네, 2002
윤영천, 『서정적 진실과 시의 힘』, 창작과비평사, 2002
이명재, 『식민지 시대의 한국문학』, 중앙대 출판부, 1991
이-푸 투안, 『공간과 장소』, 정영철 옮김, 태림문화사, 1995
조영복, 『월북 예술가 오래 잊혀진 그들』, 돌베개, 2002

강연호, 「백석의 북방시편 연구」, 『열린정신 인문학연구』 15/2, 원광대 인문
　　　학연구소, 2014
강연호, 「이용악 시의 공간 연구」, 『현대문학이론연구』 23, 현대문학이론학회,
　　　2004
곽효환, 「이용악의 북방시편과 북방의식」, 『어문학』 88, 한국어문학회, 2005
곽효환, 「백석시의 북방의식 연구」, 『비평문학』 45, 한국비평문학회, 2012
김창호, 「일제 강점기 한국과 만주의 문학적 상관성 고찰」, 『만주연구』 12,

만주학회, 2011

박태일, 「청마 유치환의 북방시 연구」, 『어문학』 98, 한국어문학회, 2007

심원섭, 「자기 인식 과정으로서의 시적 여정 ─ 백석의 만주체험」, 『세계한국
어문학』 6, 세계한국어문학회, 2011

윤은경, 「유치환의 시에 나타난 디아스포라적 의식과 혼종성」, 『비평문학』 4,
한국비평문학회, 2014

최원식, 「만주의 서정, 해방의 감각 ─ 유치환의 "만주시편" 선택과 배치의 문화
정치학」, 『민족문학사연구』 57, 민족문학사학회 민족문학사연구소, 2015

해방기 염상섭 문학의 '안동安東 기억'의 지형도*

천춘화
원광대학교 동북아시아인문사회연구소 HK연구교수

1. 시작하며

염상섭(1897~1963)의 이력에서 1937년~1945년은 작가적 공백기에 해당한다. 그는 1937년1) 만주국 신경新京으로 이주하여 그곳의 유일한

---

* 이 글은 〈천춘화, 「해방기 염상섭 문학의 '안동(安東) 기억'의 지형도」, 『겨레어문학』 제64집, 겨레어문학회, 2020〉에 수록된 내용을 수정·보완한 것임.

1) 염상섭의 자필 이력서에는 만주 이주가 1936년으로 기록되어 있고 김종균의 "염상섭 생애" 정리표에는 1937년 3월로 기록되어 있다(김종균, 『염상섭 연구』, 고려대학교출판사, 1974, 522). 필자는 1937년이 정확할 것이라고 추정한다. 우선 「橫步文壇回想記」(『사상계』, 1962. 11.~12.)의 다음과 같은 기록에 주목해 보자. "그것이 25년 전 정축丁丑, 사십 고개를 마악 넘어서의 일이었다. 그때의 M지는 그야말로 100만 재만동포의 표현기관이요, 복지와 문화적 현상을 위하여서는 물론이요, 당장 아쉬운 고비에는 "여기 나 있노라"라고 외마디 소리라도 칠 수 있고, 떳떳이 할 말은 하여야 할 창구멍으로서라도 그 존재가치는 실로 중한 것이었다. 여하간 그때의 감독기관인 관동군關東軍 보도부에서 보낸 일 인주간의 날카로운 감시를 받아가면서 신문의 제호부터 고치고 인재들을 끌어 들여 내 딴에는 지면을 쇄신하여 놓았다." 염상섭 스스로가 "정축년"이었다고 밝히고 있고 그의 이 기록이 틀리지 않은 것은 《만선일보》의 창간을 확인하면 알 수 있다. 《만선일보》는 한글 신문 《간도일보》와 일본어 신문 《만몽일보》가 합병되어 창간된 한글신문이었고 1937년 10월부터 개제 발간된 신문이다. "신문의 제호부터 고치고"에서 알 수 있듯이 염상섭은 상기의 두 신문을 합병하여 《만선일보》로 개제하는 작업에 처음부터 관여한 것으로 보인다. 다음으로는 《만선일보》의 창간은 만주국의 행정 개편과 관련된다는 점을 참고해야 한다.

한글신문이었던《만선일보》의 창간에 관여하였고《만선일보》편집국장으로 근무를 시작하였다. 하지만《만선일보》에서의 근무 기간은 길지 못했고, 1939년[2])에 신의주新義州와 마주하고 있는 국경도시 안동安東의 대동항건설사업大東港建設事業으로 자리를 옮겨 1945년 그곳에서 해방을 맞는다.

염상섭을《만선일보》편집국장으로 천거한 사람은 진학문이었고, 그는 염상섭에게 가족을 동반할 것과 문필활동을 중단할 것을 요구했다.[3]) 현재 확인할 수 있는 그의 만주 시절 글로는 재만조선인 창작집 『싹트는 대지』(만선일보사, 1941)의 서문과 안수길의 개인 창작집 『북원』(예문단, 1944)의 서문 정도이다. 이외에 장편『개동』(1944)[4])을 안동에 있을 때《만선일보》에 연재한 것으로 알려져 있으나《만선일보》의 산실로 전해지지는 않고 있다.

안동에서 해방을 맞은 염상섭은 그해 가을 신의주로 넘어오지만

만주국은 1937년 5월 8일「정치행정기구개혁대강」을 발표하고 7월 1일부터 행정 개혁에 착수하였는데 행정 개혁의 핵심은 행정기구 기반을 간소화하고 정부 각부의 일원적 통제를 강화함으로써 지방행정기관의 기능을 강화하는 것이었다.(전경선,『전시체제하 만주국의 선전정책』, 부산대학교 박사학위논문, 2012, 39-40.) 만주국 홍보처의 탄생은 이 맥락에 놓이는 것이었고《만선일보》의 창간 역시 언론매체 통폐합의 결과였다. 마지막으로 1936년 12월 30일자로《매일신보》에『불연속선』을 연재를 마감한 점도 고려되어야 한다. 이상의 요소들을 감안할 때 염상섭의 만주 이주는 1937년으로 추정된다.

2) 1939년에 안동으로 옮겨간 것으로 알려져 있지만 "《만선일보》 지상에는 염상섭이 1940년 1월 6일까지 근무한 것으로 되어 있고 1월 7일부터는 후임자인 홍양명이 맡은 것으로 되어 있다."(김재용,「해방 직후 염상섭과 만주 재현의 정치학」,『한민족문화연구』 50, 한민족문화학회, 2015, 72.)

3) 김윤식,『염상섭 연구』, 서울대학교 출판부, 1987, 618.

4)『개동』이《만선일보》에 연재되다가 중단된 것은 1944년 7~8월경인 것으로 추측된다. 안수길의『북향보』가《만선일보》에 연재되기 시작한 것이 1944년 12월 1일부터였고,『북향보』연재예고에서 염상섭의『개동』이 "작가의 건강문제로 연재가 중단된 지 4개월"이나 지났다고 적혀 있기 때문이다.

바로 서울로 향하지는 않았다. 신의주에서 겨울과 봄을 보내고 이듬 해 여름에야 삼팔선을 넘어 서울에 도착한다. 그의 귀환은 장장 1년 가까운 시간이 걸렸고 서울에 돌아와 그가 내놓은 첫 작품은 「첫 걸음」5)(『신문학』, 1946. 11.)이었다. 46년 가을 경향신문사 편집국장으로 취직하지만 1년여 만에 사퇴하고6) 그 후《신민일보》편집국장으로 재 취직하지만 필화사건에 휘말려 구류를 살고, 신문도 폐간을 맞는다.7)

　염상섭이 본격적인 작품 활동을 시작한 것은 1948년이다. 1948년 1월에 「엉덩이에 남은 발자국」(『救國』창간호)과 단행본 『삼팔선』(금 룡도서주식회사, 1948. 1., 「삼팔선」과 「모략」 두 작품 수록), 그리고 「이합」(『개벽』, 1948. 1.)을 동시에 상재하는 한편 1월 1일부터《자유 신문》에 200회에 걸친 장편 『효풍』을 연재하기 시작한다. 1948년 한 해에 염상섭은 10편 가까운 단편을 발표하면서 『효풍』 연재를 병행하는 왕성한 창작력을 과시하는데 이는 해방기 전체를 통틀어 20여 편의 장·단편을 발표한 성과를 감안하면 가히 폭발적이라고 할 수 있다.8)

---

5) 이 작품은 후에 「해방의 아들」로 개제되어 단행본 『해방의 아들』, 금룡도서주 식회사, 1949. 2., 1-58)에 수록되었으며 작품 말미에 "丙戌7月, 解放一週年紀念 作 「첫거름」의 改題"라고 밝히고 있다.

6) 염상섭의 《경향신문》 사퇴는 《경향신문》의 사상적 전향과 연관되는 것으로 파 악되었다. 그 자세한 사항에 대해서는 이종호의 「해방기 염상섭과 『경향신문』」, 『구보학보』 21, 구보학회, 2019를 참조 바람.

7) 《신민일보》는 1948년 2월 10일에 창간되어 같은 해 5월 26일에 폐간된 단명한 신문이다. 단독 정부 수립을 반대하는 입장이었고, 미군정은 이 신문이 선거를 거부한다는 이유로 편집국장 염상섭을 연행하여 조사하였다. 염상섭은 1948년 4월 28일부터 열흘 정도 구류를 살다가 풀려났다.(김재용, 「분단을 거부한 민족 의식: 8.15 직후 염상섭의 활동과 『효풍』의 문학사적 의미」, 『국어국문학연구』, 원광대학교 인문과학대학 국어국문학과, 1999).

8) 염상섭은 해방기에 20여 편의 장·단편을 창작하였는데 그중 1948년 한 해에 발 표된 것이 장편 『효풍』과 9편의 단편이다. 구체적인 작품들을 나열하면 다음과 같다. 「첫 걸음」, 『신문학』 4, 1946. 11.; 「엉덩이에 남은 발자국」, 『구국』 창간 호, 1948. 1.; 「삼팔선」, 『삼팔선』, 1948. 1.; 「모략」, 『삼팔선』, 1948. 1.; 「이합」,

그간 해방기 염상섭 문학에 대한 연구는 다양하게 이루어져 왔지만 대체적으로 '중립파', '민족의식', '귀환서사', '만주 체험'이라는 몇몇 범주로 귀납할 수 있다. 초창기의 권영민9), 조남현10) 등에 의해 해방기 염상섭 문학의 '중립적', '중간파적' 입장이 규명되었고, 이 평가는 여전히 해방기 염상섭 문학을 평가하는 중요한 지표로 작용하고 있다. 초창기의 연구들은 대체적으로 염상섭의 해방기 문학을 통해 그의 중립적인 정치적 입장을 논구하고자 하는 취지였다면 최근의 연구들은 역으로 해방 공간이라는 범주 안에서 중간파의 위상을 조망하는 방향을 보여 주고 있다.11) 염상섭 문학의 '민족의식'의 문제는 그의 중립적 입장과도 연결되는 것으로서 중간파의 '민족의식'이라는 차원에서 접근한 연구와 만주 체험을 배경으로 하고 있는 경계인으로서의 민족 의식이라는 차원으로 접근한 연구로 구별된다. 전자의 경우 안미영12), 박성태13)의 연구가 대표적이며 후자의 경우는 최진옥14)의 연구를 들 수 있다.

『개벽』76, 1948. 1.;「그 초기」,『백민』14, 1948. 5.;「바쁜 이바지」,『한보』, 1948. 6.;「재회」,『개벽』, 1948. 8.;「令監家僧와 豆釗」,『학풍』창간호, 1948. 10.;「盜難難」,『신태양』창간호, 1948. 12.;「虛慾」,『大潮』3/4, 1948. 12.;「혼란」, 『민성』5/2, 1949. 1.;「화투」,『신천지』4/5, 1949. 6.;「임종」,『문예』창간호, 1949. 8.;「두 파산」,『신천지』4/8, 1949. 8.;「일대의 유업」,『문예』1/3, 1949. 10.;「굴레」,『백민』4/2, 1950. 2.;「채석장의 소년」,『소학생』76, 1950. 3.;「續 一代의 遺業」,『신사조』창간호, 1950. 5.;「효풍」,『자유신문』, 1948. 1. 1.~11. 3.

9) 권영민,「염상섭의 중간파적 입장: 해방 직후의 문학 활동을 중심으로」,『염상섭전집10』, 민음사, 1987, 315-326.

10) 조남현,「1948년도 염상섭의 이념적 전향」,『한국현대문학연구』6, 한국현대문학회, 1998.

11) 장세진,「사라진 중도 자유주의의 상상력」,『숨겨진 미래』, 푸른역사, 2018, 18-58.

12) 안미영,「염상섭의 해방 직후 소설에서 '민족'을 자각하는 방식과 계기: 1946년~1948년 작품을 중심으로」,『한국언어문학』68, 한국언어문학회, 2009.

13) 박성태,「해방 이후(1945~1948) 염상섭 소설의 중도적 정치성 연구: 민족의식의 의미화 양상을 중심으로」,『구보학보』23, 구보학회, 2019.

한편 '귀환서사'와 '만주 체험'은 해방기 문학에 대한 논의가 새롭게 이루어지면서 생성된 연구들이다. 특히 「해방의 아들」과 같은 작품들은 '귀환서사'의 큰 틀 안에서 다른 작가들의 작품들과 함께 묶여 논의된 경우가 많다. 염상섭의 작품만을 대상으로 한 연구 중에서는 해방기 귀환을 국민국가/국민의 형성 맥락이 아닌 오히려 국민국가/국민의 형성을 위협하고 국민의 범주에서 제외되었던 잉여적 존재들이었다는 지점에 주목한 이종호[15]의 연구가 주목된다. 동일한 맥락에서 해방기 염상섭 소설에서 다루어지는 '이동'에 주목한 이혜령[16]의 연구는 해방기 삼팔선 넘기를 사상지리ideological geography의 시각에서 분석함으로써 사상지리가 사상통제 시스템의 중요한 메커니즘으로 작용했음을 강조하였다.[17]

해방기 문학 연구에서 주목되었던 또 하나의 주제는 '만주 체험'이다. 지금까지의 연구에서 염상섭의 '만주 체험'은 "식민지시대의 가면을 벗기 위한 자기 합리화의 과정"[18]으로 파악되거나 정반대로 그의 '만주 체험'은 그저 전사前史나 후경後景으로 제시되거나 해방 후 정국을 이해하는 거울에 지나지 않았을 뿐이라고 인식되었다.[19] 또한 만

14) 최진옥, 「해방 직후 염상섭 소설에 나타난 민족의식 고찰」, 『한국현대문학연구』 23, 한국현대문학회, 2007.

15) 이종호, 「해방기 이동의 정치학: 염상섭의 단편소설을 중심으로」, 『한국문학연구』 36, 동국대학교 한국문학연구소, 2009.

16) 이혜령, 「사상지리(ideological Geography)의 형성으로서의 냉전과 검열: 해방기 염상섭의 이동과 문학을 중심으로」, 『상허학보』 34, 상허학회, 2012.

17) 이러한 연구 외에도 해방기 염상섭의 이력을 미세하게 추적하고 있는 이종호의 「해방기 염상섭과 『경향신문』」, 『구보학보』 21, 구보학회, 2019와 젠더적 시각에서 접근하고 있는 류진희의 「염상섭의 「해방의 아들」과 해방기 민족서사의 젠더」, 『상허학보』 27, 2009도 주목을 요하는 연구들이다.

18) 김승민, 「해방 직후 염상섭 소설에 나타난 만주 체험의 의미: 「혼란」, 「모략」, 「해방의 아들」을 중심으로」, 『한국근대문학연구』 16, 한국근대문학회, 2007.

19) 김재용, 「해방 직후 염상섭과 만주 재현의 정치학」, 『한민족문화연구』 50, 한

주에서의 귀환 과정은 지배의 경험이 망각되고 피해의 경험만이 부각되는 기억의 창조 과정으로 파악되기도 하였다.[20] 이와 같은 연구들은 염상섭의 만주 체험을 하나의 범주로 크게 접근하고 있지만 사실 염상섭의 만주 체험은 '만주 체험'이라기보다는 '안동의 기억'으로 집약되고 있는 측면이 강하다.

본고는 이상의 연구들을 적극적으로 수용하면서 조금 더 미세한 접근을 시도하고자 한다. 우선 해방기 염상섭의 작품들을 살펴보노라면 그의 '만주 체험'은 「해방의 아들」을 시작으로, 「엉덩이에 남은 발자국」, 「모략」, 「혼란」 등과 같은 몇몇 작품들에만 한정되어 있다.[21] 그중에서도 1년이라는 시간 차이를 두고 발표된 「모략」(1948. 1.)과 「혼란」(1949. 2.)은 해방 직후의 안동을 소설화하고 있음에도 불구하고 안동을 서로 다른 시선으로 바라보고 있어 흥미롭다. 본고는 '안동 체험'으로 집약되고 있는 이 두 작품의 재현의 차이를 살펴보고 그런 차이가 어디에서 기인하는지를 「모략」과 「혼란」 사이에 발표된 작품과 잘 알려지지 않은 염상섭의 만주 시절에 창작한 짧은 수필 「우중 행로기」를 함께 논의하는 가운데 찾아보고자 한다. 이러한 작업은 지금까지 명확하게 밝혀지지 않았던 염상섭의 안동 시절을 새롭게 조망하는 기회가 될 것이며 나아가 안동에서의 삶이 그의 해방기 문학, 나아가 해방기 염상섭의 중립적 입장과 어떻게 연관을 맺고 있는지에 대해서도 천착할 수 있는 계기가 될 것이다.

민족문화학회, 2015.

20) 김종욱, 「언어의 제국으로부터의 귀환: 염상섭의 〈해방의 아들〉」, 『한국문학의 연구』 35, 한국문학연구학회, 2008.

21) 『채석장의 소년』에서도 만주 체험이 등장하기는 하지만 만주 체험의 본격적인 작품화라기보다는 작품의 주인공 일가가 만주에서 귀환한 사람들로 설정되어 있고, 작품의 중심은 그들이 서울에서 자리를 잡아가는 과정으로 채워진다.

2. '안동 기억'의 두 재현, 「모략」과 「혼란」

해방기 염상섭의 작품과 평론 및 기타 글들을 살펴보노라면 유독 눈에 띄는 반복적인 기술이 있다. 그것은 바로 8.15 해방과 함께 염상섭이 만주 안동에서 직접 겪었던 목숨을 잃을 뻔했던 사건이다. 그때의 그 사건을 염상섭은 각각 1959년과 1962년에 「등골이 서늘한 이야기: 혼란기에 있던 일」(《조선일보》, 1959. 7. 30.)과 「만주에서: 환희의 눈물 속에」(《동아일보》, 1962. 8. 15.)라는 표제로 반복적으로 기술하고 있다. 사건의 대략을 보면 다음과 같다.

나는 8·15해방을 만주 땅 안동(安東)에서 맞았었다. 양력으로 8월 보름께라면 말복 전후라 아직도 무더운 때였다. 땀을 질질 흘리며 라디오로 일황(日皇)의 항복선언을 들으면서 '인제는 우리도 풀려났구나!'하고 나는 꿈밖인 듯이 께께 울기만 하였었다. 그 옆에는 뒷골로 몇 집 걸러서 살던 한 늙은 일본인이 자기 집의 라디오는 병이 났다던가 하여 내 집으로 뛰어와서 나란히 앉아 듣다가 훌쩍훌쩍 눈물을 흘리면서 가버렸다. 그 울음과 내 울음과는 대척적이요, 절대적인 감정과 흥분과 갈등이 무언중에 반발하고 있었다. 그때 나는 신시가(新市街)의 일본인 틈에 끼어 살았기 때문에 전쟁 말기에 일인들의 자위책으로 야경(夜警)을 도는데 나에게도 한 달에 한 번씩은 차례가 돌아와서 하는 수없이 딱딱이 노릇을 하였던 것이다.

그런데 8·15가 터진 다음 날에 공교로이도 내 차례가 되었다는 통고를 받고 일언지하에 거절하여버렸었다. 아직 이웃끼리로 살기는 하지마는 해방이 되던 날 즉시로 조직된 자치단체인 조선인회의 명색이 회장으로 당선된 내가 체면이 있지 어떻게 그런 데에 나갈 수도 없었고 사실 밤낮 없이 바빴었다.

그런데 한 가지 괴상한 일은 그 날 내 대신으로 나간 일인이 야경을 돌다가 바로 내 집 옆 골목 그 라디오를 들으러 내 집에 왔다가 명인(鳴咽)에 시름없이 가던 늙은 일인의 집 앞에서 자살(刺殺)을 당한 것이었다. 익조(翌朝)에 그 소식을 듣고 나는 모골이 송연하였었다. 등에 찬물을 끼얹는 것 같았다. 그 피해자가 평소에 누구와 결원(結怨)할 사람도 아닌 온순한 소학교 교원이었고 나 역시 누구와 함혐(含嫌)이 있을 리 없고 보니 그 노왜(老倭)의 위인이 표독(慓毒)하던 점으로 미루어 결국은 나를 노리고 한 짓이 아니었던지 모를 일이었다.[22]

인용문에서 보는 바와 같이 염상섭 대신으로 야경을 나간 일본인 교사가 살해당한 사건이다. 만약 그날 염상섭이 야경을 나갔더라면 아마도 죽은 사람은 염상섭이었을 것이다. 소설 「모략」은 그가 겪었던 이 사건을 골격으로 하면서 적당한 허구를 가미하여 창작한 작품이다.

「모략」은 해방 직후 안동의 복잡한 사회적 환경을 배경으로 전개된다. 해방이 되자 안동의 조선인과 일본인들은 각자 자국민을 보호한다는 명의 하에 조선인회, 일본인회를 조직하였고 중국인 측에서는 치안유지대를 조직하였다. 이 세 단체가 주축이 되어 해방 직후 안동의 질서를 유지하고 있는 것으로 드러나지만 여전히 일본인들이 우세하고 있다. 왜냐하면 정부 기관의 책임자들은 비록 모두 중국인으로 교체되었지만 아직 중공군, 소련군이 진주하기 전인지라 여전히 일본인들이 뒤에서 조종하고 있기 때문이었다.

소설의 첫 시작은 소련군 마중을 나갔던 창규가 허탕을 치고 집으로 돌아오는 장면이다. 아직은 초가을이라 평상시 같았으면 식후에 다들 밖에 나앉아 한담을 즐길 시간이건만 집집마다 문을 닫아걸었고 거리는 적막하기 짝이 없다. 이것을 소설 속에서는 "어리친 개새끼 하나 볼 수 없이 괴괴하고 길목마다 작대기를 들고 컴컴한 속에 우둑우둑 섰는 중국인 경비대청년을 보면 머리끝이 으쓱할 만치 무시무시한 주검의 거리가 되었다"[23]고 묘사하고 있다. "주검의 거리"라는 표현에서 해방 직후 안동의 분위기가 그대로 전해진다.

이런 분위기 속에서 난동 사건이 연이어 발생하고 있다. 창규가 살고 있는 골목 안에서 대낮에 난동 사건이 벌어진 것이다. 정거장에서

---

22) 염상섭, 「등골이 서늘한 이야기: 혼란기에 있던 일」(《조선일보》, 1959. 7. 30.), 한기형·이혜령 엮음, 『염상섭 문장 전집』Ⅲ, 소명출판, 2014, 477-478.
23) 염상섭, 「모략」, 『삼팔선』, 금룡도서주식회사, 1948, 83. 이하 「모략」의 인용은 『삼팔선』에서 할 것이며 작품명과 인용 면수만을 밝히기로 한다.

마차를 타고 들어온 사람이 10원 달라는 마차비를 2원만 주고는 말 궁둥이를 발로 차는 등 난폭한 행동을 보인 것이다. 문제가 되었던 것은 난동을 부린 인물이 가슴에 태극마크를 하고 있었다는 사실이고, 이것을 빌미로 노사끼를 주축으로 한 일본인들이 조선인이 한 일이라고 수군대면서 소문을 퍼뜨리기 시작한 것이다. 무엇보다도 더 이상 좌시할 수 없게 된 것은 가슴에 태극마크를 한 사람들의 난동이 창규가 살고 있는 일본인 주거 지역은 물론 중국인 거리에서도 산발적으로 일어나고 있었다는 사실이었다. 창규를 비롯한 조선인들은 중국인들이 언제 쳐들어올지 모른다는 불안에 떨기 시작했고 이런 와중에 창규 대신으로 야경을 나간 사람이 창규네 집 앞에서 절명하는 사고가 발생한다.

원래는 창규가 야경을 나갈 차례였는데 나오지 않자 일본인회에서는 창규 대신으로 가도오라는 사람을 불렀고, 그런데 일본인회 측에서는 조선인 가도오河東를 호출했던 것인데 일본인 가도오加藤가 대신으로 나가 목숨을 잃은 것이다. 근본적인 원인은 일본인회 측에서 조선인 학교에 두 명의 "가도오"가 근무하고 있다는 사실을 전혀 모르고 있었다는 데에 있었다. 결국 창규네는 원래 살고 있던 일본인 거리를 떠나 조선인 지역으로 집을 옮긴다.

작품 속에서는 결국 이런 난동사건과 살인사건 모두가 노사끼가 주축이 되어 꾸며낸 "모략"이었음이 밝혀진다. 그리고 작품의 전개과정에 두드러지는 부분은 창규와 노사끼, 두 인물의 대결 구도이다. 창규는 조선인회 회장은 아니지만 실질적인 책임자였고 노사끼 역시 일본인회에서 중요한 역할을 담당하고 있는 인물이었다. 그러다보니 두 사람은 이런저런 자리에서 일적으로 자주 부딪혔고 그럴 때마다 노사끼는 은근히 창규에게 책임을 묻거나 그렇지 않으면 건방지게 행동했다. 노사끼에게서는 패전국민의 기죽음이라는 것을 손톱만큼도 찾아볼 수 없었고 그런 노사끼에 대한 창규의 괘씸함도 노골적으로 드러난다. 이런 노사끼의 반복되는 행동들을 보고 있노라면 한 가지 의문이 생긴다. 해방 직후의 혼란 속에서 일본인인 노사끼가 그런 위험을 무릅쓰면서까지 조선인들을 모함해야 할 이유가 있었을까? 그리고 아무리 일본인이 실세라지만 패전국민으로서의 그들에게 과연 그럴 만한 여유가 있었을까? 노사끼의 행동은 개연성이 떨어지는 부분이 아닐 수 없으며, 바로 여기에 작품 「모략」의 문제점이 있는 것이다.

노사끼는 결국 제 발로 걸려들고, 노사끼가 잡혔다는 소식을 들었을 때 창규는 "감개무량"함과 "통쾌"함을 느낀다. 그것은 일종의 해탈감이었고 안심이었다. 창규는 두 팔이 뒤로 묶인 채로 앉아서 찍은 노사끼의 사진을 보면서는 하마터면 그의 칼에 목숨을 잃을 뻔했던 사건을 떠올리고는 직접 불러 올려 취조하고 싶은 충동을 느끼기도 한다. 하지만 작품은 결국 노사끼가 창규에게 목숨을 구걸하게 하는 형식으로 마무리된다.

「만약 내가 일본사람이요, 자네가 조선사람이었드라면 벌써 뼈도 못 추렸을 걸세. 어떻게 하려느냐고 물을 것이 아니라, 고맙다고 절을 하게」

「우리가 이렇게 만나기는 의외일세마는, 자네두 아다싶이 지금 우리의 처지가 기막지지 않은가? 내가 모리(謀利)를 하려는건가, 나 하나 살자는건가, 삼만이나 되는 목숨을 살리라니까 그렇지 않은가.」

그래도 노사끼는 국사연(國士然)하야 그런지 태도가 굽쥐지 않고 엄연한 데가 있다.

「나도 내 동포를 살리려니 자네를 이렇게 잡아 온 걸세. 그러나 자네 일전 밤의 꼴을 보면 그런 갸륵한 동족애(同族愛)가 과연 있는지 알수없다는 말일세.」

창규는 코웃음을 친다.

……(중략)……

「내 개인의 우정으론 내보내 주고 싶으이. 그러나 우리민족이 안 듣네. 자네는 가등군의 장례식날 잘못했던면 내게 분향을 할번 하였다데마는, 내가 먼저 자네게 분향을 해주게 될지도 모르네. 어서 나려가세.」[24]

창규에게 석방을 청원하는 노사끼의 변명이 흥미롭다. 그는 자신의 행동을 3만의 일본 동포를 위한 것이었노라 항변한다. 그런 노사끼에 대해 창규 역시 똑같은 논리로, '민족의 이름'으로 풀어줄 수 없노라 답한다. 창규와 노사끼의 이 대면이 곧 「모략」의 궁극적인 목적이기도 했다. 일본인과 조선인으로 대표되는 노사끼와 창규는 그대로 일본 민족과 조선 민족의 대표에 다름 아니었고 그들의 개인적인 관계가 민족적인 관계로 치환되는 순간이 바로 「모략」인 것이었다. 비록 염상섭은 이 작품에 대해 "「모략」은 일제의 최후 발악의 일면과 민족관념을 주제로 한 것이었다."[25]고 밝히고 있지만 사실 이 작품은 해방 직후 염상섭이 안동에서 겪었던 "죽을 뻔했던 사건"의 소설적 수사에 다름 아니고 그것을 민족의 이름으로 해결 짓고 있는 것이다.

「모략」에서 안동은 해방이 되었다고는 하지만 여전히 일본인들이 득세하는 것처럼 보이고 조선인과 중국인들의 존재는 미미하게 드러난다. 특히 조선인들이 느끼는 불안이 일본인에 의해 조장된다는 측면은 인상적이지 않을 수 없다. 그런데 염상섭은 1년 뒤인 1949년 2월에 「혼란」을 통해 다시 안동을 불러내고 있다.

「혼란」은 두 갈래의 서사가 교차되면서 전개된다. 하나는 피난통에 집으로 찾아온 아내의 친구가 뇌막염으로 갑자기 숨을 거두게 되면서 창규가 그 뒷수습을 하는 과정이고 다른 하나는 해방 직후 안동 조선인회 회장 인선을 두고 벌어지는 두 세력 간의 알력 다툼과 그로 인한 조선인 사회의 내부 분열 과정이다.

해방이 되자 안동의 조선인들은 동족을 보호한다는 명의 하에 조선인회를 조직하고 회장을 선거한다. 처음 회장에 천거된 장회장이

---

24) 염상섭, 「모략」, 157.
25) 橫步, 「해방 후의 나의 작품 메모」(『삼천리』, 1948. 7.), 한기형·이혜령 엮음, 『염상섭 문장 전집』Ⅲ, 95-96.

회장 자리를 마다하자 그 후임으로 임회장이 회장직을 맡게 된다. 창규가 임회장을 천거한 데에는 그 나름의 이유가 있었다. 해방이 되었다고는 하지만 여전히 일부 기관에서는 일본인이 득세하고 있었기 때문에 해방 전 친일파였던 임회장을 앞세워 작은 편의라도 도모하자는 데에 있었다. 하지만 김호진을 필두로 하는 젊은 사람들이 임회장을 반대하고 나섰다. 표면적인 이유는 친일파라는 데에 있었지만 실제 원인은 회장직 승계에 실패한 김호진 일파가 불복한 데에 있었다. 결국 김호진 일파가 서성자 지구를 중심으로 한교자치회를 결성하게 되면서 작은 안동에는 두 개의 조선인 단체가 공존하게 된다. 창규는 이 두 단체를 하나로 통합하려고 노력하지만 결국 실패한다. 그리고 그 과정에 부각되고 있는 것은 해방 후 안동의 조선인 사회였다.

해방 직후 안동에는 시중에 술이 넘쳐나게 되는데, 이는 해방 전 쌀과 술을 통제하고 있던 일본인들이 쌀은 풀지 않는 대신에 술을 몽땅 다 풀어버렸기 때문이다. 조선인들은 매일 공짜 술에 취해갔고 조선인사회의 치안 유지를 위해 결성되었던 조선인회는 취객들 관리에 몸살을 앓는다. 조선인들이 이렇게 술로 허송세월하는 동안 일본인들은 "집집마다 첩을 박고 끽 소리도 없이 괴괴히 들여 박혀 있으니" 안에서는 어떤지 모르나 외관상으로는 평온하다. 하지만 그 평온은 그저 겉으로 보이는 현상일 뿐이었고 일본인들은 술을 풀고 양식을 풀어가며 귀국할 노자를 알뜰하게 준비해 가고 있었다. 해방 전 불과 15원 하던 쌀이 한 말에 600원으로 급등하고 있었음이 이를 설명해 준다.

한편 중국인들이 사흘 낮 사흘 밤 춤을 추면서 해방을 축하하고 있을 때 신시가지에 살고 있는 조선인과 일본인들은 불안에 떨어야 했다. 사람들은 그 음악 소리에 잠도 깊이 들지 못했고 수시로 구시가에서 쳐들어온다는 불안에 떨고 있었다. 이렇듯 대조되는 세 민족의 표정은 「모략」과 크게 대조되는 부분이기도 하다.

동일한 안동에 대한 재현임에도 불구하고 1948년과 1949년의 안동은 큰 차이를 드러내고 있다. 「모략」이 초점을 맞추었던 것은 노사끼라는 일본인을 중심으로 한 일본인 사회였고 그와 같은 작품의 구성은 그 근저에 죽을 뻔했던 공포의 기억이 자리 잡고 있었기 때문이다. 하지만 그런 개인사적인 요소를 걷어낸 후의 안동에 대한 재현은 비로소 관조적이 되면서 안동에서의 조선인 사회가 크게 부각된다.

「모략」에서 창규는 조선인회 회장은 아니지만 실질적인 책임자였다. 그는 조선인회 업무를 보는 데에 일종의 열의를 가지고 있었고 마음 한구석에는 일말의 흥분도 없지 않았다. 하지만 「혼란」에 오면 창규는 작은 안동에서의 조선인 사회의 내부 분열을 냉담한 시선으로 바라보게 되고 정치에 대해서도 회의적인 태도를 드러낸다. 임회장과 김호진이 조선인회 회장 자리를 놓고 한 치의 양보도 보이지 않는 모습을 보면서 창규는 양쪽 모두에 대해 이해할 수 없다는 입장을 표명한다. 짐을 싸놓고 언제든지 떠날 생각을 하면서도 조선인회 회장 자리를 내놓지 않는 임회장을 보면서 창규는 "저렇게도 회장 자리란 좋은 것인가 하고 웃는 것이(다)"(159면)었고, 어떻게 해서든 회장 자리를 뺏어오고자 노력하는 김호진을 보면서도 "무엇 때문에 그렇게까지 하여 조선인회를 뺏고 차지하려고 열고가 났는지 알 수 없는 일이라고 코웃음을 (쳤다)"(163면)친다. 그가 보기에 그들이 탐내는 조선인회 회장 자리라는 것이 하등 필요치 않은 부질없는 것이기 때문이었다. 그렇다면 이러한 창규의 입장 변화, 냉담해진 심적 변화는 어디에서 기인하는 것인가? 그리고 염상섭은 무엇 때문에 1949년에 다시 안동을 호출하고 있는 것인가? 「모략」과 「혼란」 사이에 발표된 일련의 작품 속에서 그 변화의 원인을 추적해 보고자 한다.

3. 두 차례의 월경과 '안동 기억'의 재소환

「모략」과 「혼란」 사이에 발표된 작품들은 「엉덩이에 남은 발자국」 (1948. 1.), 「삼팔선」(1948. 1.), 「이합」(1948. 1.), 「그 초기」(1948. 5.), 「바쁜 이바지」(1948. 6.), 「재회」(1948. 4.), 「도난난」(1948. 12.), 「허욕」(1948. 12.) 등이다. 이상의 작품들에서 두드러지는 부분은 해방기 이동을 소설화한 작품들이며 특히 「삼팔선」, 「이합」, 「재회」 등과 같은 작품들은 해방기 이동을 의미화하는 자리에서 중요하게 논의되는 대상들이다. 하지만 본고가 주목하고자 하는 부분은 이러한 이동의 의미보다는 사실 염상섭 소설이 재현하고 있는 이동이라는 것은 결국 '국경 넘기'로서의 월경의 서사라는 점과 이러한 월경 과정에 드러나고 있는 작가의 심적 변화이다.

염상섭의 해방기 작품 중에서 「해방의 아들」과 「삼팔선」은 그의 두 차례의 월경을 소설화한 작품들이다. 첫 번째 국경인 '안동－신의주'의 월경을 소설화한 작품이 「해방의 아들」이고 두 번째 국경인 삼팔선 넘기가 바로 「삼팔선」이다. 「해방의 아들」은 '안동－신의주' 국경 넘기의 과정이었음과 동시에 해방 후 조선 민족으로의 통합 과정의 일례를 보여 준 작품이기도 하다. 홍규는 해방 후에야 안동 시절 알고 지내던 '마쓰노'가 사실은 조선인 아버지와 일본인 어머니 사이에서 태어난 사람이라는 것을 알게 되고 그 아내의 부탁으로 '마쓰노'를 데리러 안동으로 건너간다. 홍규가 안동에 도착해서부터 '마쓰노'는 일본 이름이 아닌 한국 이름 '조준식'으로 호명되기 시작하며 '마쓰노'가 '안동－신의주' 다리를 건너 신의주로의 이주에 성공하는 과정은 곧 일본인 '마쓰노'가 조선인 '조준식'으로 새롭게 태어나는 과정이기도 했다. 그리고 그 과정은 부계 혈통에 의한 가문의 연속이라는 논리 속에서 정당화되었다. 하지만 '조준식'으로서의 정체성 회복은 동시에 일본인 '마쓰노'로서의 삶을 종식시키는 계기가 되었고, '마쓰노/준식'은 '조선인 조준식'도 아니고 '일본인 마쓰노'도 아닌 어중간한 존재가 되고 만다. '조준식'은 비록 조선인으로서의 정체성을 선택하였지만 그것이 곧 조선인으로서의 평탄한 삶으로 이어지지는 못했다. 조선인 정체성의 선택은 역으로 일본인으로부터 배척을 받는 계기가 되었고 결국 '마쓰노/준식'은 일본행을 결심한다. 그의 행보가 말해주는 것은 해방 공간에서 '마쓰노/준식'과 같은 존재들의 민족 통합으로의 불가능성의 일면이었다.

「해방의 아들」에서 홍규와 조준식은 조선인회에서 발급한 증명서를 가지고 '안동－신의주' 국경을 큰 어려움 없이 자유롭게 드나들고 있었지만 조선으로 건너와서 다시 삼팔선을 넘어야 할 때 사람들은 목숨을 건 모험을 단행하지 않으면 안 되었다. 염상섭의 「삼팔선」은 갖은 고난 끝에 그 모험에 성공하는 과정을 보여줌과 동시에 그 '목숨걸기'가 얼마나 허무맹랑한 것이었는지도 잘 전달하고 있다.

> 「자아, 삼팔선 넘었다!」
> 하고 뒤에다 대이고 소리를 친다. 차례차례 짐들을 마당질 터에 내던지고 주저앉으며
> 「그놈의 三八 선인지 三八 수건인지 눈에 뵈기나 하나!」
> ……(중략)……
> 오래간만에 두다리를 뻗고 마음 놓고 아이들을 놀리며 앉았으니, 가슴이 후련하면서도 한구퉁이가 맥히는듯하다. 그러나 생각하면 三八선이란 허황하고 허무한 것 같고, 두 세사람의 눈을 기우고 불과 오리나 십리길을 건너느라고 천리밖에서부터 계획을 세우고 겁을 집어먹고 몸에 지닌것까지 다 버리고, 이고 생을 하며 허희단심 겨우 넘어왔다는 그 일이 얼뜨고 변변치 못한짓 같기도하다. 다음날에 자식들이 자라서, 소위 삼팔선이라는 역사에서 지울 수 없는 검은 줄을 오늘에 이렇게 넘었더니라는 사실을 기억에서 찾아내고 기록에서 본다면, 어떠한 감개가 있고 저의의 선대(先代)를 어떻게 생각할고? 하는 생각을 하면 분할 것이 지나쳐 어이없는 웃음이나 커닿게 웃었으면 조금은 시원할 것 같으나, 그런 웃음조차 나오지를 않는다.[26]

삼팔선을 넘은 후의 감회를 적은 부분이다. '안동 – 신의주' 국경이 자유롭게 드나드는 길목 같은 것이었다면, 삼팔선은 눈에 보이지도 않고, 철책이 있는 것도 아니고, 경계가 확인되는 것도 아닌 경계선이었다. 삼팔선을 넘기 전임을 증명하는 것은 소련 병사의 존재였고 삼팔선을 넘었음을 확인할 수 있는 것은 미군들과의 맞닥뜨림이었다. 작가는 제 나라에서 외국인의 얼굴을 통해 분단을 확인하는 이 씁쓸함을 "삼팔수건"이라고 희화화하고 있는 것이다.

'안동 – 신의주'의 첫 번째 월경(「해방의 아들」)을 통해 확인한 것은 해방 된 조국에서 희망에 부풀었던 조선 민족의 통합이라는 원대한 꿈의 부서짐이었고 삼팔선 넘기로서의 두 번째 월경(「삼팔선」)을 통해 확인한 것은 이데올로기에 의한 분단의 현실이었다. 이러한 두 차례의 월경은 공간적인 월경(「해방의 아들」, 「삼팔선」)이면서도 동시에 이념적인 월경(「삼팔선」)이기도 했다. 그러한 이념적인 월경의 무의미함 혹은 정치적인 것에 대한 회의를 보여주는 것이 「이합」과 「재회」였다.

「이합」은 만주에서 해방을 맞은 부부가 신의주에 와서 자리를 잡으면서 겪게 되는 이념적 갈등을 소재로 한 소설이다. 교사인 정한은 아내 신숙이 부인회 일을 하게 되면서부터 가정을 돌보지 않고 사상 이념에 지나치게 빠져드는 것이 영 못마땅하다. 하지만 그런 아내를 막아낼 재주는 없고 두 사람은 한 치의 양보도 없이 팽팽하게 대결하다가 결국에는 갈라서는 길을 선택한다. 정한은 아들을 데리고 삼팔선을 넘어 월남하고 신숙은 딸과 함께 이북에 남는다. 하지만 후편인 「재회」에서 신숙은 진호를 따라 월남하고, 부부가 화해한다는 스토리

---

26) 염상섭, 「삼팔선」, 『염상섭전집』 10, 민음사, 1987, 93-94. 이하 본고에서 인용하는 염상섭의 작품은 모두 이 전집에서 인용할 것이며 작품명과 인용 면수만을 표기하기로 한다.

이다. 이와 같은 전개에서 흥미로운 부분은 삼팔선에서 정한과 진호 (정한의 처남－인용자)의 상봉을 묘사한 부분이다. 정한은 월남하는 길이고 진호는 월북하던 참이었다.

> 「결국 우리 같은 사람은 삼팔선 위에나 발을 붙이고 살지? 자네도 가 보게 마는 서울은 별수 있겠는가?」
> 「이북에를 간들 자네 따위 삼팔선 위에서나 살구 싶다는 위인이 별 수 있을 줄 아나?」
> 남북으로 오고가는 사람이 서로 말리듯이 똑같은 소리를 하며 신푸녕스러운 웃음을 마주 웃는다.
> 「자, 그러니 우리는 어디로 가야 옳단 말인가? 그래도 그 동안에 좀 자리가 잡혔을 테지? 이남에서 듣는 말이라야 데마도 많을 거요 일일이 준신할 수 없지마는……」
> 「내 말이 그 말일세. 이북에 앉아서 듣는 말이야 뉘 말이 옳은지 종잡을 수 없지만 그래두 식량 사정만이라두 훨씬 낫다는데 자네만한 수단에 아무렴 되짚어 오다니!」
> 「나 보기엔 이남으로 터가 메이게 기어드는 게 딱해 못 견디겠는데!」[27]

삼팔선은 월북하는 사람들과 월남하는 사람들이 각자 다른 방향으로 넘는 국경선이다. 하지만 그들이 삼팔선을 넘는 원인은 제각각이다. 정한과 진호는 자신들을 "삼팔선 위에나 발을 붙이고 살" 사람들로 구분 지으면서 남이든 북이든 모두 다 마음에 들지 않음을 표출한다. 정한이 남쪽을 선택하는 것은 이남이 좋아서가 아니라 이북이 싫어서이다. 그리고 진호가 북으로 향하는 것은 이념적인 문제와는 별개로 입장이 난처해졌기 때문이다. 좌우익 사이에서 양쪽 모두에게 잘 보이려다가 양쪽에서 모두 인심을 잃었기 때문이다. 진호는 이북으로 넘어가 상황을 파악하고 다시 마음을 정하겠다는 속셈이다. 하지만 그는 결국 신숙을 데리고 다시 월남하는 길을 선택한다. 여기서

---

27) 염상섭, 「재회」, 119.

의 월남 혹은 월북이라는 행위는 '월남'과 '월북'이 상기시키는 그런 강렬한 사상적 지향성과는 다르게 투철한 이데올로기적 성향 같은 것과는 전혀 무관한 행동임이 드러난다.

「삼팔선」에서의 필사적인 월남과 비교했을 때 「재회」에서의 월남이나 월북은 이제 더 이상 필사적이지도, 목적적이지도, 이념적이지도 않다. 월남이나 월북이라는 행위보다는 정보가 차단되고 소식이 통하지 않는 생활의 답답함이 더 문제시되고 있다. 이처럼 해방된 조국을 향한 희망에 부풀었던 귀환의 여정에서 확인하게 되는 것은 연이은 실망과 허무함이었고 최종적으로 목도한 것은 이념에 의한 남북 분단이었다. 「혼란」은 이러한 실망과 실의의 끝자락에 놓이는 작품이었고 이것이 곧 「혼란」이 1949년에 창작된 원인이기도 하다.

염상섭이 해방 공간에서 목도한 것은 이념에 의한 남북 분단이었고 그는 이러한 해방 정국에 「혼란」을 겹쳐 놓고 있는 것이다. 남북 이데올로기의 절충이 절대 불가능했던 것처럼 안동에서의 두 조선인회의 합병도 최종적으로 이루어질 수 없었다. 해방 공간에서의 이러한 세태가 염상섭으로 하여금 안동을 떠올리게 했던 것이고 그것은 '좌' 혹은 '우'의 선택이 아닌, 그렇다고 좌도 우도 아닌 '혼란' 자체였던 것이다.

한편 이와 같은 '혼란'은 조선반도의 상황 그 자체이기도 했다. 해방의 격분이 사그라지고 나니 좌우로 분열되어 나라가 두 동강이 났고 통일을 가장 강렬하게 염원했던 1948년이 가장 큰 실망을 가져다준 해가 되어버렸다. 1948년 4월 29일 설의식, 유진오, 정지용, 김기림, 염상섭 등 문화인 108명이 공동 명의로 남북협상을 성원하는 글[28]을 발표하지만 8월 15일에 대한민국 단독 정부가 수립되었고 통일의

---

28) 「南北協商만이 救國에의 길, 薛義植氏等 108文化人이 支持聲明」, 《獨立新報》 (1948. 4. 29.)

길은 아주 막혀버리고 말았다. 이러한 일련의 부침을 거듭하면서 작가 염상섭은 궁극적으로는 정치에 관한한 회의적인 태도로 돌아서게 된다. 이런 이유에서 염상섭은 「혼란」에서 임회장과 김호진이 조선인회 회장 자리를 두고 다투는 장면을 비로소 한발 물러서서 바라볼 수 있게 되었던 것이다.

「모략」의 창작은 죽을 뻔했던 기억에 근원을 두고 있는 것이었고 이는 염상섭의 '안동의 기억'은 죽음과 관련된 공포의 기억으로 각인되고 있었음을 말해 준다. 하지만 해방 정국을 거치면서 염상섭은 다시금 안동을 호출하고 기존의 공포의 기억이 걷힌 뒤의 「혼란」에서 '안동의 기억'은 비로소 관조적이 되면서 정치적인 것에 대한 회의로 나아간다. '안동의 기억'의 이와 같은 재구성은 사실은 해방기 염상섭의 일련의 실의, 실망과 관련되는 것이었고 그러한 실의와 실망을 안동에서도 겪은 바 있었음이 상기되면서 다시 안동을 호출하게 되었던 것이다. 그렇다면 안동 시절의 실제 염상섭은 어떤 입장이었을까? 그의 안동 시절에 창작된 「우중행로기」를 통해 그 일단을 살펴볼 수 있다.

4. 안동 시절의 염상섭, 중립적 또는 이중적

안동 시절의 염상섭에 대해서는 크게 밝혀진 바가 없다. 앞서 서두에서 밝힌 바와 같이 《만선일보》에 있다가 대동항건설사업으로 자리를 옮겼고 그곳에서 직장 생활을 하였다는 것이 지금까지의 기록이다. 그리고 비록 문필활동을 중단하기는 했지만 여전히 대표적인 재만조선인 작가로 인정받으면서 재만조선인 창작집 『싹트는 대지』와 안수길의 작품집 『북원』의 서문을 썼다는 것이 확인되었다. 그런데 이외에 짧은 수필 「우중행로기」를 『만주조선문예선』에 수록한 것이 발견되었다.

수필집『만주조선문예선』[29]에는 총 15명 저자의 21편[30]의 수필이 수록되었다. 최남선이 4편의 글을 싣고 있으며 그 다음이 신영철(3편), 전몽수(2편), 함석창(2편) 순이다. 안수길, 김조규, 현경준, 박팔양 등을 필두로 해서 당시 만주에서 활약하고 있었던 문인들은 거의 모두 참여하고 있음이 확인된다. 이 수필집은『싹트는 대지』와 자매편으로 함께 기획된 것으로 추정되나 출판 상황은 전혀 달랐다.『싹트는 대지』가 만선일보 편집부에서 정식 책자로 제대로 인쇄된 것이 1941년 11월 11일[31]이었음에 반해『만주조선문예선』은 이보다 며칠 앞선 11월 5일에 간행되었음에도 정식 인쇄를 거치지 못하고 등사판 수제 책자로 제작되었다.『만주조선문예선』에 수록된 글들은 대부분 기행문이거나 향수가 담긴 글들로서 대체적으로 만주를 중심으로 하고 있다.[32] 그런데 이와 같은 글들 중에 유독 독특한 글이 있었으니 바로

---

29) 『만주조선문예선』은 1941년 11월 5일 만주 신경(현 장춘)에서 만들어졌다. 책의 크기는 가로 15cm 세로 21.7cm이고, 분량은 총 97쪽('목차' 제외)이다. 지질은 갱지更紙(시험지)이고, 등사판 위에 기름종이를 놓고 철필鐵筆로 써서 그것을 손으로 등사한 수제手製 책자이다. 발행소는 조선문예사朝鮮文藝社(新京特別市 長春大街 三0四의 B六)로 되어 있고 편자는 신영철이다.(오양호, 「수필집『만주조선문예선』의 서지 사실 세 가지」, 『만주조선문예선』, 역락, 2012, 13.)

30) 수록 순서대로 나열하면 다음과 같다. 1. 玄卿駿, 「봄을 파는 손」, 2. 申瑩澈, 「停車場의 表情」, 3. 古時調: 崔瑩 4. 田蒙秀, 「春心」, 5. 崔南善, 「讀書」, 6. 咸錫彰, 「吉林迎春記 其一」, 7. 咸錫彰, 「吉林迎春記 其二」, 8. 朴錫允, 「安儀周와 顧愷之」, 9. 金福洛, 「大海」, 10. 玄圭煥, 「滿洲의 氣候와 生活」, 11. 崔南善, 「百爵齊 半日」, 12. 田蒙秀, 「前間先生과 나」, 13. 崔南善, 「千山遊記 其一」, 14. 崔南善, 「千山遊記 其二」, 15. 申瑩澈, 「新京片信」, 16. 張起善, 「구름」, 17. 廉想涉, 「雨中行路記」, 18. 安壽吉, 「이웃」, 19. 申彦龍, 「감자의 記憶」, 20. 崔南善, 「事變과 敎育」, 21. 金朝圭, 「白墨塔序章」, 22. 申瑩澈, 「南滿平野의 아침」, 23. 古時調: 月山大君婷, 張炫, 朱義植, 金裕器, 趙明履, 李承輔, 安玟英, 24. 金斗鍾, 「文化史上의 東醫寶鑑」, 25. 朴八陽, 「밤 新京의 印象」.

31) 신영철 편, 『싹트는 대지』, 만선일보사 출판부, 1941.

32) 그 외 최남선崔南善의 「사변事變과 교육敎育」과 같은 중일전쟁을 "성전聖戰"이라 칭하는 정치적인 색채가 농후한 글이 있는가하면 김두종金斗鍾의 「문화사상文化

염상섭의 「우중행로기」였다.

어제ㅅ밤은 찌는 듯 무덥더니 새벽부터 비다.

그러나 發程은 延期하는수업다. 雨期에 들엇스니 延期를 하면 도리어 길이 막힐터이니까말이다. 서울서 먼길이라고는 昨年에 中學校에 入學하는길로 慶州에 修學旅行한것밧게는 이번에 두번째이다. 새벽車를 탄 우리兄弟는 느진아츰에 金泉에 나렷다. 서울비는 金泉에도 왓다. 瀑布와가치 퍼부엇다. 驛頭에나와 가도오도못하고 비에저즌 場거리를 내다보고섯는 小年의 마음은 憂鬱하얏다. 쌈에 배인 몸이 비를 맛기도前에 구중중하얏다.

兄님은 말두匹을 불으고 馬夫를시켜 油衫을 두벌사왓다. 負擔籠싹에 올러안저 油衫을 뒤집어쓰고 氣勢조케 길을 써나긴하얏다.

여긔서 醴泉까지 一百六十里 이틀길에 잔득된다. 그러나 오늘해전으로 八十里를 드러대일지 의문이다. 落鄕하신지 二年만에 가는 觀親의 길이라 마음은 밥벗다.

비는 한결가치 쏘다진다. 길동무가 부러서 六七匹의 말이 行列을 지어가니 마음은 든든하나 서울島슘님의 雨中遠行이라 아모래도 氣分이 辛酸하고 구슬프기만하다. 半日넘어를 물에 쌔진 생쥐가치 되어서 겨우 當到한데가 金泉서 二十里 開寧邑이엇다. 탄사람도 탄사람이거니와 인제는 馬夫가 더는 못가겟다고 엄살이다. 얼마나가서 내가 잇는지는 모르나 이暴雨에 배를 부릴 수 업스니 더가랴야 갈수업다는 것이다.

醬냄새에 脾胃가 거슬려서 끌은배를 채우지도 못하고 石油등잔불미테 우둑허니 안저서 來日갈길 걱정에 어린마음은 한층더 쓸쓸하얏다. 窓밧게 드리치는 비소리를 한속금 더 조아친다. 이러다가는 來日도 물에막혀 써나게될지 모를일이다.

요새가튼 장마철에 주룩주룩 내리는 비소리를 들르며 窓턱미테 멀건히 안젓자니 三十年前 그날이 無心히 머리에 써올라와서 어젯일가치 記憶에 생동생동하고 다시한번 그時節에 도라갈수 업는 것이 그지업시 섭섭하다. 更小年못하다는 것은 더말할것업거니와 부담말에 油衫쓰고 길간다는 그風景이 어제일가튼데 그사이에 三十年이아니라 一世紀나 隔世한 늣김이 잇서 반가우면서도 섭섭한 追憶으로 남어 잇는것이다. 時時刻刻으로 물이부러 조마조마하면서 건너든 洛東江 배안의 노새가 통통거리어 하마터면 水中孤魂이 되엇슬지도 모르든 그洛東江도 이제는 輕便鐵道의 鐵橋를 한다름에 훌적 건너렷다. 文明과 進步는 이러한 追憶과 꿈을 뒷발길로 거더차고 다라난다.

史上의 동의보감東醫寶鑑」, 현구환玄圭煥의 「만주滿洲의 기후氣候와 생활生活」 등과 같이 교육적인 글들도 있다.

여름철이 되면 생각나는 옛生活의 한토막, 다만 文債를 가플쑨이요 滌署의 凉
味업슴이 恨이다.[33]

　길지 않은 글이라 전문을 인용해 본다. 비 오는 날 집에 앉아 밖을
내다보다가 삼십여 년 전 폭우를 무릅쓰고 형과 함께 예천으로 근
행[34]을 갔던 옛 일이 생각났고 "무심히" 떠오른 그 오랜 일이 너무
생생하여 스스로도 놀랄 지경이다. 30여 년 전 기억을 더듬어 엮어내
고 있는 이 짧은 수필은 그야말로 격세지감이 느껴진다.
　무엇보다도 글을 압도하고 있는 것은 짙은 향수이다. 만주 안동에
앉아서 고향을 그리워하는 염상섭의 모습이 짐작이 간다. 근행을 떠
올리게 했던 것은 장마철의 비였고 그것이 향수를 불러일으킨 것이다.
하지만 이러한 향수의 끝에 작가는 "그 낙동강洛東江도 이제는 경편철
도輕便鐵道의 철교鐵橋를 한 다름에 건너렷다"라고 덧붙이면서 문명과
진보의 발전을 언급하는 한편 그런 문명과 진보의 급속함을 지적하는
것 또한 잊지 않는다. 꿈과 향수를 "뒷발길로 거더차고 다라난다"는
문명과 진보 앞에서 그는 덧없는 세월을 쫓고 있는 것이었다. 염상섭
이 이와 같은 문명과 진보의 빠름을 의식하는 데에는 여러 가지 원인
이 존재하겠지만 그중 하나, 당시 그가 머물고 있었던 안동의 건설 상
황이 적지 않게 영향을 미쳤을 것이다.
　염상섭이 안동에 머물고 있었을 때 안동은 한창 건설기에 처해 있
었다. 안동은 만주국의 지방도시건설계획에서 제2도시계획 대상 지역
이었고 본격적인 개발은 1937년 1월 26일 민정부령에 의해 도읍계획

---

33) 염상섭, 「우중행로기」(『만주조선문예선』, 조선문예사, 1941), 『만주조선문예선』,
　　오양호 엮음, 역락, 2012, 72-73.
34) "보성학교普城學校로 옮겨가서(西大門) 졸업(1911. 3.)을 하고 이어 보성중학普城
　　中學에 입학했다. 이때 상섭想涉은 혼자 떨어져 학교에 다니게 되었다. 집안이
　　경상도 의성義城으로 낙향했기 때문이다."(김종균, 『염상섭 연구』, 22.)

「재회」에서는 이러한 이데올로기의 무의미함을 확인한다. 염상섭이 1949년 다시 '안동의 기억'을 소환하고 있는 것은 이러한 정치적인 것에 대한 회의에서 기인하는 것이었고 안동 시절의 수필 「우중행로기」가 보여 주는 안동 시절 염상섭의 정치적인 입장은 「혼란」이 보여 주고 있는 정치적 입장과도 어느 정도 일맥상통하는 부분이 있음을 보여 준다. 이처럼 해방기 염상섭 문학에서 '안동 기억'의 재구성 과정은 해방 공간에서 작가의 내면 변화 과정 그 자체이기도 했지만 다른 한편으로는 안동 시절의 실제 기억과도 연동되어 있는 부분이었음을 보여 준다.

참고문헌

염상섭, 『삼팔선』, 금룡도서주식회사, 1948

염상섭, 『해방의 아들』, 금룡도서주식회사, 1949

염상섭, 『염상섭전집10』, 민음사, 1987

오양호, 『만주조선문예선』, 역락, 2012

한기형·이혜령, 『염상섭 문장 전집 Ⅲ』, 소명출판, 2014

강준만, 『한국 현대사 산책: 1940년대편 1~2』, 인물과사사상사, 2017

김윤식, 『염상섭 연구』, 서울대학교 출판부, 1987

김종균, 『염상섭 연구』, 고려대학교출판부, 1974

越澤明, 『중국의 도시 계획: 만주의 도시론』, 장준호 옮김, 태림문화사, 2000

취샤오판(曲曉范), 『중국 동북 지역 도시사 연구: 근대화와 식민지 경험』, 박
    우 옮김, 진인진, 2016

김승민, 「해방 직후 염상섭 소설에 나타난 만주 체험의 의미: 「혼란」, 「모략」,
    「해방의 아들」을 중심으로」, 『한국근대문학연구』 16, 한국근대문학회,
    2007

김예림, 「'배반'으로서의 국가 혹은 '난민'으로서의 인민: 해방기 귀환의 지정
    학과 귀환자의 정치성」, 『성허학보』 29, 상허학회, 2010

김재용, 「만주국과 남북의 문학: 박팔양과 염상섭을 중심으로」, 『한민족문화
    연구』 67, 한민족문화학회, 2019

김재용, 「분단을 거부한 민족의식: 8.15 직후 염상섭의 활동과 『효풍』의 문학
    사적 의미」, 『국어국문학연구』, 원광대학교 인문과학대학 국어국문학

과, 1999

김재용, 「해방 직후 염상섭과 만주 재현의 정치학」, 『한민족문화연구』 50, 한
　　　민족문화학회, 2015

김종욱, 「언어의 제국으로부터의 귀환: 염상섭의 〈해방의 아들〉」, 『현대문학
　　　의 연구』 35, 한국문학연구학회, 2008

류진희, 「염상섭의 「해방의 아들」과 해방기 민족서사의 젠더」, 『상허학보』
　　　27, 상허학회, 2009

안미영, 「염상섭의 해방직후 소설에서 '민족'을 자각하는 방식과 계기: 1946~
　　　1948년 작품을 중심으로」, 『한국언어문학』 68, 한국언어문학회, 2009

이종호, 「해방기 이동의 정치학: 염상섭의 단편소설을 중심으로」, 『한국문학
　　　연구』 36, 동국대학교 한국문학연구소, 2009

이종호, 「해방기 염상섭과 『경향신문』」, 『구보학보』 21, 구보학회, 2019

이혜령, 「사상지리(ideological Geography)의 형성으로서의 냉전과 검열: 해방
　　　기 염상섭의 이동과 문학을 중심으로」, 『상허학보』 34, 상허학회, 2012

장세진, 「재현의 사각지대 혹은 해방기 '중간파'의 행방: 염상섭의 글쓰기를
　　　중심으로」, 『상허학보』 51, 상허학회, 2017

조남현, 「1948년과 염상섭의 이념적 전향」, 『한국현대문학연구』 61, 한국현
　　　대문학회, 1998

러시아의 극동 지역 인식과 민속학의 문학적 발현*

문준일
원광대학교 동북아시아인문사회연구소 HK교수

1. 머리말

러시아가 자국의 극동 지방에 대한 연구를 시작한지는 비교적 최근의 일이다. 그래서 20세기 전까지 대부분의 극동 지방 연구들은 종합적인 성격을 띠었다. 탐험가들과 학자들은 자신의 탐구를 특정한 분야로 한정짓지 않았고 자신들의 주된 학문적 분야와는 별도로 자신들의 저작이나 보고서에 그들이 수집할 수 있었던 극동 지방에 대한 다양한 정보들, 즉 생물학·지리학·민속학 등의 관련 자료들을 포함시켰다. 그러한 연구의 대표적인 경우가 블라디미르 아르세니예프Влад имир Арсеньев(1872~1930)의 활동이다. 그는 군인으로 극동 지역을 조사하면서 동시에 그 지역 소수 민족의 삶을 연구하였다.[1]

블라디미르 아르세니예프를 정의하는 용어는 너무도 많다. 탐험가, 지리학자, 민속학자, 극동 지역 연구자, 군인 동양학자. 하지만 그의

---

* 이 글은 〈문준일, 「러시아의 극동지역 인식과 아르세니예프의 탐사」, 『러시아학』 19호, 충북대학교 러시아·알타이지역 연구소, 2019〉에 게재된 내용을 수정·보완한 것임.

1) А.А. Хисамутдинов, "«Впервые осветил географию многих мест»: В.К. Арсеньев и его исследования", *Ойкумена. Регионоведчески е исследования*, 3/42, 2017, 36.

지식은 이러한 정의를 훨씬 넘어선다. 2년제 사관학교를 마친 후 그는 거의 독학으로 다방면의 지식을 습득했다. 지리학, 민속학, 지도학, 통계학, 고고학, 지질학, 수문학, 기상학, 박물관학, 지역민족의 풍습 연구 등 그의 지적 호기심이 지식으로 이어지지 않은 부분이 없을 정도로 다양한 학문 분야를 섭렵했다. 심지어는 위에 언급한 학문들과는 일견 멀어 보이는 조류학과 언어학도 공부를 했던 것으로 알려져 있다.[2] 이러한 다방면의 식견은 그의 저작들에서 여실히 보여지고 있다. 그의 주된 관심은 지역 소수민족에 대한 민속학적 연구였는데, 30년에 걸쳐 아르세니예프는 극동의 소수 민족들, 특히 우데게이족에 대한 연구를 진행하였다.

철도 근무자의 아들로 태어난 아르세니예프는 사관학교 졸업 후 폴란드에서 근무하게 된다. 근무시간 이외에는 지리학 서적을 탐독하였다. 그때 그가 애독하던 책들은 쉬네이데르д.И. Шнейдер의 『우리의 극동』(Наш Дальний Восток), 세로쉡스키 B. Серошевский 의 『야쿠트』(Якуты) 등 러시아의 변경에 관한 서적들이었다. 1900년 1월 10일 그는 "본인의 근무를 오지 지역 중 한 곳에서 수행하기를 원하며, 본인을 관동 지역이나 프리아무르 지역에 위치한 부대 중 한 곳으로 전출시키기를 청원 드립니다" 라고 부대장에게 청원서를 제출한다. 그는 책으로 읽은 것들을 극동에서 직접 자기 눈으로 보고 싶었다. 그의 오랜 꿈은 마침내 이루어졌고, 1900년 8월 5일 블라디보스토크에 도착했다.[3]

이후 그는 1900년에서 1930년까지 러시아에서 가장 조사가 되지 않았던 지역들인 연해주 지역Приморье, 아무르 강 연안 지방Приамурье, 캄차카와 오호츠크 연안 지역에서 18번의 조사 탐사를 수행하였다.

2) И.Н. Егорчев, *Неизвестный Арсеньев*, Владивосток: Издательство Дальневосточного университета, 2016, 121.

3) А.А. Хисамутдинов, Указ. соч., 36-37.

20세기 초는 극동 지역에서 여러 국가들이 자신들의 영향력을 확대하고자 여러 국가들의 이해가 충돌하는 힘든 시기였다. 아르세니예프는 몇 명의 병사들과 학자들로 꾸린 탐사단을 이끌고 연해주 지역에서 중요한 탐사를 수행하였고, 사람의 발길이 닿지 않았던 지역들에서 그는 천연자원, 지리학, 민속학, 우수리 지역의 소수 민족의 문화와 전통 연구의 무한한 공간을 발견하였다.[4]

1902~1903년에는 연해주 남쪽의 개별적 지역들에 대한 지형 측량, 지리 조사, 군사통계 조사를 위한 일련의 탐사를 수행하였다. 1906~1907년과 그리고 1908~1910년에는 시호테알린 산맥 지역을 조사하였다. 1912년에는 우수리 지역의 자연과 사람들에 대한 자료를 모은 첫 번째 종합적인 보고서인『우수리 지역의 군사 지리적, 군사 통계적 오체르크』(*Краткий военно-географический и военно-статистический очерк Уссурийского края*)를 출간했다. 1918년에는 캄차카 탐사를 했고, 1923년에는 코만도르스키예 제도 Командорские отрова에 대한 탐사를 수행했다. 1927년에는 소비에츠카야 가반Советская Гавань에서 하바롭스크에 이르는 거대한 탐사를 해냈다. 이러한 탐사를 통해 아르세니예프는 그 지역 소수 민족들인 우데게이족, 타즈족, 오로치족, 나나이족 등의 생활 습관, 풍습, 생산 활동, 종교, 설화 등을 연구했다. 그리고 이후에는 고등교육기관에서 이러한 지식들을 교육하기도 했고, 극동 박물관 설립에 참가하기도 했다.[5]

그리고 그는 위에 언급한 일련의 탐사 여행 후 그 결과물을 보고서뿐만이 아니라 문학의 형태로 출간하였다. 1906년의 탐사 과정의 내

---

4) Е.А. Джанджугазова, "Человек и природа: непостижимость истины. Владимир Арсеньев-Дерсу Узала-Акира Куросава", *Современные проблемы сервиса и туризма*, 8/1, 2014, 6.

5) "Арсеньев Владимир Арсеньев," *Большая советская энциклопедия*. [https://www.litprichal.ru/slovari/enc_sovet/434417.php](검색일 2019. 4. 21.)

용은 『우수리 지역을 따라서』(*По Уссурийскому краю*), 1907년 탐사는 『데르수 우잘라』(*Дерсу Узала*), 1908~1910년의 탐사는 『시호테－알린 산맥에서』(*В горах Сихотэ－Алиня*), 1927년의 탐사는 『타이가를 뚫고서』(*Сквозь тайгу*)에 담기게 된다. 이 중 『데르수 우잘라』는 1906년과 1907년의 탐사 여행을 함께 한 동명의 나나이족 안내자를 주인공으로 한 작품으로 아르세니예프가 세계적으로 알려지게 된 계기가 되었다.

러시아가 자신의 영토를 동쪽으로 확장시키는 과정에서 많은 탐사와 여행이 있었다. 프르제발스키Н.М.Пржевальский, 불라토비치А.К.Булатович, 아르타모노프Л.К.Артамонов, 코즐로프П.К.Козлов 등 많은 학자들이 탐사 후에 글들을 남겼고, 그것들 중 몇몇은 문학적 가치를 가지기도 한다. 하지만 아르세니예프가 그들과 구별되는 지점은 '데르수 우잘라'라고 하는 빛나는 예술적 형상을 창조해 내었다는 것이다. 그 형상의 빛남은 나중에 구로사와 아키라 감독에 의해 영화화 되는 동력으로 이어졌다.[6] 또한 막심 고리키М. Горький가 언급했듯이 "아르세니예프는 자신의 작품 속에서 브렘과 페니모어 쿠퍼를 결합시키는 데 성공했다"고 평가 받는다.[7] 이 언급은 학술적 내용과 함께 독자들을 끌어들이는 문학작품으로서의 흡인력을 동시에 갖추었다는 의미로 읽힌다.

『데르수 우잘라』의 배경이 되는 1907년 탐사에서 아르세니예프는 북위 45도에서 47도 사이의 시호테알린 산맥의 중부지대를 조사한다. 블라디보스토크를 출발하여 지기트만, 테르네이만, 아마고, 시호테알린 산맥, 비킨강 그리고 하바롭스크에 이르는 경로였다. 이 7개월간의 탐사 여행 과정을 그린 『데르수 우잘라』에서 독자들은 연해주 지방의

---

6) Е.А. Чач, "Серебряный век как историко－культурная парадигма на примере творчества В.К. Арсеньева", *Вестник Санкт－Петербургского университета*, Серия 2, История, 4, 2011, 109-110.

7) "Арсеньев Владимир Арсеньев," *Большая советская энциклопедия.*

자연과 식물, 동물계에 대한 자세한 설명, 험난한 탐사의 과정들, 아르세니예프의 극동을 바라보는 관점들을 볼 수 있다. 그리고 아르세니예프는 방관자도, 또 원주민도 아닌 그 묘한 상황에서 최대한 객관적이며 인본주의적인 관점에서 이들을 바라보고자 한다. 바로 식민지를 개척하는 20세기 초반 연해주의 모순들이 『데르수 우잘라』에 표현되어 있다. 아르세니예프의 책이 바로 근대화 과정 연해주를 이해하는 데에 중요한 고전이 되는 이유는 여기에 있다.[8]

2. 러시아의 '동양' 극동 지역

1) 극동러시아

『데르수 우잘라』에서 아르세니예프가 탐사를 진행하는 시호테알린 산맥은 러시아의 연해주 지방과 하바로프스크 지방에 걸쳐 있는 산맥이다. 1907년 탐사에서 아르세니예프는 주로 시호테알린산맥의 중부 쪽을 측량했는데, 지금의 행정구역으로 연해주Приморский край에 해당하는 지역이다.

고고학적 자료에 의하면 연해주에 최초로 살았던 사람들은 고아시아인들과 퉁구스인들이었다. 5~6만 년 전의 구석기 시대에 이주해 온 것으로 생각된다. 나나이, 우데게이, 에벤키 같이 퉁구스어를 사용하는 부족들이 아직도 연해주와 아무르주에 거주하고 있다. 698년부터 936년까지는 발해가 이 지역을 통치하였다. 1115년부터 1234년까지

---

8) 강인욱, 「연해주의 원주민을 바라보는 어느 러시아인의 이야기 -『데르수 우잘라』, 아르세니예프 저」, 『인문사회과학연구』 18/2, 부경대학교 인문사회과학연구소, 2017, 468.

극동 러시아의 남쪽 부분은 보다 강력한 제국인 여진족의 금나라가 지배하였다. 여진족은 퉁구스계의 민족이다. 금나라는 징기스칸의 침입으로 멸망하였다. 몽골 군대는 여진족의 모든 도시와 항구와 선단을 파괴했다. 또한 금나라 인구의 대부분을 살해하거나 노예로 만들었다. 살아남은 사람들은 몽골의 통치를 피해 아무르 강, 오호츠크 해안, 사할린 등의 외딴 곳으로 숨었다. 시간과 함께 이들은 발해와 금나라의 문화적 전통을 잊어버리고 채집, 어로, 수렵 생활로 되돌아갔다. 17세기 러시아가 처음으로 이 땅에 도착했을 때는 원주민들이 소수 거주하고 있을 뿐이었다.[9]

광활한 시베리아 공간을 장악하기 위한 러시아의 노력은 오랜 역사를 거슬러 올라간다. 러시아가 시베리아로 눈을 돌린 것은 모피를 얻기 위한 사냥터로, 다음은 농사와 교역을 위한 터전으로, 마지막으로는 광대한 자원 개발을 위한 처녀지로 인식되면서 구체화되었다.[10] 거대한 암벽처럼 길을 가로막은 우랄산맥을 넘어 16세기 말부터 시베리아 정복을 시작한 러시아는 50여 년 만에 유라시아 동쪽의 오호츠크, 캄차카 등지에 도착했다. 이러한 경이적인 정복 속도는 몇몇 몽골 제국 후신 국가 외에는 시베리아에서 러시아의 침략을 저지할 토착 세력이 거의 없었기 때문에 가능했다.[11]

러시아가 극동의 태평안 연안에 다다른 때는 이미 17세기 중반 미하일 로마노프 통치 때였다. 그리고 1799년 파벨1세 때는 알래스카 지역으로 진출하여 최고도의 동진 정책이 구현되었다. 이처럼 러시아가 진출하는 데 있어서의 난관은 자연적 환경 이외는 그다지 큰 요소가 없었던 것이 사실이었다. 토착민들의 저항은 보잘 것 없었으며, 러

---

9) 한종만 외, 『러시아 우랄·시베리아·극동지역의 이해』, 배재대출판부, 2008, 256.
10) 박태성, 「러시아의 시베리아 식민화 과정」, 『국제지역연구』 7/2, 배재대학교 인문과학연구소, 2003, 140.
11) 김시덕, 『동아시아, 해양과 대륙이 맞서다』, 메디치미디어, 2015, 159.

시아 군사들도 점령군이라기보다는 보호인으로 간주되면서 자연스럽게 이 지역이 러시아의 영역으로 편입되었던 것이다.[12]

1689년에 러시아와 청나라 사이에 맺어진 네르친스크 조약에 따르면, 스타노보이 산맥 이남의 땅은 청나라에 속하는 것으로 되었다. 그러나 19세기 후반 청나라가 약해지면서 러시아는 팽창을 시도하였고, 1858년에는 하바롭스크가 설립되었다. 니콜라이 무라비요프-아무르스키 백작에게 있어서 러시아가 해안 지방을 획득하는 것은 중요한 문제였다. 1858년 아이훈 조약이 체결되고 2년 뒤에 베이징 조약이 체결되었다. 이 조약들에 의해 러시아가 연해주를 차지하게 된 것이다.[13] 그 결과 청나라는 동해에 접한 연안로가 봉쇄된 결과를 초래하였고, 러시아로서는 크림전쟁(1853~1856)의 패배 결과 실추된 국가적 위신을 극동에서 회복하게 되었다.[14]

새롭게 정복한 연해주는 그들에게 미지의 땅이었고 러시아에게 남은 문제는 그 지역의 개발이었다. 연해주에 1859년부터 1882년 사이에 95개의 정착지가 건설되었다. 블라디보스토크와 우수리스크도 이 시기에 건설되었다. 1905년에는 시베리아 횡단철도가 블라디보스토크에서 우랄산맥 아래의 첼랴빈스크까지 개통되었다. 이를 통하여 러시아인들이 이곳으로 이주해 왔다. 또한 한국, 중국과 일본에서 건너온 이민이나 취업자도 상당수 거주했다.[15] 하지만 러시아인이 시베리아에 발을 들여놓은 16세기 말엽 이전에도, 시베리아는 소위 말하는 '신세계'가 아니었다. 그 이전에도 시베리아에는 사람들이 거주했다. 러시아의 정복 이전에, 30여 민족 25만 명 가량이 살고 있었다. 몽고

---

12) 황영삼, 「시베리아 철도부설과 제정러시아의 東아시아 정책」, 『슬라브연구』 16/2, 한국외국어대학교 외국학종합연구센터 러시아연구소, 2000, 114.

13) 한종만 외, 『러시아 우랄-시베리아·극동지역의 이해』, 256-257.

14) 황영삼, 『시베리아 철도부설과 제정러시아의 東아시아 정책』, 114.

15) 한종만 외, 『러시아 우랄-시베리아·극동지역의 이해』, 256-257.

어, 튀르크어, 핀위구르어 계열의 언어를 쓰는 민족들이 있었고, 나머지 인류가 쓰는 언어와는 언어학적 연관성이 전혀 없는 언어를 쓰는 사람들도 있었다. 그들은 눈앞에 펼쳐진 드넓은 지평선 너머에서 세력을 넓혀 오는 세상에 대해서는 전혀 모른 채 자신들을 '바다 사람들', '숲 사람들' 또는 그냥 '사람들' 이라고 불렀다.[16] 포사이스가 지적했듯이 아무르 강과 우수리 강 지역이 러시아에 합병될 무렵 그 지역에는 나나이, 울치, 니브흐, 우데게족 등 상당히 많은 원주민이 살고 있었다. 『데르수 우잘라』에서 아르세니예프가 탐사의 과정에서 만나는 원주민들은 나나이족, 우데게이족, 타즈족 등이다.

2) 연해주 지방의 소수 민족들

(1) 나나이족

아르세니예프는 소설의 동명 주인공인 데르수 우잘라와 1906년 8월 3일 저녁 리푸진 고개 근처의 타두쉬 강 상류에서 운명적인 만남을 가지게 된다. 그 만남의 장면은 다음과 같이 기록되어 있다.

> "이름이 뭐요?" 누군가가 골디인에게 물었다.
> "이름은 데르수, 성은 우잘라." 그가 대답했다.
> "데르수 우잘라?" 아르세니예프가 되물었다. "러시아어로 어떻게 옮길 수 있소? 무슨 뜻이오?"
> 사냥꾼은 곰곰이 생각하더니, 아까와 똑같이 자랑스럽게 이야기했다
> "내 생각했다. 이건 아무 뜻도 없다. 그냥 이름이고 성이다."[17]

---

16) 안나 레이드, 『샤먼의 코트』, 윤철희 옮김, 미다스북스, 2003, 11.
17) А.А. Хисамутдинов, *Мне сопутствовала счастливая звезда... (Владимир Клавдиевич Арсеньев 1872-1930 гг.)* (Владивосток: Дальнаука, 2005).[https://e-libra.ru/read/332117-mne-soputstvovala-schastlivaya-zvezda-vladimir-klavdievich-arsen-ev-1872-1930gg.html](검색일 2019. 4. 19.)

이 장면에서 데르수 우잘라는 종족명인 골디인гольды으로 처음에 지칭되고 있다. 골디는 나나이족нанай 의 옛 이름이다. 나나이족은 주로 아무르 강 유역에 거주하는 만주 퉁구스 어족에 속하는 민족이다. '나나이'라는 종족명은 '이 지역에 사는 사람들'이라는 뜻으로, '나на'는 '지역의'라는 의미이고, '나이най'는 '사람들'이라는 의미를 가진다. 몇몇 지역적 그룹들에서 자신들을 지칭하는 다른 이름으로는 킬레киле, 아카니акани, 헤데나이хэденай 등이 있다.[18] 연해주 지역의 오래된 세대들을 아직도 자신들을 골디라고 지칭한다.[19] 아르세니예프도 작품 속에서 데르수를 종족명으로 '골디'라고 독자들에게 호칭하는 경우가 많다.

나나이는 아무르 강 중류 지역에서 가장 인구가 많은 종족으로 이들의 영토는 아무르 강 하구에서 상류 쪽으로 약 400km 올라간 지점부터 시작해서 아무르 강과 그 지류들인 우수리 강과 숭가리 강의 강둑을 따라 남서쪽으로 800km에 걸쳐 뻗어 있었다. 이 지역의 다른 원주민들과 마찬가지로 현지인이란 뜻의 '나나이'라는 호칭만 갖고 있을 뿐 민족이나 국가의 개념도, 이름도 갖고 있지 않았다. 나나이족은 어로와 사슴, 순록, 야생돼지, 곰 등의 사냥을 같이 했으며, 돼지나 닭 같은 가축을 기르고 기장과 옥수수 같은 작물들을 어느 정도 경작했

---

18) 국내 시베리아 소수 민족 연구자인 엄순천은 나나이족 지역별 그룹들의 이름인 킬레, 아카니, 사마기르Самагир를 나나이족에 편입된 에벤키족 씨족명으로 추정한다. 다른 한편으로는 포사이스의 기술에 의하면 강 하류의 나나이족들은 상류 쪽 멀리 사는 나나이족을 골디라고 불렀고, 반대로 골디족은 하류에 사는 사촌들을 헤제나이 라고 불렀다고 한다. (엄순천, 「나나이어(허저어)의 문법·형태적 특징 분석」, 『러시아학』 15, 충북대학교 러시아 알타이지역 연구소 2017, 2 ; 제임스 포사이스, 『시베리아 원주민의 역사』, 정재겸 옮김, 솔출판사, 2009, 221)
19) В.А. Тураев и др, *Энциклопедия коренных малочисленных народов Севера, Сибири и Дальнего Востока Росийской Федерации.* М.: Россия, 2005, 126.

다. 다른 아무르 강 원주민들처럼 나나이족도 숲, 강, 산, 불 등의 지배 정령들을 숭배하였고, 곰 숭배 역시 그들 종교의 한 요소였다. 하지만 그보다 더 무서운 포식자인 호랑이의 활동권 안에서 살아왔던 나나이족은 우데게족 및 오로치족과 마찬가지로 호랑이를 더 커다란 존경심을 가지고 대했으며, 가능한 이 성스러운 동물을 죽이는 것을 피했다.[20]

1860년 베이징 조약으로 아무르 강과 우수리 강을 경계로 러시아와 중국의 국경이 확립되자 나나이족은 러시아에 거주하는 그룹과 중국에 거주하는 그룹으로 분리되었고 전자는 나나이족, 후자는 허저족赫哲으로 불리게 되었다. 1860년 러시아 행정 당국이 조사한 바에 의하면 러시아에 거주하는 나나이족은 모두 5,345명인데 아무르 강을 따라 하바롭스크부터 소피스크 마을에 걸쳐 거주하며 우수리 강과 그 지류에도 일부가 거주했다. 2010년 러시아 정부의 통계에 의하면 러시아의 나나이족은 11,671명인데 대략 92.3%인 10,771명이 하바롭스크 주에 거주하고 387명은 연해주, 137명은 사할린 섬에 거주하는데 사할린 나나이족은 아무르 강에서 이주한 그룹이다.[21]

나나이족 성인 남성들은 발자취로 추적하는 데 능히 훌륭한 사냥꾼들이다. 이런 능력은 어린 시절부터 교육받은 결과이다. 나나이족 아이들은 세 살 정도부터 부모를 도우기 시작하는데 남자아이가 여덟 살이 되면 사냥을 하거나 물고기를 잡을 때 항상 데리고 다닌다. 무엇보다 타이가에서 살아남는 기술을 먼저 가르치는데, 움막을 만들고 장작을 장만하고 모닥불을 피우고 음식을 만드는 법 등을 배운다. 그런 다음에 소년은 덫을 만들고 설치하는 사냥의 비법들을 배운다. 14~15살이 되면 자신의 총을 가지게 되는데 무리를 이루어 사냥을 나가도 어른들과 똑같이 사냥을 하게 된다. 나나이족에게는 미래의 사

20) 제임스 포사이스, 『시베리아 원주민의 역사』, 221.
21) 엄순천, 「나나이어(허저어)의 문법·형태적 특징 분석」, 1-2.

냥꾼을 강하고 용맹하게 기르기 위해 고안된 특별한 놀이들이 있는데 그 중 제일 인기 있는 것은 막대를 가지고 싸움을 하는 '두메치думэчи' 이다. 민속학자인 셈Ю.А.Сем이 이 고대의 놀이를 묘사한 바에 따르면 다음과 같다. 두 소년이 이 놀이를 위해 특별히 고안된 나무막대를 든다. 그 막대는 긴 것도 있고 짧은 것도 있는데 긴 것은 중간을 쥐고 짧은 것은 끝을 잡는다. 소년들은 순서대로 서로에게 공격을 하고 맞받아친다. 사람들은 큰소리로 두 전사들을 격려하고 직접적인 공격을 더 많이 가한 소년이 승리하게 된다.[22]

이러한 강인한 사냥꾼으로서의 나나이족의 특징들은 데르수 우잘라에게서 고스란히 드러나고 있다. 아르세니예프와 함께한 탐사에서 그는 자연의 신호로 기상을 예측하고, 숲속 길에 남겨진 흔적만으로도 흔적을 남긴 동물이나 사람들의 행동거지를 알아낸다. 숙영지에서는 항상 장작을 준비하고 모닥불을 피우고 또 그 불을 밤새 지키는 등 타이가의 숲에서 생존에 필수적인 자질들을 독자들에게 보여주고 있다.

(2) 우데게이족

『데르수 우잘라』에서 화자인 아르세니예프가 탐사 중에 가장 많이 만나는 종족은 우데게이족удэгейцы이다. 그럴 수밖에 없는 것이 작품 속 아르세니예프의 탐사 장소인 시호테알린 산맥 주변이 우데게이 족들의 주 거주 지역이기 때문이다.

우데게인족은 앞서 말한 나나이족과 함께 만주 퉁구스 어족에 속한다. 19세기 말까지 러시아와 서구 연구자들은 우데게이족과 오로치족орочи을 구분하지 않고 같은 민족으로 여겼다. 처음으로 우데게이

---

22) М.М. Бронштейн и др. (ред) *Народы России. Праздники, обычаи, обряды.* М.: РОСМЭН, 2008, 92-94.

족을 독립된 민족으로 본 연구자는 브라일롭스키 C.H. Браиловский 였다. 그는 처음으로 민족 명칭으로 우지헤 удихэ, 우데에 удээ, 우데헤 удэхэ를 도입했고, 이 명칭은 1930년대에 이미 스스로를 지칭하는 공식적 민족 명칭이 되었다. 그 이전에 이 민족의 공통적인 명칭은 없었다. 각 지역적 그룹들은 자신들을 호칭하는 이름들이 있는데, 훈가리 Хунгари 강 지역 우데게인족은 훈가케 хунгакэ, 비킨 Бикин 강 유역 우데게이인족들은 비킨카 бикинка, 아뉴이 Анюй 강 유역 우데게이족은 우닌카 унинка로 각각 자신들을 호칭한다. 역사 문헌이나 민속학 문헌들에서 우데게이족들은 또한 캬카 кяка, 게칼 кэкал, 우다하 удаха, 오로첸 орочены 등의 명칭으로도 알려져 있다.[23]

이 고대 민족의 명칭은 "숲의 사람들"로 번역될 수 있는데, 예로부터 극동의 타이가 밀림 지역에서 살아왔다. 오늘날 러시아 지역에 거주하는 우데게이족은 1,500명이 약간 넘는 것으로 추산되는데 대부분 하바롭스크주와 연해주의 타이가 지역에 위치한 마을들에서 살고 있다.[24]

20세기 초, 아르세니예프가 탐사를 하던 당시 우데게이족은 시호테알린 산맥 양 사면의 광범위한 지역에 거주하고 있었다. 동쪽으로는 보트치 Ботчи 강과 타케마 강 사이 지역이 있는 동해에까지 이르고 서쪽으로는 우수리 강의 오른편 지류들(호르 강, 비킨 강, 볼샤야 우수르카 강)의 중류 부근까지 달한다. 우데게인족들은 또한 자신들이 살고 있는 주 거주 지역의 북쪽과 북서쪽인 아무르 강의 지류들인 아뉴이 강, 훈가리 강, 우르미 강 유역에도 거주하고 있다. 아르세니예프가 1926년 출간한 『숲의 사람들, 우데게이족』(*Лесные люди —удэхейцы*)에 기록한 바에 따르면 우데게이족은 시호테알린 산악 지방의 중앙 지역을 차지하고 있으며, 그들의 숫자는 약 1,700명 정도 된다고 적고 있다.[25]

---

23) В.А.Тураев и др., Указ. соч., 293.
24) М.М. Бронштейн и др. (ред) Указ. соч., 90.

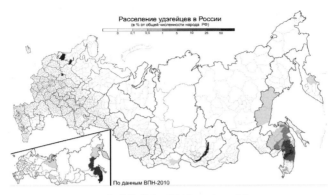

▲ 우데게이족 인구분포도(2010년)

　모든 만주 퉁구스족 원주민들 중에서 시호테알린 산맥과 태평양 연안의 우데게족은 19세기까지 세상에서 가장 격리된 채 살아온 사람들이었다. 근본적으로 사냥꾼인 이들은 다른 아무르 강 유역 원주민들보다 이동성이 더 강하다. 이들은 여름에는 나무껍질을 덮은 오두막이나 천막에서 살고, 겨울에는 같은 양식이지만 좀 더 튼튼한 구조의 집에서 살면서 개별 가족 단위로 숲을 돌아다녔다.[26]

　우데게이인들의 주요 생산 활동은 사냥과 어업인데 지역에 따라 다르긴 하지만 사냥이 주된 활동이다. 타타르 만으로 흘러드는 훈가리 강과 아뉴이 강 근처에 사는 우데게이인들은 연어와 다른 종류의 물고기를 잡는 어업이 주된 경제 활동인데, 해안을 따라 방죽을 쳐서 물고기를 잡는다. 아무르 강 지류에 거주하는 우데게이인들은 나나이식 그물인 치쟌чидян을 이용한다. 우수리 강 지류에 사는 우데게이인들은 다른 생업을 가지고 있는데, 그들은 인삼을 재배하거나 녹용을

25) В.К. Арсеньев, "Быт Удэхей цев", *Народы Край него Севера и Д альнего Востока России в трудах исследователей (XX в.).* М.: Се верные просторы, 2002, 44.

26) 제임스 포사이스, 『시베리아 원주민의 역사』, 220.

수집한다. 19세기에는 중국인들에게 이것들을 팔았는데, 천이나 밀가루, 장신구 등과 교환하기도 했다.

타이가의 동물 종류는 매우 풍부해서 우데게인들은 각각 매우 훌륭한 사냥꾼들이다. 그들은 타이가 동물들의 습성을 매우 상세하게 알고 있기 때문에 짐승이 남긴 흔적이나 나무껍질에 긁은 자국, 풀이 눌린 흔적, 심지어 냄새로도 짐승이 움직인 방향, 나이나 암수를 구별할 수 있다고 한다. 근처이건 먼 곳이건 지리에 매우 밝고, 도보로 2,300km를 다니는 것은 그들에게 일상적인 일이다.[27]

아르세니예프 자신도 일련의 탐사 여행을 통하여 많은 우데게이인들을 알고 있었고, 그가 최고의 노력을 기울여 쓴 저작도『우데게이의 나라Страна Удэге』였다. 하지만 이 원고는 아르세니예프 사후에 일어난 여러 비방과 격하 운동 과정에서 소실되어 지금도 찾지 못하고 있다.

3. 『데르수 우잘라』와 소수 민족의 세계관

1)『데르수 우잘라』의 장르 문제

『데르수 우잘라』는 매우 독특한 장르의 문학작품이다. 이에 대해서는 여러 연구자들의 의견이 일치하는 것 같다. 강인욱은 "회고록 같으면서도 소설이며, 또 탐사기록"인 이 작품의 장르 혼종성을 혼돈의 한가운데 있었던 연해주의 당시 상황과 연결시킨다.[28] 정태언도 마찬

---

27) В.А. Тишков (ред) *Народы России: энциклопедия*. М.: Большая Р оссийская энциклопедия, 1994, с. 353.; М.М. Бронштейн и др. (р ед), Указ. соч., 90.

28) 강인욱, 「연해주의 원주민을 바라보는 어느 러시아인의 이야기 -『데르수 우잘라』, 아르세니예프 저」, 466.

가지로『데르수 우잘라』가 독특한 장르의 문학작품이라는 것을 언급하면서, 러시아에서 사용되는 '학술적 문학작품 научно-художественное произведение'이라는 용어에 주목한다. 학술적 글쓰기와 예술적 글쓰기가 혼합된 글을 정의하는 이 러시아식 용어에서 독특한 종류의 장르 혼합을 지적하면서, "탐험기, 답사기 형식을 띠는 동시에 소설적 요소를 지닌 문학작품으로서도 평가를 받는 독특한 장르적 특성을 띤 저작"으로 정의한다.[29]

김철균은 아르세니예프가 썼던 작품들,『우수리 지역을 따라서』,『데르수 우잘라』,『시호테알린 산맥에서』를 여행기로 규정하면서, "이 여행기들은 매우 독특한 장르적 시도로서 다양한 자료와 사유, 이야깃거리를 담고 있다. 이 작품들에는 탐사 지역에 대한 지질학적, 생물학적, 인류학적 정보가 제시되는 것은 물론이고 다양한 모험과 진기한 이야기들이 펼쳐진다"고 언급하면서,『데르수 우잘라』는 이 가운데서도 장르적으로 가장 특이한 작품으로서, 문학적 서사(내러티브)가 다른 작품들에 비해 훨씬 더 두드러지며, 사색의 깊이 또한 다른 작품들을 앞선다고 평가한다. 그는『데르수 우잘라』가 다양한 담론들이 어우러지는 혼합장르의 성격을 가지고 있으며, 이 작품을 장르 본래의 차원에서 르포와 소설의 결합으로, 즉 르포의 소재(논픽션)와 소설의 형식(서사 방식)이 결합된 형식이라고 본다. 그래서 작가는 논픽션을 바탕으로 소설적 서사를 만들어내고 있으며, 그에 따라 독자는 소설적 방식으로 논픽션을 읽게 된다고 말한다. 그리고 이 작품이 흥미를 불러일으키는 이유, 모험소설을 연상시키는 여러 가지 요소들 때문으로 보고 있다.[30] 앞의 언급은 고리키가 말한 "브렘과 페니모어

---

29) 정태언,「아르세니예프의『데르수 우잘라』연구－1900년대 초의 극동지방의 상황과 원주민들의 정신문화」,『한국시베리아연구』17/1, 배재대학교 한국－시베리아 센터, 2013, 1-3.

30) 김철균,「러시아 연해주의 자연과 사람 이야기」,『동북아 문화연구』21, 동북

쿠퍼의 결합"과 같은 맥락으로 이해되며, 『데르수 우잘라』가 가지고 있는 예술작품으로서의 흡인력의 원인을 문학적 구조의 측면에서 적절하게 지적하고 있다.

러시아 연구자인 차츠E.A. Чач도 아르세니예프는 작가로서 매우 독특한 현상이라고 정의한다. 아르세니예프의 '학술적 문학작품들научно-художественное произведение'[31])을 온전히 정의하는 정확한 장르를 지난 20세기 동안 찾지 못했으며, 그동안의 노력들을 나열해 보면 다음과 같다. "책들"[32]), "문학적 탐사르포", "르포 서적", "여행르포", "소설", "학술적 문학 산문", "지리학 산문" 등등. 이렇듯 다양한 장르 규정 시도가 있었지만, 러시아의 아르세니예프 연구자들 사이에서 어느 정도 일치되는 의견은 『우수리지역을 따라서』, 『데르수 우잘라』 같은 작품은 절대로 '탐사일지путевой дневник'가 아니라는 것이다. 이 작품들에서는 부분적으로 사건들의 시간 순서가 훼손되어 있는데 이것은 데르수 우잘라의 형상을 만들기 위한 의도적인 것으로 연구자들은 보고 있다.[33]) 이것은 학술적 요소와 문학적 요소가 결합된 독특한 작품인 『데르수 우잘라』에서 문학적 요소가 결국 조금 더 우위를 점하고 있다는 것을, 다르게 말하면 데르수 우잘라의 예술적 형상에

아시아 문화학회, 2009, 623-625.

31) 그의 작품은 러시아에서 "학술적 문학작품научно-художественное произведение"으로 명칭된다. 문학작품이지만 학술적 성격을 다분히 가지고 있다는 뜻이다. 실제로 『데르수 우잘라』에는 탐사 지역의 다양한 식물과 동물, 지리, 지질 그리고 그 지역 소수 민족에 대한 인류학적 기록까지 볼 수 있어서 마치 소설 속에서 위에 언급한 해당 학문들의 보고서를 읽는 듯한 느낌을 받는다. 러시아 용어인 "научно-художественное произведение"를 정태언은 자신의 논문에서 "학술적 문학작품"으로 번역하여 사용하였다. 이 논문에서는 정태언의 번역을 그대로 차용하였다.

32) 아르세니예프 자신은 자신의 작품들을 이렇게 불렀다고 한다.

33) Е.А. Чач, Указ. соч., 111.

초점이 맞추어져 있다는 것을 의미한다고 말할 수 있다. 사실 작품 『데르수 우잘라』에서 가장 뛰어난 문학적 성취는 데르수 우잘라의 예술적 형상으로 보인다. 하지만 데르수 우잘라의 형상에는 아르세니예프와 함께 동행했던 한 원주민 길안내자의 모습만이 아니라, 그 지역 소수 민족들의 삶과 자연에 대한 태도, 세계관의 원형이 녹아들어있다. 데르수의 형상 속에서 볼 수 있는 자연 속 그들의 삶의 태도와 세계관을 살펴보기로 하자.

2) 자연 속의 삶과 윤리

아르세니예프의 작품을 읽으면서 사실 가장 먼저 눈에 들어오는 점은 다방면으로 뛰어난 그의 자연과학 지식이 아니라 자연에 대한 서정적 묘사이다. 이런 묘사들로 인해 『데르수 우잘라』는 단순한 탐사기록이 아니라 예술적 성취를 이룬 예술 텍스트로서의 자질을 가지게 된다.

> 저녁 늦게 다시 안개가 피어올랐다. 어두워질수록 안개는 점점 더 짙어졌고, 강 건너편의 중국인 마을도 안개 속에 파묻혔다. 안개는 늘 지상에 정적을 몰고 온다. 어두운 밤에 안개의 정적을 깨뜨리는 것은 젖은 나뭇잎에서 떨어지는 물방울 소리뿐이었다. (3:56)[34]

> 어느새 크룬베 강변에 닿았다. 근처 돌 위에 걸터앉아 밤의 소리에 조용히 젖어들었다. 끝없이 펼쳐진 대양과 잠든 대지, 별들이 깜박이는 어두운 밤하늘……. 이 모든 것이 나에게는 장중한 느낌으로 다가왔다. (11:175)

> 시호테 알린의 밤은 너무나 아름다웠다. 오히려 어둠을 통해 낮에 보지 못한 세계를 만났다. 하늘을 가득 메운 별들의 속삭임이 끝없이 들려오는 듯했다. 그

---

34) 본 논문 속의 『데르수 우잘라』 인용은 다음의 판본을 따랐다. 블라지미르 아르세니예프, 『데르수 우잘라』 김욱 옮김, 갈라파고스, 2005. 괄호 속에 기입된 두 숫자는 각 장과 쪽수이다.

순간이 바로 평안이었다. 나는 그리스도의 가르침이 그리 멀지 않은 곳에 있다
는 사실을 깨달았다. (21:318)

하지만 또 다른 의미로 작품 속에서 묘사되는 자연은 인간의 힘과
는 비교할 수 없는 측정할 수 없는 자연력의 공간이다. 아르세니예프
연구가인 야로츠카야 Ю.А. Яроцкая가 언급하듯이 아르세니예프의 작품
에서는 도움의 모티브, 목숨을 구해주는 모티브가 자주 발견된다. 그
리고 그 모티브는 자연의 무심함, 엄혹함과 자주 연결된다.

아르세니예프는 인간 생명의 연약함과 타이가에서 한 사람이 다른
사람에게 어떤 의미를 가지는지 강조하고 있다. 타이가에서는 목숨을
잃을 위험이 매우 크고, 주위에 사람은 드물다. 그리고 도움을 줄 사
람은 더욱더 드물다. 왜냐하면 다른 사람을 돕는다는 것은 자신의 이
해를 일정 부분 포기한다는 것이고, 타이가에선 자신의 목숨이 위험
해 질 수도 있는 것이기 때문이다. 하지만 이 작품에서 데르수는 몇
번이고 아르세니예프의 목숨을 구해 주고, 또 곤경에서 벗어나게 해
준다. 사실 시베리아 소수 민족들은 혹독한 환경의 타이가에서 사심
없이 사람을 돕는 것을 올바르고 당연한 행동으로 생각한다. 그러
지 않을 경우에는 그들 사회가 유지되는 규칙을 어기는 것으로 생각
한다.35) 이와 관련하여 작품 속에서 데르수의 행동 하나를 살펴보기
로 하자.

"어디 가려고?" 내가 물었다.
"사냥." 데르수는 언제나 그렇듯 짧은 러시아 말로 대꾸했다. "사슴 쏜다. 그
사람 도와줘. 그 사람 아이 많아. 하나, 둘······. 여섯 개야." (2:29)

---

35) Ю.А. Яроцкая, "Мотив помощи и образы помощников в текстах В.
К. Арсеньева", *Ой кумена. Регионоведческие исследования*, 3/42,
2017, 66.

오전 10시경, 데르수가 사슴을 싣고 왔다. 그는 사슴고기를 세 덩어리로 나눠 한 덩어리는 병사들에게, 또 한 덩어리는 구 신도들에게, 그리고 나머지 한 덩어리는 근처 오두막에 사는 중국인들에게 주었다. 그러자 병사들이 불만이었다.

하지만 데르수의 태도는 분명했다.

"나 그렇게 안 해……. 중국인도 먹는다. 혼자 먹으면 나빠. 혼자 먹으면 다음에 사슴 못 잡아."

이런 원시적 공산 관념이 언제나 그의 행위를 규정하는 것 같았다. 민족이나 종교에 상관없이 그는 항상 사냥해온 것을 이웃과 똑같이 나눠가졌다. 내가 아는 한, 여태껏 단 한 번도 독차지한 적이 없었다. (2:30)

데르수는 탐사를 시작한 직후 지기트 만에서 예전부터 잘 알던 구교도 신자 가족을 만난다. 그들을 도와주기 위해 데르수는 기꺼이 사냥을 나서고, 잡은 사슴고기를 세 등분하여 주위에 살고 있던 중국인에게까지 나누어 준다. 이 관습은 '니마트 нимат'이다. 니마트는 퉁구스족의 관습인데 에벤족에게서 자주 언급된다. 니마트는 사냥꾼이 사냥을 해서 짐승을 잡으면 반드시 자기 마을의 친족이나 이웃에게 나누어주는 관습이다. 이렇게 사냥한 짐승을 서로 나누는 관습인 니마트는 타이가의 삶에서 매우 중요한 역할을 하였다. 사냥꾼은 유럽큰사슴이나 사슴을 잡으면 가죽과 머리는 자신이 갖고 나머지는 이웃이나 친척, 노인과 과부들과 함께 나누어야 한다. 물고기이건 새 종류이건 특히 짐승이면 예외 없이 모두 적용되었다. 심지어는 에벤족에게는 매우 귀한 것으로 돈처럼 여겨지는 짐승 털가죽도 다른 이들과 나누었다. 만일 두 명의 사냥꾼이 함께 다람쥐나 담비, 여우 사냥을 하게 되면 그들 각자가 획득한 짐승들 중 가장 귀한 것을 서로에게 준다. 니마트는 같은 부족 내에서만 지켜지는 관습이 아니라 다른 부족 사람이라도 주위에 있다면 적용된다. 타이가에서 주위에 있는 사람과 먹을 것을 나누지 않는 것은 그 사람을 죽을 운명으로 내모는 것이기 때문이다. 그리고 니마트는 사냥으로 획득하는 짐승의 수가 항상 일정하지 않은 가혹한 북쪽의 생활 조건에서 생존하는 것을 도와주고

이웃과의 우호적인 관계를 수립하게 한다.[36]

　이러한 우호적 관계는 서로에 대한 신뢰를 기본으로 한다. 작품 초반기에 데르수가 당했던 사기는 이 맥락에서 매우 상징적이다. 그는 아누치노에서 우연히 알게 된 어느 사업가에게 바쿠 강에서 검은 담비를 잡아 돈을 벌었다는 이야기를 했다. 그 사업가는 데르수를 술집으로 데려가 취하도록 술을 마시게 하고는 그 돈을 자기가 보관해 주겠다고 하였다. 천성이 남을 의심할 줄 모르는 데르수는 새 친구와의 우정을 기념하기 위해 이 제안에 순순히 응했고, 이튿날 잠에서 깬 데르수는 그 친구가 돈을 가지고 사라진 것을 알았다. 데르수는 새 친구가 왜 그런 짓을 했는지 이해할 수가 없었다. 그의 종족에서는 어떤 경우에도 친구가 사냥한 모피나 돈을 훔치는 일이 없었기 때문이다. 타이가의 혹독한 조건에서 서로가 서로를 돕지 않으면 살 수 없는 '자연의 윤리'에 익숙한 데르수에게 빈틈을 노려 돈을 훔치는 '문명의 이빨'은 익숙하지 않다.

　마찬가지로 당시 연해주 지역의 원주민 상황은 그들이 이제껏 살아왔던 자연의 윤리와 규칙으로는 더 이상 버틸 수 없는 지경이었다. 작품 속에서 탐사 기간 내내 아르세니예프를 아프게 한 것은 러시아인과 중국인들 사이에서 착취당하는 우데게이족의 모습이었다.

　19세기 하반기경 아무르 강과 우수리 강의 원주민들은 자신들이 '망치와 모루 사이에 끼인 존재'가 되었다는 것을 알았다. 북쪽에서 온 러시아인들은 물고기 잡이 터전에서 나나이족을 남쪽으로 쫓아냈으며, 남쪽에서 침입해 온 중국인들은 우수리 강과 시호테알린 지역에 자리를 잡고 나나이족을 북쪽의 아무르 강 계곡으로 밀어냈다. 중

---

36) М.М. Бронштей н и др. Указ. соч., с. 80.; В.А. Тишков и др. (ред.) *Народ России: Атлас культур и религий*. М.: ИПЦ Дизай н. Инф ормация. Картография, 2008, 121.

국 이주민들은 순진한 원주민을 속여 착취하는 데 능하였다. 그 결과 많은 우데게족 사람들이 술과 아편을 구하기 위해 다음 해에 잡을 사냥감을 미리 저당 잡히는 채무 계약을 중국 상인들과 맺게 되는 경우가 종종 있었다. 이렇게 노예 상태로 있다 사냥을 포기하고 중국인 농장에서 겨우 연명하며 혹사당하는 처지가 되기도 했다. 러시아의 시베리아에서 이런 식으로 개인의 자유를 잃어버린 불행한 원주민을 위한 구제책은 전혀 없었으며, 무자비한 착취 과정의 마지막 단계는 채권자인 중국인들이 채무자인 나나이족이나 우데게족의 아내와 딸들을 잡아서 첩으로 삼거나 다른 사람들에게 팔았다. 많은 중국인 이주자들이 홍호자 같은 도적 집단들과 연계된 범법자들이었으므로 이들은 원주민이 말을 듣지 않으면 혹독한 징벌을 가했다.[37]

이웃에 대한 사심 없는 도움과 함께 주목을 끄는 장면은 데르수가 다른 종교를 대하는 태도이다. 아르세니예프와 함께 탐사를 했던 보르다코프П.П. Бордаков가 기록한 바에 따르면 데르수는 매우 종교적이어서 어떤 우상도 지나치는 법이 없었고, 항상 그 앞에서 기도를 올리거나 우상의 목에 천 조각 하나라도 둘러주곤 했다고 한다. 그 종교적 형상이 골디인의 것이었던 오로촌, 중국의 것이었던 상관없었다. "모든 것의 신은 하나이다" 라고 데르수는 말했다고 한다. 이와 관련되어 아르세니예프가 기록한 다른 에피소드는 다음과 같다.

> 우리는 잠시 멈춰 쉬었다. 데르수는 총을 나무에 세워놓더니 종교 형상 앞으로 다가가더니 그 앞에서 무릎을 꿇고 두 번 땅에 엎드려 절을 하였다. 나는 그가 중국의 신상 앞에서 기도하는 것을 보고 놀랐다.
> "데르수!" 나는 그에게 물었다. "무슨 기도를 한거야? 이건 중국신이잖아?"
> "대장, 괜찮아." 그가 대답했다. "어떤 신이든, 당신 신이건 우리 신이건 중국 신이건, 어쨌든 신은 하나야. 세 가지 신은 없어."[38]

37) 제임스 포사이스, 『시베리아 원주민의 역사』, 225-226.

러시아의 극동 지역 인식과 민속학의 문학적 발현 문준일 197

데르수는 러시아인들의 기독교를 이해할 능력이 없지만 그들의 신을 배격하지 않는다. 다른 종교와 다른 이들의 신에 대한 관용은 데르수로 대표되는 소수 민족들의 특징이다. 자연 속에서 자연의 법칙에 따라 자연과 교감하며 살고 있는 데르수에게 모든 것은 동등하고 조화로울 뿐인 것이다. 오히려 유럽인이라는 자만심으로 가득 찬 아르세니예프에게서 자신감에 찬 서구인들의 전통적인 미개인관의 표현들을 여러 차례 볼 수 있다. 데르수의 자연을 대하는 태도와 세계관을 야만의 모습으로 파악하는 아르세니예프는 안타까운 눈으로 데르수를 바라볼 때가 있다. 하지만 작품의 시간적 배경이 되는 연해주 지리 탐사의 과정은 데르수와의 여행 과정이고, 그와 우정을 형성해 나가는 과정이었다. 다르게 말하면 러시아 지도에 공백으로 남아있던 연해주 북쪽 지방이 그의 탐사로 하나씩 채워져 가는 과정이 개인적으로는 아르세니예프가 연해주의 지리와 자연을 조사하고 알아가는 과정이었고, 동시에 데르수로 대표되는 시베리아 소수 민족에 대한 이해가 천천히 이루어지는 과정이었다. 서구적 자신감에 차서 시베리아 소수 민족을 바라보던 시선에서 탈피하여 그들을 조사하고 이해하며 알아가는 과정이었다.

이런 맥락에서 아르세니예프의 지리 탐사 여행은 연해주 소수 민족에 대한 인류학 탐사 여행이라고도 할 수 있다. 『데르수 우잘라』에서 보면 아르세니예프는 항상 데르수의 행동과 말을 관찰하고, 그에게 소수 민족들의 세계관과 관습들을 지속적으로 물어본다. 여러 문헌들을 보면 아르세니예프뿐만 아니라 그의 탐사대에 함께 동행 했던 보르다코프 등도 마찬가지로 이러한 활동을 통하여 연해주 지역 소수 민족에 대한 저술들을 출간한다.[39]

---

38) А.В. Коровашко, *По следам Дерсу Узала. Тропами Уссурийского края.* М.: Вече, 2016, 164.

아르세니예프가 자신의 작품에서 보여주는 탐사 지역인 극동에 대한 애정, 학문적 접근과 체계적 이해는 당시 여타 열강들의 식민지 구축과정에서 볼 수 없는 차별성을 보여주고 있다. 그리고 그의 작품 『데르수 우잘라』는 당시 연해주 개발 과정의 문제들과 소수 민족들의 열악한 상황, 중국인들과의 문제점 등을 세밀히 잘 보여 주고 있다. 이러한 점에서 이 작품은 20세기 초 연해주의 복합적인 상황을 이해하는 중요한 열쇠를 제공해 주고 있다.

3) 애니미즘적 세계관

이 작품 속에서 우리는 데르수 우잘라 라고 하는 예술적 형상을 통해, 그의 행동과 말을 통해 작품의 배경이 되는 연해주 지방에 거주하고 있는 소수 민족들의 종교관과 세계관을 잘 살펴볼 수 있다. 그 중 가장 먼저 눈에 띄는 것은 자신들의 주위 환경, 즉 자연에 대한 애니미즘적 접근 방식이다. 아르세니예프의 애니미즘 개념에 대한 이해는 김철균이 적절하게 지적하고 있듯이 "만물이 살아 있고, 그것은 인간과 동일하게 영혼을 가졌기 때문" 이라는 타일러의 애니미즘 개념과 일치한다.[40] 세상을 이루는 모든 만물이 그것이 생물이든 무생물이든 영혼을 가지고 있다는 개념은 선한 영과 악한 영이 공존하는 애니미즘적 세계관으로 이어지고 그 영적인 존재들이 인간의 일에 개입할 수 있다는 믿음으로 이어진다.

데르수는 앞서 말한 대로 민족별 분류에 따르면 나나이인이다. 나나이인들의 종교적 믿음의 기반은 다른 시베리아 소수 민족들과 마찬

---

39) П.П. Бордаков, *Поездка в Сибирь: Путевые заметки*. Полтава: Типо-лит. И. Л. Фришберг, 1912; П.П. Бордаков, В тай ге. Алма-Ата: Казахское объединенное гос. изд-во, 1949.

40) 김철균, 「러시아 연해주의 자연과 사람 이야기」, 627.

가지로 애니미즘이다. 여러 정령과 인간의 영혼이 존재하는 것을 믿고, 이 믿음 위에서 다양한 생산 축제와 장례 의식 그리고 샤머니즘도 발생하였다.[41] 작품 속에서 데르수는 모든 것을 '사람들'이라고 지칭한다. 그리고 그는 모든 자연이 살아 있고, 모든 물체나 심지어 자연 현상도 영혼을 가지고 있다고 생각하기 때문에, 자연 속에게서 그가 관계를 가지는 모든 것들에게 말을 걸고 부탁을 하고 때로는 위협을 하기도 한다.

> 힘든 여정에도 불구하고 데르수는 지친 기색이 전혀 없었다. 그는 우리가 탄 수뢰정이 거대한 물고기라고 확신했다. 그리고 아무리 생각해도 제대로 이해되지 않는 러시아 말로 이렇게 말했다.
> "나 안다. (그로즈늬이 호를 의식한 듯) 그거 오늘 힘들었어." (1:19-20)

> 저 곰, 교활한 사람이야! 데르수가 중얼거렸다. "빨리 쫓아. 꿀 혼자 다 먹어."
> 데르수는 여전히 못마땅한 눈초리로 곰을 쏘아봤다.
> "너 나빠. 왜 남의 꿀을 훔쳐." (4:65)

탐사 기간 동안 만나는 안개도 데르수는 항상 '사람'으로 표현하고, 모닥불로 날아드는 곤충도 그에게는 '사람'이다. "나 이 사람(갑충을 가리키며) 오늘은 처음 봐. 옛날에 한 명 봤어. 오늘 너무 많이 왔어."(4:77). 강 속의 물고기도 마찬가지로 '사람'이어서 사람 말을 할 수 있고, 데르수는 물고기의 말을 알아듣는다고 말한다. "물고기도 사람이다. 사람 말, 할 수 있다. 나 물고기 하는 말 듣는다." (5:80) 호랑이와의 관계도 마찬가지이다. 나나이인들은 호랑이에게 말을 걸고 부탁을 하기도 하고 때로는 위협을 하기도 한다. 호랑이는 그들의 말을

---

41) А.В. Смоляк, "Представление нанай цев о мире", *Природа и человек в религиозных представлениях народов Сибири и Севера (вторая половина XIX - начало XX в.* Л.: Наука, 1976, 129.

알아듣는다고 생각하기 때문이다.

> 그는 (…) 모닥불을 등진 채 무언가 알아들을 수 없는 말을 중얼거렸다.
> "대체 누구랑 얘기하는 거야?" 병사들이 물었다.
> 그러자 데르수는 "암바(호랑이)"라고 짧게 대답했다.
> "암바한테 말해……. 암바 근처에 있다. 암바 여기 군인 많은 거 몰라. 군인
> 들 암바한테 총 쏴도 내 잘못 아냐……." (4:76)

이처럼 데르수는 모든 것을 '사람'이라고 지칭한다. 『우수리 지역을 따라서』에서는 데르수의 이러한 애니미즘적 세계관을 종합적으로 보여주는 한 장면이 있다. 이 작품의 3장 "멧돼지 사냥"에 나오는 멧돼지 사냥 장면에서 데르수는 자신이 사냥한 멧돼지를 '사람'이라고 부른다. 이런 호칭법에 놀란 아르세니예프가 왜 멧돼지를 사람이라고 부르는지 묻자 이렇게 대답한다.

> 골드가 잡은 멧돼지는 두 살 박이였다. 나는 노인에게 왜 큰 수컷을 쏘지 않
> 았냐고 물었다.
> "그놈은 늙은 사람이야." 데르수는 어금니를 가진 멧돼지를 언급하며 말했
> 다. "그놈은 먹기가 그래. 고기에서 좀 냄새나."
> 나는 데르수가 멧돼지를 '사람'이라고 하는데 놀랐다. 나는 왜 그렇게 부르는
> 지 물었다.
> "이놈 어쨌든 사람이야." 데르수는 확신했다. "단지 윗옷이 다를 뿐이야. 속
> 인다고, 이해해, 화내도, 이해해, 다 이해해! 그래도 사람이야……."
> 나에겐 이제 모든 게 명확해 졌다. 이 원시인의 세계에 대한 개념은 애니미
> 즘적이라는 걸, 그래서 그를 둘러싸고 있는 모든 것을 사람처럼 여기는 것이다.

'사람들'은 데르수에게 모든 것의 본질적 속성, 실체субстанция이다. 그리고 그들의 '윗옷рубашка', 즉 변화하는 외부적 형태는 비본질적 속성акциденция이다. 하지만 역설적이게도 데르수가 굳게 견지하고 있는 애니미즘적 세계에서 '사람들люди'의 이해관계 때문에 야기

되는 끝없는 갈등과 혼란은 없다.[42]

탐사 중 먹다 남긴 고기를 모닥불 속에 던져 버린 아르세니예프를 데르수는 나무란다. 그들이 떠나도 '딴 사람들'이 와서 먹을 텐데 아깝게 고기를 없앴다는 것이다. 이곳에 누가 또 오는지 이해를 하지 못하는 아르세니예프에게 데르수는 일갈한다. "누가 오는지 모르나, 대장? 너구리 와. 오소리 와……. 까마귀도 와. 까마귀 없으면 쥐 와. 쥐 없으면 개미 와. 타이가엔 '사람' 많이 산다."(13:206). 그제야 아르세니예프는 이해한다. 데르수는 타이가와 그 안에서 살아가는 주민들을 친구로서 사랑한다는 것을. 그에게 사람을 포함한 자연계의 모든 구성물들은 그저 한 가족을 이루고 있는 구성원이다. 거기에는 높고 낮음의 차이, 우월적 지위에 대한 차별이 존재하지 않는다.[43]

이러한 다양한 영적 존재에 대한 믿음은 그것들이 인간의 생활과 운명에 개입할 수 있다는 믿음으로 이어진다. 영적 존재에는 선한 영과 악한 영이 있으며 악한 영은 인간의 불운을 불러오기도 한다. 그리고 이러한 애니미즘적 세계관은 독립적 존재로서의 영혼과 그 영혼의 불멸에 대한 믿음으로 자연스럽게 이어진다.

4) 샤머니즘적 세계관

확고한 정령숭배자들인 골드인들은 인간에게 영혼이 있다고 믿고 있으며, 그래서 가까운 사람의 죽으면 그 영혼의 운명을 걱정하고 보살피는 것이 망자의 친척들이 해야 하는 일이라고 생각한다. 이 걱정은 망자가 가할지 모르는 복수에 대한 원초적이고 신비주의적인 공포에서 기인하는 것이다. 그리고 이것은 신앙과 샤만 의식이 발생하는

---

42) А.В. Коровашко, Указ. соч., 157.
43) 박봉우, 「데르수 우잘라의 숲」, 『숲과 문화』 15/2, 숲과문화연구회, 2006, 66.

원인이 되었다.[44)]

어느 저녁 데르수가 혼자 모닥불을 피우고 노래를 부르고 있다는 말을 들은 아르세니예프는 데르수를 찾으러 갔다가 그로서는 이해하지 못할 '뜻밖의 광경'을 보게 된다. 데르수는 불을 피워놓고 노래를 읊조리며 나뭇가지를 칼로 깎고 있었다. 그러다 누군가를 향해 물어보고는 조용히 대답을 기다렸다. 하지만 주위에는 아무도 없었고 아무 소리도 나지 않았다. 그러자 데르수는 깎고 있던 나뭇가지를 불 속에 던져 넣고 다른 가지를 깎기 시작했다. 잠시 후 배낭에서 작은 잔을 꺼내 보드카를 따르고 집게손가락을 그 속에 담갔다가 손가락에 묻은 술을 사방으로 뿌렸다. 그리고 데르수는 다시 허공을 향해 소리쳤다. 그때 신기하게도 어디선가 새가 지저귀는 듯한 소리가 들려왔다. 그러자 데르수는 벌떡 일어나 조금 전에 조용히 읊조리던 노래를 크게 부르면서 보드카를 모닥불에 부었다. 시뻘건 불꽃이 하늘에 솟구치고, 데르수는 모닥불에 담뱃잎, 말린 생선, 고기, 소금, 쌀, 밀가루, 무명, 신발, 성냥 한 갑, 보드카 빈병을 던져 넣었다. 그리고 노래를 멈추고 땅바닥에 주저앉아 머리를 양 무릎 사이에 끼워 넣고는 꿈쩍도 하지 않았다. 그런 상태에서 시간이 조금 흐르고 어디선가 새소리 비슷한 소리가 들리자 순간 벌떡 일어난 데르수가 숲을 향해 알아들을 수 없는 말을 외쳤다. 그의 목소리에는 한스러움과 두려움, 기쁨이 어우러져 있었다. 주위는 다시 고요해졌다.

아르세니예프가 도저히 이해하지 못하는 이 '의식'은 모닥불을 피워 무덤 저편의 세계에 있는 가족들을 부른 후 음식과 옷가지를 보낸 것이었다. 데르수는 간밤에 꾼 꿈에서 추위와 배고픔에 떨고 있는 아

---

44) Т.Ю. Сем (сост.) *Шаманизм народов Сибири. Этнографические материалы XVIII −XX вв.* СПб.: Филологический факультет СПбГУ, 2006, 79.

내와 아이들을 보았다. 그들은 데르수에게 땔감과 옷, 신발, 음식, 성냥을 달라고 했고, 그는 의식을 통해 그들이 요구하는 것을 보낸 것이었다.

아르세니예프는 관찰자의 눈으로 이 의식을 기록하면서 다음과 같이 자신의 생각을 덧붙인다.

> 문명인으로서는 이해하기 힘든 습속이지만, 데르수와 같은 원주민들은 스스로 생각하기를 자신들은 사후에도 역시 살아있는 다른 사람들과 늘 함께 하고 있다고 믿는 것 같았다. 나는 데르수에게 방금 숲을 향해 뭐라고 외쳤는지 조심스럽게 물어보았다.
>
> "하냐(영혼)한테 말했다." 데르수가 조용히 대답했다. "아내 말했어. 잘 받았대. 이제 오두막에 가서 자도 된다……."(3:58)

영혼과 정령의 존재를 믿는 애니미즘적 세계관은 영혼의 불멸과 환생에 대한 믿음으로 이어지고, 그 영혼이 인간의 일에 관여할 수 있다고 생각한다. 그 영혼을 달래주기 위한 의식에서 우리는 샤머니즘적 세계관의 단초를 볼 수 있다.

5) 토테미즘적 세계관

데르수의 비극적 결말은 작품에서 명확히 드러나 있지는 않지만 그가 실수로 죽인 호랑이에 대한 죄책감에서 시작한다고 말할 수 있다. 데르수는 "언젠가 자신이 호랑이의 죽음에 대한 값을 치러야 할 것이라고" 말한다. 나나이인들의 많은 종교적 믿음은 타이가의 강력한 동물인 호랑이와 곰과 연결되어 있다. 아무르 강 상류 지역의 나나이인들은 호랑이가 타이가의 주인이라고 생각한다. 따라서 호랑이는 곰의 주인도 되는 것이다.45)

타이가의 주인으로서의 호랑이 숭배는 아무르 강 상류 지역의 나나이인들에게서 매우 특징적으로 나타난다. 곰과 마찬가지로 호랑이에 대해서도 오직 좋게만 말해야 한다. 왜냐하면 호랑이는 사람의 말을 알아듣기 때문이다. 호랑이에게 사냥의 성공이 달려있기 때문에 사냥철 시작하고 잡은 첫 번째 짐승이나 담비를 바쳐야 한다. 낟알을 담은 작은 주머니와 함께 첫 번째 잡은 짐승을 나무에 걸어 둔다. 호랑이에게 속한 것들은 누구도 건드려서는 안 된다. 어기는 경우에는 벌을 받게 된다. 호랑이는 자기가 잡은 것에 대해서는 매우 엄격하기 때문에 인간에게는 자기가 먹고 난 나머지만 가지도록 허락한다. 그것도 사냥꾼이 그것을 집으로 가져가지 않고 타이가에서 다 사용하는 조건으로만 허락한다. 여자는 호랑이가 잡은 것을 절대 건드릴 수 없으며, 사냥꾼도 건드리기 전 미리 기도를 드리고 호랑이에게 허락을 구해야 건드릴 수 있다. 아무르 강 하류 지역의 나나이족에게는 자신들이 곰에게서 나왔다는 전설이 없다. 하지만 아무르 강 상류 지역 나나이족들 중 악탄카Актанка 부족이나 몇몇 분파 부족인 벨드이Бельды, 킬레Киле족이 호랑이에게서 나왔다는 전설이 있다.[46]

　나나이인들의 민담에서는 그들의 기원을 호랑이에서 찾는 이야기들을 볼 수 있다. 다음은 악텐카Актенка 부족의 기원을 이야기해 주는 나나이의 전설이다.

　　오래전, 아직 러시아인들이 숲을 다 태우기 전에, 숲에는 온갖 동물들이 많이 살고 있었다. 사람들이 높은 산 메케Мэкэ로 사냥을 가면서 처녀를 한명 데리고 갔다. 그들이 머무는 유숙지에서 밥을 짓게 하기 위해서였다. 골드인들은 오랫동안 온갖 짐승들을 사냥했다. 어느 날 자신들의 유숙지로 돌아왔는데 유르타의 입구에 호랑이가 있는 걸 보았다. 골드인들은 놀랐지만 호랑이는 조용히 숲으로 가버렸다. 이 일이 있고 난 후 사냥꾼들은 유르타 입구에 있는 호랑이를 자주 만났다. 사냥들은 처녀에게 호랑이가 무섭지 않느냐고 물어보았다.

45) А.В. Смоляк, Указ. соч., 145, 151.
46) Там же, 152.

처녀는 아니라고 대답하면서 다음 이야기를 해주었다. 어느 날 아침 집에 처녀 혼자 있을 때 호랑이가 다가왔다. 처녀는 깜짝 놀랐지만 호랑이가 사람의 목소리로 그녀를 진정시켜주고는 처녀가 자신의 아내가 될 거라고 했다. 나중에 처녀는 임신을 하게 되고 남자 아이를 낳게 되는데, 이름을 호랑이에서 태어났다라는 뜻으로 악텐카Актенка라고 불렀다. 아이는 빠르게 커서 훌륭한 사냥꾼이 되었다. 결혼을 하고 그의 아내는 많은 아이를 낳았으며 그들에게서 모든 골드인이 나왔고, 지금 악텐카 부족의 기원이 되었다.[47]

나나이족의 또 다른 분파 부족인 오드잘Одзял족도 호랑이 토템 기원 신화를 가지고 있다. 다음은 오드잘 부족의 기원 이야기이다.

한 사람이 살고 있었다. 어느 날 그의 아내가 없어졌다. 두세 달을 친구들과 함께 강과 산을 따라 찾았지만 어디서도 찾을 수가 없었다. 그러자 그는 파нënане[48]를 만들고는 그녀를 찾을 것을 중단하였다.

그때 그의 마을 사람들은 먼 곳으로 사냥을 떠났다. 사냥 장소에 도착해서 사냥을 다니기 시작했다. 각자가 자신의 길로 다녔다. 그것이 사냥꾼들의 규칙이다. 어느 날 마을 사람들 중 한사람이 자신의 길에서 다른 사람의 흔적을 발견했다. 하지만 동료들에게 아무 말도 하지 않았다. 다음날 아침 그는 또 다시 같은 흔적을 보았다. 그 흔적을 따라 그는 갔다. 가고 또 가자 한 여인을 보았다. 옷은 모두 찢겨졌고 머리는 헝클어져 있었다. 어피로 만든 신발도 다 헤져 있었다. 그 사람은 그녀를 부축해서 유숙지로 데리고 왔다. 그녀에게 자신의 옷과 신발을 주었다. 저녁에 사냥꾼들이 다 모였을 때, 그 사람은 타이가에서 이 여인을 어떻게 만났는지 이야기 해주었다. 그의 친구들이 그녀에게 물었다. "어떻게 이곳에 오게 되었소?" 그녀는 이야기하기를, "전에 나는 결혼한 여자인데, 그렇게 살다가 가끔씩 정신을 잃게 되는 일이 자주 있었습니다. 언젠가 한번은 정신을 차려보니 타이가에 와 있었고 이곳에서 살기 시작했어요. 어느 날 호랑이를 만났는데 그 호랑이가 나를 낚아채서는 곰에게서 뺏은 굴로 끌고 갔어요. 그곳에서 살기 시작했고, 지금 나는 임신을 했어요." 봄이 되어 사냥꾼들은 사냥을 끝내고 집으로 돌아가는 길에 그녀를 데리고 갔고, 그 여인이 남자 아이를

47) И.А. Лопатин, *Гольды амурские, уссурийские, сунгарийские: Опыт этнографического исследования*. Владивосток, 1922, 209.

48) 나무로 만든 형상으로 밑에 고이는 받침대가 있고 입 대신에 구멍이 뚫려 있다. 망자의 영혼이 잠시 머무르는 기능을 한다.

낳았다. 그때부터 노인들은 오드잘 부족이 호랑이에게서 유래했음을 이야기하기 시작했다.[49]

위에서 살펴보았듯이 나나이족의 신화적 개념 체계나 사냥 의례에 있어서 호랑이는 매우 특별한 위치를 점하고 있다. 나나이족 연구자인 로파친 И. А. Лопатин은 이것에 대해 자세히 기록하고 있다. 호랑이는 나나이족에게서 곰보다 조금 더 존경을 받고 있다. 나나이족은 어떤 경우에도 호랑이를 쏘지 않는다. 만약 사냥꾼이 호랑이의 흔적을 발견하면 곧장 발걸음을 돌려 버린다. 사냥을 하다가 우연히 호랑이를 보게 되면 자신의 총을 버리고 땅에 닿을 정도로 절을 하고는 다음과 같이 기도를 해야 한다. "노인이시여, 우리에게 사냥에서 행운을 주시오. 먹을 것을 주시고, 동물들을 총을 쏠 수 있는 거리에 보내 주시오." 만일 나나이족이 우연히라도 호랑이를 죽이게 되면 이 불행한 사냥꾼의 슬픔과 공포는 한계가 없다. 나나이족이 이야기하는 바에 따르면 그런 경우에는 반드시 사냥꾼에게 꿈에 훌륭한 옷을 차려입은 백발의 노인이 나타나서 준엄하게 꾸짖는다. "너는 왜 내 아들을 죽였느냐? 너는 그의 흔적을 쫓아서도 안 되었고, 그가 다니는 그 길을 다녀서도 안 되었다. 너는 그를 쳐다보지 말았어야 했고, 멀리서 보았다면 땅에 몸을 숨여 절을 했어야 했다." 이런 다음 백발노인은 사냥꾼을 오랫동안 혼내고, 하지만 죄를 지은 자는 공손히 침묵하며 들어야만 한다.

이런 꿈을 더 이상 꾸지 않으려면 죄를 지은 사냥꾼은 나나이족의 한 부족인 악텐카 Актенка족 사람들에게 도움을 청해야 한다. 그들은 호랑이와의 토템적 연결이 훨씬 더 긴밀하기 때문이다. 그들은 그 사냥꾼에게 속죄를 할 제물들을 지정해 주는데, 주로 보드카 몇 양동이,

---

49) А.В. Коровашко, Указ. соч., 19-20.

고기 2~3푸드[50], 말린 물고기 등이다.

호랑이를 쏘지 말아야 되는 것뿐만 아니라, 호랑이가 쫓고 있는 짐승을 쏴서도 안 된다. 만일 사냥꾼이 쏘아 죽인 짐승이 호랑이가 쫓고 있던 것이라는 게 밝혀지면 나나이인은 고기건 가죽이건 아무것도 취하지 않는다. 심지어 그 짐승을 건드리지도 않는다. 이 경우에 사냥꾼은 사라진 호랑이를 향해 다음과 같이 이야기해야 한다. "마파! 짐승은 너의 것이야, 내가 죽인 게 아니라 너가 죽였어." 만일 사냥꾼이 자기가 잡은 짐승이 호랑이가 쫓던 것이라는 것을 모르고 그 짐승을 가져가게 되면, 그 사냥꾼의 꿈에 호랑이가 나타나 그를 할퀴게 된다. 이런 경우 악몽에 시달리지 않고 편히 잠을 자고 싶으면 악텐카 부족 위원회가 지정한 '벌금'을 내야만 한다.[51] 하지만 나나이족의 이러한 호랑이 토템에도 불구하고 데르수는 호랑이를 죽이는 실수를 하였고, 그 죄책감은 계속 끊임없이 이어진다.

> "나 지금도 그때 생각하면 무서워, 대장." 데르수가 길게 한숨을 내쉬었다.
> "옛날에 나 혼자 걸었어. 안 무서웠어. 지금 혼자 걸어. 그 때 생각난다. 나 무들 다 잠들어도 나 혼자 생각할 때 있다……."(6:108)

이렇듯 데르수의 불행의 근원에는 그가 속한 나나이족의 토테미즘적 세계관이 깊숙이 자리 잡고 있다.

4. 맺음말

『데르수 우잘라』는 매우 특이한 작품이다. 외면적 틀인 장르의 측

---

50) 푸드는 예전에 쓰이던 러시아의 무게 단위로 1푸드는 16.38kg이다.
51) И.А. Лопатин, Указ. соч. 208-209.

면에서도 그렇고 작품이 담고 있는 내용의 면에서도 그러하다. 수려한 연해주 자연의 서정적이고 섬세한 묘사, 지역의 동식물계, 지리에 대한 자세한 설명, 러시아 지도의 빈 공백을 메꾸어 가는 탐사대의 모험, 20세기 초 연해주의 사회 경제적 상황, 소수 민족들의 삶과 애환, 풍습들과 그들의 세계관, 우주관까지 모두 한곳에 녹여져 있다.

그리고 '데르수 우잘라'라는 빛나는 문학적 형상을 통해서 아르세니예프의 연해주에 대한 깊은 애정과 이해의 노력을 엿볼 수 있다. 그는 러시아 군 당국의 지시로 미지의 지역에 대한 지리적 탐사를 위해 온 '문명'의 사람이다. 이 탐사는 향후 러시아의 지역 경영과 군사 목적으로 쓰일 것이고 러시아가 수행하는 개발의 기초 자료가 될 것이다. 실제로 1920년대 중반부터 극동 러시아 지역의 자원이 개발되기 시작했고, 아르세니예프도 "매우 중요한 전문가"로서 인정을 받기 시작했다. 본격적인 개발이 시작되기 전인 1907년의 탐사에서도 아르세니예프는 연해주의 변화 모습에 우려는 나타내고 있다. "연해 지방의 식민화 속도는 예사롭지 않다. 나는 이곳의 운명에 대해 생각했다."(11:184).

하지만 그와 데르수의 동행은 점차 그들을 이해하고 그들의 능력을 알아가는 과정이 되어 간다. 서구적 자신감에 가득한 눈으로 시베리아 소수 민족을 보는 시선은 그들의 세계관을 점차 이해하는 관점으로 바뀌어 간다. 타이가의 주민들은 자연의 법칙에 따라 자연과 교감하며 살고 있다. 아르세니예프는 인간의 세계와 자연의 세계가 타이가에서는 공존하고 있다는 것을, 어떤 난관이 와도 자신에게 필요한 모든 것을 자연에서 얻는 데르수의 지혜는 배워서 익힌 교육의 결과가 아니라 상처를 입어가며 몸소 익힌 자산이었다는 것을 알게 되었다. 안나 레이드의 말처럼 "주변 환경에 철저히 적응한 그들의 생존 수단은 시베리아에 대한 존경의 표시인 동시에 시베리아와 싸워 획득한 전리품이었다."[52]

그리고 김철균이 적절하게 지적했듯이 아르세니예프는 데르수가 세계를 바라보는 시선인 애니미즘을 하나의 '지평'의 문제, 다시 말해 세계를 이해하고 재현하는 방식의 문제로 바라보고 있다. 물론 그의 연해주 탐사는 근대 서구적 '지평'으로 이 지역을 이해하고 재현하려는 기획이었다. 그런데 그는 자연과 더불어 사는 이 지역 토착민들에게서 또 하나의 '지평'을 만나게 되며, 그곳의 공간 역시 자신이 좌표화하기 전에 이미 그들 나름의 방식, 즉 신화적으로 의미 부여되고 '영토화'되어 있음을 발견한다.[53] 하지만 이러한 새로운 '지평'을 인식할 수 있는 것은 소수 민족에 대한 이해의 노력과 애정이 있었기에 가능했던 것이다.

---

52) 안나 레이드, 『샤먼의 코트』, 11.
53) 김철균, 「러시아 연해주의 자연과 사람 이야기」, 627.

참고문헌

김시덕, 『동아시아, 해양과 대륙이 맞서다』, 메디치미디어, 2015
레이드 안나, 『샤먼의 코트』 윤철희 옮김, 미다스북스, 2003
아르세니예프 블라지미르, 『데르수 우잘라』, 김욱 옮김, 갈라파고스, 2005
포사이스 제임스, 『시베리아 원주민의 역사』 정재겸 옮김, 솔출판사, 2009
한종만, 『러시아 우랄시베리아극동지역의 이해』, 배재대 출판부, 2008

강인욱, 「연해주의 원주민을 바라보는 어느 러시아인의 이야기-『데르수 우잘
    라』, 아르세니예프 저」, 『인문사회과학연구』 18/2, 부경대학교 인문사
    회연구소, 2017
김철균, 「러시아 연해주의 자연과 사람 이야기」, 『동북아 문화연구』 21, 동북
    아시아문화학회, 2009
박봉우, 「데르수 우잘라의 숲」, 『숲과 문화』 15/2, 숲과문화연구회, 2006
박태성, 「러시아의 시베리아 식민화 과정」, 『국제지역연구』 7/2, 배재대학교
    인문과학연구소, 2003
엄순천, 「나나이어(허저어)의 문법·형태적 특징 분석」, 『러시아학』 15, 충북
    대학교 러시아 알타이지역 연구소, 2017
정태언, 「아르세니예프의 『데르수 우잘라』 연구-1900년대 초의 극동지방의
    상황과 원주민들의 정신문화」, 『한국시베리아연구』 17/1, 배재대학교
    한국-시베리아 센터, 2013
황영삼, 「시베리아 철도부설과 제정러시아의 東아시아 정책」, 『슬라브연구』
    16/2, 한국외국어대학교 외국학종합연구센터 러시아연구소, 2000

"Арсеньев Владимир Клавдиевич." Большая советская энциклопе

дия. [https://www.litprichal.ru/slovari/enc_sovet/434417.php] (검색일 2019. 4. 21.)

Арсеньев, В.К. *По Уссурийскому краю. Дерсу Узала.* М.: Правда, 1983

Арсеньев, В.К. "Быт Удэхейцев", *Народы Крайнего Севера и Дальнего Востока России в трудах исследователей (XX в.).* М.: Северные просторы, 2002

Бронштейн, М.М. и др. (ред) *Народы России. Праздники, обычаи, обряды.* М.: РОСМЭН, 2008

Джанджугазова, Е.А. "Человек и природа: непостижимость истины. Владимир Арсеньев－Дерсу Узала－Акира Куросава", *Современные проблемы сервиса и туризма,* No. 8/1, 2014

Егорчев, И.Н. *Неизвестный Арсеньев.* Владивосток: Издательство Дальневосточного университета, 2016

Коровашко, А.В. *По следам Дерсу Узала. Тропами Уссурийского края.* М.: Вече, 2016

Левин, М.Г., Потапов Л.П. (ред.) *Народы Сибири.* М.,Л.: Издательство Академии Наук СССР, 1956

Лопатин, И.А. *Гольды амурские, уссурийские, сунгарийские: Опыт этнографического исследования.* Владивосток, 1922

Сем, Т.Ю. (сост.) *Шаманизм народов Сибири. Этнографические материалы XVIII-XX вв.* СПб.: Филологический факультет СПбГУ, 2006

Смоляк, А.В. "Представление нанайцев о мире", *Природа и человек в религиозных представлениях народов Сибири и Севера (вторая половина XIX - начало XX в.).* Л.: Наука, 1976

Тишков, В.А. и др. (ред.) *Народ России: Атлас культур и религий.* М.: ИПЦ Дизайн. Информация. Картография, 2008

Тишков, В.А.(ред.) *Народы России: энциклопедия.* М.: Большая Российская энциклопедия, 1994

Тураев, В.А. и др. *Энциклопедия коренных малочисленных народ ов Севера, Сибири и Дальнего Востока Росийй ской Федера ции.* М.: Россия, 2005

Хисамутдинов А.А. "«Впервые осветил географию многих мест»: В.К. Арсеньев и его исследования", *Ой кумена. Регионоведч еские исследования,* 3/42, 2017

Хисамутдинов, А.А. *Мне сопутствовала счастливая звезда... (Вла димир Клавдиевич Арсеньев 1872-1930 гг.).* Владивосток: Дальнаука, 2005. [https://e-libra.ru/read/332117-mne-soputstvovala-schastlivaya-zvezda-vladimir-klavdievich-arsen-ev-1872-1930gg.html] (검색일 2019. 4. 19.)

Чач, Е.А. "Серебряный век как историко-культурная парадигма на примере творчества В.К. Арсеньева", *Вестник Санкт-Петерб ургского университета. Серия 2. История,* 4, 2011

Яроцкая, Ю.А. "Мотив помощи и образы помощников в текстах В. К. Арсеньева", *Ой кумена. Регионоведческие исследования,* 3/42, 2017

3부

도시 공간의 재구성과
문화유산

도심재생에 있어서 '근대문화유산' 활용에 관한 고찰*

인천과 요코하마를 중심으로

김선희

건국대학교 아시아콘텐츠연구소 선임연구원

1. 머리말

개항 이래 일제강점기에 걸쳐 완성된 이른바 근대 건축물은 도심 재생, 또는 지역 활성화에 좋은 소재가 되고 있다. 현재 각 지역에서 활발하게 행해지는 도심 재생을 위한 근대문화유산 활용 양상을 살펴보면, 과거에는 일제 강점기의 '잔재'로 간주되던 '네거티브 유산負の遺産'이 지역 활성화와 맞물려 '근대문화유산'으로 자리매김되는 것을 확인할 수 있다. '근대문화유산'의 성립은 근대를 바라보는 우리 인식의 변화를 그대로 반영한다. 군산, 대구, 목포, 부산, 구룡포 등 몇몇 지역의 근대문화유산을 활용한 도심 재생 사업 사례는 문화재의 보존과 활용뿐 아니라 무엇이 유산으로서 선택되고 기억되는지에 대한 문제와 더불어, 그를 통한 지역 부흥의 문제에서 현지 지역민과의 소통의 문제, 그리고 새로운 공간의 창출과 그를 축으로 한 커뮤니케이션의 발생을 가감 없이 보여 준다. 이들을 어떻게 조합해 내고 융화해 나갈지, 그리고 그것들이 만들어 내는 미래에 대한 고민이 우리 앞에

---

* 이 글은 〈김선희, 「도심재생에 있어서 '근대문화유산' 활용에 관한 고찰」, 『일본학보』 제116집, 2018〉에 수록된 내용을 수정·보완한 것임.

놓인 과제가 될 것이다.[1]

본고에서는 이 같은 과제를 염두에 두고, 한국과 일본에서 근대기 외부 문물을 가장 먼저 접하는 창구가 되었던 개항도시로서, 수도의 진입로라는 지정학적 유사성을 지녔다는 이유로 오래 전부터 자주 비교되어 온 인천과 요코하마를 중심으로 두 도시에서 도심 재생을 추진하는 과정에 근대문화유산을 어떻게 활용하고 있는지를 살펴보고 자 한다.[2] 도시의 역사를 보다 더 가시적으로 만드는 근대문화유산이 어떠한 방식으로 활용되는지에 대한 사례를 고찰함으로써, 문제점은 무엇인지, 또 개항도시의 정체성 형성에 '근대문화유산'을 바라보는 시선이 어떻게 상호연쇄 작용을 하고 있는지, 또 거기에서 파생되는 타자 인식을 과거와 현재라는 시간축과, 한국과 일본이라는 공간축으로 고찰하는 향후 연구 과제의 포석으로 삼고자 한다.

2. 개항 도시 요코하마

여행자의 눈에 들어오는 것은 … 산기슭에 계단 형으로 줄지어 자리 잡은 별장(방갈로), 우아한 집들이 질서 정연하게 덮고 있는 절벽, 녹색의 산기슭에 자리한 하얀 도시이다. 운 좋게 투명한 겨울 하늘에 태양이 빛난다면 이 광경은 그야말로 넋을 잃을 만큼 아름다우며, 일본에서 요코하마의 해안과 그 부근만

---

1) 김선희, 「근대도시문화의 재생과 새로운 커뮤니케이션의 창출—군산을 중심으로」, 『동북아문화연구』 36, 동북아시아문화학회, 2013, 17.
2) 우리나라에서 '근대문화유산'이라고 부르는 대상을 일본에서는 '근대화유산'이라고 한다. 이 용어는 1990년에 문화청에 의해 처음으로 사용되었는데, 기존의 '문화재'라는 표현보다 폭 넓은 시각에서 근대화 과정을 나타내는 유무형의 모든 것을 가리키며, 그 활용과 도심 재생을 연관시켜 왔다. 또 2008년에는 경제 산업성이 산업의 근대화에 공헌한 유산을 '근대화산업유산'이라 명명하고 다수의 건축물에 더하여 기계 등까지 포함시켜 역사적 가치를 현재화하고 지역 활성화에 도움이 되는 유산 1,115건을 지정하였다.

보았다 해도 '시칠리아 하늘 아래 프로방스 기후'를 만났다고 하는 선원이나 여행자의 환희가 거짓이 아님을 증명한다[3].

　19세기 말 일본에서 최초로 외국인 정부 고용인御雇い外国人이었던 프랑스인 변호사로서 1872년부터 4년 동안 일본에 체류하였던 조르주 부스케Georges Bousquet(1846~1937)는 요코하마에 들어선 감상을 이렇게 남기고 있다. 당시 서구인들이 남긴 조선이나 일본 여행기에는 '동양'을 바라보는 시선과 더불어 여행자로서의 감상이 묘사되어 있는데, 장시간의 항해로 지친 여행자가 그 나라로 들어가는 관문에 해당하는 땅을 눈앞에 둔 기쁨이 과장되게 나타날 수 있을 것이다[4]. "질서정연하게" 자리 잡은 "우아한 집들"이라는 표현에서 당시 세련된 요코하마의 풍광을 짐작할 수 있다.

　요코하마는 인구 약 373만의 도시로 일본의 시정촌 중에서 최대 인구수를 자랑한다. 1853년 미국 페리의 내항으로 미일화친조약과 미일수호통상조약이 체결된 결과, 1859년 개항한 요코하마는 상업과 무역의 도시로서 발전하게 되었다. 그러나 1866년 대화재, 1923년 진도 6의 간토關東대지진, 1945년 5월 29일 연합군의 요코하마 공습은 도시 기능을 마비시켰다. 역설적이지만 자연재해와 전쟁 피해는 향후 요코하마의 도시 계획을 크게 촉진시킨 계기였다고 할 수 있다. 동시에 이 같은 배경으로 말미암아 '시련을 딛고 일어서는 요코하마'라는 도시의 스토리가 자연스레 성립하게 되었다. 서양 문물이 일찌감치 유입된 항구 도시이니만큼 요코하마의 도시 정체성을 규정하는 데 빠지지

---

3) 와타나베 히로시, 『일본정치사상사 17~19세기』, 김선희·박홍규 옮김, 고려대학교 출판문화원, 2017, 17.

4) 비슷한 시기 제물포항을 바라보는 서양인 여행자의 감상은 요코하마에 비하면, 제물포의 자연 풍광이 더 강조되고 있다. 샤를 바라·샤이에 롱, 『조선 기행』, 성귀수 옮김, 눈빛, 2001, 240-251, 이사벨라 버드 비숍, 『한국과 그 이웃나라들』, 이인화 옮김, 살림, 1994, 39.

않는 것은 '이국 정서', '국제적'이라는 수식어였다. 이 같은 도시 이미지를 구축하기 위한 각종 사업의 대상 지역은 구 외국인 거류지에 남아 있는 야마테山手 양관 지구, 근대 건축물이 산재하는 간나이關內 지구와 거대한 차이나타운이 있는 모토마치元町 지구, 또 근대화산업 유산이 남아있는 미나토미라이みなとみらい 21 지구 등이다.

1) 요코하마시의 근대문화유산 복원이 보여 주는 것

1991년 군마현群馬縣의 근대화유산 조사보고서가 발간된 이후 문화청은 근대의 문화유산 보존과 활용에 관한 조사연구협력회의를 결성하여 1994년 9월부터 근대화유산 조사 활동을 시작하였다. 대상은 기념물, 건조물, 미술·역사자료 및 생활문화·기술 등 4개 분야이며, 1996년 7월 최종보고서 「근대문화유산의 보존과 활용에 대하여」를 내놓았다.5) 건조물은 근대화유산과 등록유형문화재로 지정되며, 1996년 성립한 등록문화재 제도에 의거한 등록유형문화재의 대상은 지은지 50년이 지난 건축물, 토목 구조물, 기타 공작물이다. 지정문화재가 문화재로서의 가치가 이미 정해진 것인 데 비해 등록문화재는 그 가치가 불확실한 것까지 포함하며, 보존보다는 활용을 지향하고 소유자의 자발적인 보호를 기대하는 보호 장치이다6). 요코하마시는 여기에 독자적으로 '인정認定역사적건조물'이라는 분류를 더하고 있다. 이것은 "역사적 건조물을 생생한 형태로 사용하면서 보전保全하는 것"7)을 목적으로 1988년 「역사를 살린 마을만들기 요강歷史を生かしたまちづくり要綱」에 의한 것으로, 등록문화재 제도의 선구적인 것으로 여겨진다. 이

---

5) [http://www.bunka.go.jp/seisaku/bunkazai/hokoku/kindai_hozonkatsuyo.html](검색일 2017. 1. 22.)

6) 伊東孝, 『日本の近代か遺産−新しい文化財と地域の活性化』, 岩波新書, 2000, 19.

7) 横浜市, 『「歴史を生かしたまちづくり」の推進について』, 横浜市, 2013, 1.

는 역사적 건축물의 적극적인 활용이 주된 목적이며 '보존'대신 '보전'이라 쓰는 만큼 건축물 외관의 복원을 비롯하여 소유자의 요구에 대해 유연성이 강조된다. 1929년 요코하마 중앙전화국으로 세워진 현 요코하마 도시발전기념관이 그 대표적인 예이다.

요코하마시는 그동안 추진해 온 개항 기념사업을 통해 역사적 건조물의 적극적인 복원과 활용에 박차를 가하였는데, 여기서 '개항'을 기점으로 시사市史를 인식하는 관점이 엿보인다. 그간 행해진 사업을 개괄하면, 1909년 개항 50주년 기념사업으로서, 잭의 탑ジャックの塔으로 알려진 요코하마시 개항기념회관(1917년 개관, 현 중구 공회당으로 사용)이 건축되었고, 『요코하마 개항 50주년사』의 발간과 미일수호통상조약 조인을 결행한 이이 나오스케井伊直弼의 동상이 설치되었다. 개항 100주년을 맞이한 1958년 5월에는 요코하마공원 평화구장(현 요코하마 스타디움)에서 황태자가 참석한 가운데 화려한 기념식전이 행해졌다. 마린 타워(1961년 1월 영업 개시), 요코하마 문화체육관(1962년 5월 개관), 시민병원(1960년 준공), 시청사(1959년 준공) 등이 건설되었고, 북태평양을 238회 횡단한 히카와마루氷川丸를 야마시타 공원에 계류하였다(1961년, 2008년에 '일본우선(郵船)히카와마루'로 리뉴얼 오픈). 또 새롭게 시사편찬사업을 시행하여 『요코하마시사』 제1권이 간행되었다. 개항 130주년, 시제 100주년을 맞이한 1989년에는 요코하마 박람회 개설, 요코하마 베이브릿지 및 요코하마 아리나, 요코하마 미술관 건설 등의 사업을 추진하였다. 역사적 건축물의 복원 등이 개항기념사업에 처음으로 등장하게 되는 것도 이 시기인데, 앞에서 언급한 「역사를 살린 마을 만들기」와 관련하여 요코하마시 개항기념회관 돔의 복원이 이루어졌다. 2009년 개항 150주년 기념사업에서는 역사적 건축물의 복원에 더욱 박차를 가하였으며 활용에 대한 논의가 한층 활발해졌다.

당시 요코하마시가 내세운 요코하마의 "새로운 얼굴 만들기"라는 문구에는 역사 유산의 재창조를 통하여 항구 도시 요코하마시의 정체성을 보다 선명하게 드러내려는 지향이 보인다. 이를 위해 우선 조노하나象の鼻 방파제 지구의 재정비 사업이 추진되었다. 이 방파제는 1859년 요코하마항의 개항을 기하여 동서 양측에 설치되었으며, 1866년 대화재 후에 1867년 동측 방파제가 휘어진 형태로 변경, 복구되었는데 그 모양이 코끼리 코와 비슷하여 붙여진 이름이며, 대지진 후 복구공사로 폭이 약간 줄어들었다. 아카렌가赤レンガ 창고 일대를 포함한 이 구역을 요코하마항의 발상지로서 자리매김하여 문화관광과 교류의 거점으로 확보하기 위한 사업이었다. 주목할 것은 당시 정비 계획을 보면 이 방파제의 복원 시점 설정이 대지진 이후가 아닌 메이지明治 20년대 후반의 시점이라는 점이다[8]. 이 점은 복원의 지향이 어디에 있는지를 시사하는 것이다.

역사적 건조물의 '복원'이라는 말은 일반적으로 건조물이 처음 건축된 당시, 동일 위치라는 인상을 주는데, 사실 재해 피해 등으로 여러 번의 복구를 거친 건조물의 경우 복원 시점을 언제로 설정할 지, 또 원래 있던 자리가 아닌 다른 곳으로 이전하여 복원할 때 여러 문제가 나타난다. 요코하마시의 역사적 건축물의 복원 사례에는 이 같은 문제가 극명히 드러난다. 앞에서 언급한 개항기념회관은 복원에 있어서의 시점이 엇갈리는 흥미로운 건물인데, 1923년 대지진 후 복구 공사에서 돔은 복원되지 않았다. 그러다가 개항 130주년 기념사업으로서 1989년 5월 창건 당시의 지붕과 돔의 복원이 이루어졌으며, 같은 해 9월 국가중요문화재로 지정되었다. 돔이나 지붕과 같은 외장에 대

---

8) 요코하마시 발전기념관의 아오키 씨는 이점에 특히 주목하는데, 그간의 개항기념사업에서 보이는 역사 편찬과 현창과는 다른 역사를 "재창조"하려는 시도라고 파악한다. 青木祐介, 「都市のアイデンティティ形成と歴史遺産－横浜を事例として」, 『專修大学人文科学研究所月報』238, 專修大学人文科学研究所, 2008, 29.

해서는 복원의 설정 시점이 창건
당시인데 비해, 내장의 복구 시점
은 대지진 후 복구된 당시로 설
정되었다. "패치워크적인"[9] 복
원의 상세 내용은 안내 책자나
팸플릿에는 보이지 않는다. 또
다른 예는 대표적인 근대 서구식
건축물인 구 요코하마 정금正金

▲ 요코하마시 개항기념회관(필자 촬영)

은행 본관이다. 돔을 갖춘 장엄한 석조물로 다쓰노 긴고辰野金五와 더
불어 메이지기 대표 건축가인 쓰마키 요리나가妻木賴黃가 설계하였다.
1923년 대지진의 피해를 입었으며, 돔이 없는 상태로 복원되었다. 또
옥상의 난간은 비용 문제로 복원되지 않았다. 이 건물은 1966년부터
2년간의 공사를 거쳐 가나가와神奈川 현립 역사박물관으로 정비되었다.
당시에 돔이 복원되었으며 1969년 국가중요문화재로 지정되었다. 다
만 문화재 지정 범위에서 '정면 현관 공간 이외의 내장은 제외한다'는
조건이 붙어있는데, 개장으로 인해 원래 모습을 잃었기 때문이라고
밝히고 있다.[10] 그러나 새로 복원된 돔 역시 원래 모습은 아니었다.
그럼에도 중요문화재 지정에 포함된 이유는, '세련된 근대'와 동일시
되던 서양 문물의 수용지로서의 요코하마에서 서구식 건축의 한 '상
징'으로서의 의미를 갖기 때문이 아닌가 한다.

　한편 복원 시 공간에 대한 문제를 떠오르게 하는 것은 야마테 지구
양관의 복원 사례이다. 이 지역은 개항 후 외국인 거류지로서 상업지
이자 주택지로 개발되면서 교회, 병원, 극장, 학교 등 다수의 서양관이

---

9) 아오키는 이러한 복원에 대해 "패치워크적인 해결책"이었으며 한 건물의 역사
　　성이 안팎에 따라 각각 다른 "이면성"을 갖는다고 지적한다. 青木祐介, 「都市の
　　アイデンティティ形成と歴史遺産－横浜を事例として」, 35.
10) 青木祐介, 「都市のアイデンティティ形成と歴史遺産－横浜を事例として」, 32.

건축되었다.[11] 이 역시 대지진의 피해를 입어 괴멸 상태가 되었으며 이후 복구를 통해 고베 등지로 소개되었던 외국인들이 다시 모여 살게 되었다. 복구된 서양관들은 당초 모습에서 조금씩 벗어났으며 목조로 된 외장은 재해에 대비하여 모르타르나 철근 콘크리트로 지어졌다. 1945년 대공습은 다행히 피해갔으나 그 후 맨션 건축 붐과 건물의 노후화로 보존 문제가 중요한 과제가 되었다. 요코하마시는 1969년 영국관 매입을 시작으로 서양관 보존에 힘써 왔으며, 현재 이 지구에는 화재로 유구遺構 일부만 남은 프랑스영사관 관저를 포함하여 18개소의 서양관이 있다. 그 중 야마테 내 3곳의 공원에 위치한 외교관의 집, 블러프 18번관(이상 이탈리아 정원), 베릭 홀Berrick Hall, 에리스만 Ehrismann 저택(이상 모토마치 공원), 야마테 234관, 영국관, 야마테 111관(이상 항구가 보이는 언덕 공원) 등 7개관이 잘 알려져 있다[12]. 대

11) 이로 인해 원래 살고 있던 일본인들은 다른 곳으로 이주가 강요되었는데 보통 이 지역의 '장소성'을 이야기할 때 이주한 원주민들의 삶에 대한 정보는 찾아보기 어렵다. 이 점은 요코하마의 도시 정체성에서 무엇이 '선택'되었는지를 단적으로 보여주는 사례라 할 것이다.

12) 이 지역의 번지수가 제각각인 이유는 구역이 세분화되면서 새롭게 번지가 붙여졌기 때문이다. 간략하게 소개하면 다음과 같다. ①외교관의 집(1910년 준공): 메이지 정부의 외교관 우치다 사다즈치內田定槌 저택. 1997년 손자의 기증으로 도쿄 난페이다이南平台에서 현재지로 이전, 복원. ②블러프bluff 18번관(연도 미상): 대지진 후 야마테 45번지에 지어진 호주 무역상 R.C.바우덴의 주택. 전후부터 1991년까지 천주교 사제관으로 이용. 1993년 현재지에 복원. ③베릭 홀(1930년 설계): 영국인 무역상 B.R. 베릭의 저택. 1956년부터 2000년까지 천주교 마리아회의 성 요셉 국제학교 기숙사로 사용. 2001년 기증으로 복원공사 후 일반 공개. ④에리스만 저택(1926년 준공): 시버 헤그너Siber Hegner 상회의 지배인 프릿츠 에리스만Fritz Ehrismann의 저택(야마테 127번지). 1982년 해체, 1990년 현재지에 재현. ⑤야마테 234관(1927년 준공): 대지진 후 외국인 공동주택으로 건축. 1997년 보수공사 후 1999년부터 일반 공개. ⑥영국관(1937년 준공): 상하이上海 대영공부총서大英工部総署가 설계한 영국총영사의 관저. 1966년 시가 취득, 1층은 콘서트 홀, 2층 응접실은 회의장으로 이용. 2002년부터 2층 침실 복원, 일반 공개. ⑦야마테 111번관(1926년 준공): 미국인 환전 상 라핀

부분 자료관으로 일반에게 공개되고 있으며, 건축물 일부분을 카페로 운영하거나 웨딩홀 등으로 대관하기도 한다. 외교관의 집은 중요문화재, 영국관 및 야마테 111관은 요코하마시의 지정문화재, 나머지 5관은 시의 '인정역사적건조물'이다.

앞 절에서 언급한 개항기념회관이나 정금은행 등의 건축물이 복원의 '시점'에 대한 문제를 보여 준다면, 외교관의 집과 같은 건축물은 이축 복원된 점에서 '공간'에 대한 문제를 보여 준다. 야마테 지구의 이탈리아 공원은 메이지 10년대에 이탈리아 영사관이 위치한 데서 유래되었다고 하지만, 이는 당초의 명칭이 아니라 공원정비사업 과정에서 붙여진 이름이다. 여기에 이탈리아와 아무 상관이 없음에도 외교관의 집과 야마테 44번지에 있던 건축물이 이축되어 블러프 18번관으로 재탄생한 것이다. 새롭게 조성된 공원으로의 이축은 이 건축물이 가진 원래의 역사성을 가리고, 인공적으로 잘 꾸며진 서양식 공원 내의 서양식 건물로만 존재하게 된다. 이점에 있어서는 적어도 근대 건축물의 복원이 지나간 도시의 역사를 '원래대로' 복원한다고는 할 수 없을 것이다. 또 다른 문제점은 에리스만 저택의 경우처럼 이축 복원 시, 원래 건축물이 가지고 있던 큰 특징이 소멸된 채 일부만이 복원된 점이다. 에리스만 저택은 당초에는 '화양병존식'이라고 할 수 있는 구조로 일본식 건물과 서양식 건물이 혼합된 형태였다. '서양관이 달린 주택洋館付き住宅'이라고도 부르는데 이는 다이쇼大正 초기에 등장하여 크게 유행했던 '문화 주택'의 하나로, 우리에게도 친숙한 「이웃집의 토토로」에 등장하는 주인공 자매의 집이 그러한 예이다. 2001년 현재 요코하마 시내에 남아 있는 이러한 주택은 338동13)으로, 당시 일본인

J. E. Laffin의 저택. 1996년 시가 취득, 보수공사 후 1999년부터 일반 공개.

13) 그러나 이 책의 자료는 현존하는 화양병존식 주택만을 조사한 것으로 에리스만 저택과 같은 경우는 포함되지 않는다. よこはま洋館付き住宅を考える会, 『洋館付き住宅の魅力がわかる本』, よこはま洋館付き住宅を考える会, 2004, 14.

들이 선망하던 근대 서양의 '문화'에 대한 선망이 주거 양식에 도입된 예로 건축사에서도 중요한 의미를 갖는다고 할 수 있다. 에리스만 저택의 경우 조사가 시작되기 전에 해체된 탓에 원래 붙어 있었던 일본식 건물은 복원의 대상이 되지 않았다. 현재 야마테 자료관으로 활용되고 있는 구 나카자와中澤 저택도 두 번에 걸쳐 이축, 복원되었는데 당초에 붙어 있던 일본식 건물은 없어지고 서양관만 남았다. 당초의 '역사'가 그대로 복원되지 않은 사실은, 결과적으로 외국인 거류지였던 야마테 지구의 다른 서양관과 함께 '요코하마의 서양풍 마을'의 이미지를 더욱 강하게 만들었다. 야마테 서양관이 종종 서양식 결혼식장이나 드레스 코드를 갖춘 크리스마스 파티 장소로 활용되는 사실 역시 과거 서양 문물의 유입 창구로서의 요코하마의 이미지를 재생산하는 일례라고 할 것이다.

그런데 근대 건축물의 복원은 복원 대상물의 시간과 공간 문제뿐 아니라 그 대상과 범위에 대한 문제도 중요하다. 왜냐하면 바로 '근대'를 바라보는 인식이 극명하게 드러나는 지점이기 때문이다. 소유자의 의지에 반할 때 역사적 건조물은 어디까지 보존이 가능하며, 왜 보존해야 할까? 1905년 무렵에 요코하마시 개항기념회관 근처에 세워진 개통합명회사開通合名會社의 벽면은 이 점을 생각하게 한다. 간토대지진 후 건축된 2층짜리 목조건물 해체 시 외벽을 떼어 내다 발견된 붉은 벽돌의 벽면은, 소유자와의 질긴 협상 끝에 일부가 남아 현재 주차장의 담장처럼 사용되고 있다.

보존공사를 맡은 USC사의 가네히로 아키라兼弘彰 씨는 이것을 "간토대지진의 유물"이라고 하지만, 이 건물이 기억되는 까닭은 대지진을 견뎌 낸 건물이기 때문이 아니다. '요코하마의 시간을 여행하는 유구横浜の時間を旅する遺構'라고 붙여진 이름에서도 알 수 있듯이, 메이지

▲ 개통합명회사 벽면 일부(필자 촬영)

시대라는 '밝은 근대'를 맞이한 개항장으로서의 요코하마를 기억하는
장치로서 의미가 있는 것이다. 이것은 또한 토목산업유구를 포함한
역사적 건조물의 복원과 활용을 통하여 요코하마시가 "서양으로부터
근대기술 도입의 창구였던 요코하마의 역사를 눈에 보이는 형태로 시
민에게 계승"[14]됨을 꿈꾸는 도시 이미지의 창출과 맞닿은 지점이라
할 것이다.

2) 요코하마시 근대문화유산의 '창조적' 활용 사례

1990년대에 들어 미나토미라이 21 지구로 상업 시설을 비롯한 문
화 오락 시설이 집중되면서 구 시가지는 역사적 건조물이 감소함과
동시에 빌딩의 공실률이 높아지는 등 쇠퇴하는 양상이 발생하였다.
이러한 상황에서 요코하마의 문화와 역사적 자원을 최대한 활용해야
한다는 의식이 고양되었고, 그 방편으로 2004년 1월 14일 문화예술·
관광진흥에 의한 도심활성화 검토위원회의 "문화예술창조도시-크리
에이티브시티 요코하마 형성을 지향하는 제언文化藝術創造都市-クリエイティ
ブシティ·ヨコハマの形成に向けた提言"이 나왔다. 이를 계기로 요코하마시는
도시 정체성에 재창출에 힘을 쏟는다. 요코하마를 가타가나片仮名로 표

---

14) 横浜市, 『「歴史を生かしたまちづくり」の推進について』, 横浜市, 2013, 11.

기한 데서 알 수 있듯이, '신문화 유입의 창구'라는 이국 정서를 가진 도시라는 역사적 정체성을 여전한 기반으로 하면서 그 위에 '창조 도시'라는 '새로운 얼굴'을 내세운다[15]. 이 정책에서 산업화유산을 포함하는 근대문화유산은 매우 좋은 활용 자원이 되고 있다. 예를 들어 아카렌가 창고는 문화 행사장과 상업 시설로 사용되고 있으며 야마테의 서양관처럼 자료관이나 대관에 쓰이기도 하며, 대지진 후 건설된 우치고에바시打越橋나 사쿠라미치바시櫻道橋 등은 내진 공사를 거쳐 지금도 도로 시설로서 역할을 하고 있다. 그러나 이러한 건조물 자체의 활용보다 필자가 주목하고 싶은 '활용'은 거기에서 행해지는 다양한 사람들의 소통과 교류이다. BankART1929 프로젝트가 좋은 예이다. 이 것은 도시계획국의 도심정비과와 도시디자인실 관할 사업으로 2004년 2월에 시작하여 2006년 3월에 종료되었으나, 2006년도부터 본격적으로 '도심부 역사적 건조물 등 활용 사업'으로 계승되었다. 2007년에 NPO법인 BankART 1929가 설립되어 창조핵심 형성에 진력하고 있다. 구 후지富士은행 건물은 도쿄예술대학대학원의 캠퍼스로, 구 다이이치第一은행 건물은 요코하마 창조도시센터YCC로 쓰이고 있다. 현재 BankART 1929의 활동 거점은 구 일본우선창고를 리노베이션한 3층 짜리 Bank ART Studio NYK이다.[16] 1층에는 전시실, 안내 데스크, 카

---

15) 시가 정의하는 '창조 도시'란 다음과 같다. "풍요로운 시민생활을 추구하면서, 도시의 자립적 발전을 지향하기 위해서는 요코하마의 최대의 강점인 '항구를 둘러싼 독자적인 역사와 문화'를 활용하여, 예술과 문화가 갖는 '창조성'을 살려 도시의 새로운 가치와 매력을 생산해 내는 도시 만들기가 추진되는 것이 어울린다. 요컨대 문화예술, 경제의 진흥과 요코하마다운 매력적인 도시 공간 형성이라는 소프트와 하드의 시책을 융합시킨 새로운 도시 비전이 '문화예술 창조도시 크리에이티브 시티 요코하마'이다." 『これからどうなるヨコハマ』, Bank ART 1929, 2011, 23.

16) 관련시설로 BankART 쓰마리妻有, BankART 사쿠라소櫻莊, BankART 베를린 등이 있으며, BankART 사업을 계기로 구 대장성 간토재무국사무소를 아트

페&펍이 있고 미술·건축·퍼포먼스 등 예술 관련 콘텐츠와 BankART자체 출판물을 취급하는 서점이 있다. 2층과 3층은 갤러리와 도서관, 입주 작가를 위한 스튜디오로 활용하고 있다.

▲ 구 일본우선창고를 활용한 Bank ART Studio(필자 촬영)

이곳의 주요 사업은 입주 작가 스튜디오, BankART 스쿨, 주최 사업, 코디네이터 사업, 네트워크 구축 등으로 구성된다. 스튜디오는 교환 레지던스 프로그램을 활용하여 일본인뿐 아니라 해외 작가들도 입주할 수 있다. 일정 시기에는 30~40팀의 작가들이 같은 공간을 활용하여 교류하며, 지역민 초청 이벤트도 수시로 개최된

▲ BankART Studio 내부(필자 촬영)

다. BankART 스쿨은 2개월 8회 강의를 기본 단위로 열리는 소수 인원제 아카데미로, 2014년 8월까지 263 강좌, 833명의 강사, 4000명 이상의 수강생이 거쳐 갔으며, 강좌 종료 후 수강생끼리 독자적인 활동을 이어가기도 한다. 주최사업은 요코하마의 다양한 자원을 활용한 전시회와 공연예술 이벤트로, 중점은 바로 '지역 안에서'이다. 코디네이터 사업은 외부의 신청이 중심이며 단순 임대가 아니라 BankART사업과의 시너지 효과를 중시하는데, 그 결과 수많은 아틀리에가 인근에 형성되었다. 네트워크 사업은 기존 문화 시설과의 협력과 요코하마시 외곽 지역과의 관계 형성, 국내외 타 도시와의 협업 등 여러 방면에서 전개되고 있다. 이상의 주요 사업

스튜디오로 활용하는 ZAIM, 구 오이마쓰老松회관을 활용한 '규나사카急な坂 스튜디오' 등도 정비, 활용되었다.

에 더하여 출판사업과 요코하마 오리지널 상품의 네이밍 및 라벨 제작 등 다양한 콘텐츠도 제작한다. BankArt1929 사업은 요코하마의 '개성'을 드러내는 데 중심적인 역할을 하였으며, 이를 높게 평가받아 요코하마시는 2007년도에 '문화청장관표창 문화예술창조도시상' 제1호를 수상하였다.

BankART가 추진해 온 사업에서 필자가 특히 주목한 점은 '역사의 활용'이다. BankART의 '속 조선통신사'사업은 1차적인 근대문화유산으로서의 역사적 건조물의 활용을 넘어 '역사'를 다시 읽어내는 시도로서 주목된다. 이 사업은 한일 간 교류라는 큰 목적 아래 에도江戶시대 각 번藩들이 조선통신사를 영접했던 역사적 사실을, '주체로서의 지방도시의 릴레이'로서 인식하는 데 주안점을 두었으며, 진언종의 창시자 구카이空海의 수행에서 비롯된 시코구헨로四國遍路에서 힌트를 얻은 것이기도 하다. 즉, 한일 간의 역사와 일본의 역사적 경험이 복합적으로 재현된 것이라 할 수 있다. 2010년 봄에 BankART 스쿨에서 조선통신사 연구의 권위자인 나카오 히로시仲尾宏 씨를 초청하여 '조선통신사로의 초대'라는 연속 강좌를 개최하여 본격적인 시동을 걸었다. 그해 8월 한일 크리에이터로 구성된 20여 명은 20여 일 동안 서울－세토우치瀬戶内－에치고 쓰마리越後妻有까지 여정을 이어가며 역사 속 통신사의 발자취를 답보하면서 각 도시에서 열린 국제예술제에 참여하고, 또 니가타현까지 발길을 뻗어 새로운 통신사의 여정을 추가하기도 하였다. 이렇게 시작된 속 조선통신사 프로젝트는 지금까지 매해 참가 인원과 여정 및 여행지를 달리하면서 이어오고 있다. 역사 연구와 문화예술의 콜라보레이션이라 할 수 있는 이 프로젝트에서 '속'이란 말의 의미대로 '이어짐'의 키워드를 읽어 낼 수 있다. 그 이어짐은 역사라는 시간의 이어짐이기도 하고 도시라는 공간의 이어짐이기도 하다. 무엇보다 사람들의 이어짐이라고 할 것이다.

이 사업에 주목하는 이유는 다음과 같다. 첫째, 요코하마시가 역사적 정체성으로 내세웠던 '개항 도시'의 이미지에 부합된다. 물론 이 개항은 근대기 서구가 그 대상이다. 그러나 타자를 접하여 타자의 문물과 문화를 수용한다는 측면에서 '개항'을 생각하면 조선통신사는 그 의미에 적합한 사례라 할 수 있다. 둘째, 기존에 '문화유산'의 활용이 역사적 건조물의 활용이라는 하드웨어적인 측면에 기울어 있었다면, 이 사업은 소프트웨어적인 '문화 유산'의 활용가능성을 보여 준다. 셋째, 이 사업은 단순히 과거의 역사를 재현하는 데서 그치지 않고, 역사 속 교류를 기억하면서도 새로운 만남을 생산하여, 이벤트성 역사 활용이 아니라 지속가능한 활용이라는 점에서 의미가 크다. 또 동시에 새로운 교류의 발신지로서의 역할을 함으로써 요코하마시가 강조하는 새로운 '창조도시 요코하마'라는 도시 정체성과도 어울린다. 이러한 점에서 BankART1929의 사업은 우리나라 지자체가 추진하고 있는 근대문화유산 활용에 적지 않은 시사점을 준다고 생각된다.

3. 개항 도시 인천

조선시대 임진왜란과 병자호란으로 군사적 요충지로서 그 중요성이 부각되었던 인천은 19세기 중엽 통상을 요구하는 서양 세력의 접근을 차단하고 방어하는 최전방지이자 한양의 인후지지咽喉之地였다. 조일수호조규朝日修好條規로 개항한 뒤 1883년 제물포에는 인천해관海關과 인천감리서監理署가 설치되었고, 각국 영사관과 전관조계專管租界와 공동조계共同租界가 차례로 자리 잡게 되면서, 군사적 요충지로서 역할을 하던 인천은 외국 문물 유입의 최전선으로서 그 역할이 바뀌게 되었다.

개항 이후 인천의 변모를 아는 데 참고할 수 있는 자료로는, 조선신보사의 주필이었던 아오야마 요시에靑山好惠(1872~1896)의 『인천사정』(仁川事情, 1892)과 시노부 준페이信夫淳平·가세 와사브로加瀬和三郎의 『인천개항 25년사』(仁川開港25年史, 1908)가 있다. 인천광역시 역사자료관 역사문화연구실은 2004년 말에 이 두 책을 번역 해제하여 『인천역사문화 총서12 역주 인천개항 25년사』(이하 『25년사』로 약칭)로 발간, 인천사 연구에 크게 도움을 주었다. 『25년사』에서는 인천을 "한국의 요코하마"[17]로 규정하면서, 동아시아 3국의 해상교통, 무역, 군사적 요충지로서 인천의 역할을 언급한다. 또 일본의 주요 항과 비교해서도 뒤떨어지지 않는다고 평가하면서, 불굴의 의지를 가진 일본 민족의 기상과 그들의 노력에 따른 결과로 설명한다. '식민지 근대화론'과 다르지 않은 시각의 문제점은 차치하고서라도, 개항 이후 물밀듯이 들어오는 일본 자본에 의해 인천 시가지의 모습이 이전과 크게 달라진 사실을 확인할 수 있다.

인천에 거주하는 일본인 역시, 청일전쟁과 러일전쟁을 겪으면서 그 수가 급속히 증가했다. 박진한에 따르면, 인천으로 이주하는 일본인의 증가에 따라 일본 정부가 전관조계 앞 해안매립사업을 구상하였고, 1897년 3월부터 1909년 10월까지 진행된 매립 공사는 "일본식 시가지 확장이라는 도시경관 변화를 가져 온 주된 계기가 되었다."[18] 일본전관조계가 설치된 부산과 달리, 인천은 각국조계·청국조계·일본조계가 함께 설치되어 당시로서는 이국적인 경관을 연출하였다. 인천은 개항으로 각국이 세력을 확장시키기 위한 각축장이 되었다가, 일본의 전쟁수행 과정에서 일본의 세력이 확충되면서 시가 시게타카志賀重昻

---

17) 인천광역시 역사자료관 역사문화연구실, 『인천역사문화 총서12 역주 인천개항 25년사』, 인천광역시, 2004, 45.
18) 박진한, 「개항기 인천의 해안매립사업과 시가지 확장」, 『도시연구』 12, 도시사학회, 2014, 83-84.

에 따르면, "일본의 작은 지방 도읍을 유람하고 있는 느낌"[19]마저 들게 하는 일본인을 위한 식민지의 성격이 강화되어 갔다. 근현대 지도를 통해 인천의 변화를 추적한 김종혁은, 월미도 연육제방과 도크 설치 이후에 인천이 명실상부한 근대적 무역 항구로 거듭나게 되었다고 말하며, 해방 이전까지 개항장 일대가 가장 발전한 중심지였음을 지도를 통해 고증하고 있다. 그러나 해방 이후 본격적인 시가지 개발과 함께 인천은 공업화의 가속화로, 도시 중심축의 이동이 주안 및 부평으로 이동하였다. 무엇보다 1985년 인천시청이 구월동으로 청사를 이전하면서, 김종혁의 표현을 빌리자면 개항장은 전성기가 끝나 "추억거리" 내지 "과거의 영화를 확인하는 장소"[20]로 전락하여, 중심지로서의 면모가 쇠락하였다.

1) 인천의 개항장 문화지구의 근대 건축물 복원과 활용

이처럼 한국의 도시개발과 공업화가 가속화하는 가운데, 인천의 개항장 일대 지역은 그야말로 썰물이 빠져나간 것처럼 쓸쓸함만 남게 되었다. 하지만 근년에 들어 다시금 전성기의 추억거리가 소환되고 있다. 물론 그 '추억'과 '기억'은 당시 도심으로서 개항장의 면모를 있는 그대로 불러오는 것이 아니라, 근대문화유산의 보존과 활용을 통해 새롭게 가공되어 확대, 유포된다는 사실을 미리 말해두어야 할 것이다.

2000년대 후반에 들어서 각 지자체가 경쟁적으로 벌이고 있는 근

---

19) 이규수, 「개항장 인천(1883~1910) – 재조일본인과 도시의 식민화」, 『인천학연구』 6, 인천대학교 인천학연구원, 2007, 27에서 재인용. 원출처는 志賀重昻, 『大役小志』, 東京堂, 1909, 62.

20) 김종혁, 「고지도와 근현대 지도로 읽는 인천」, 『역사와 문화지리로 보는 인천』, 인천광역시, 2011, 59-64.

대문화유산을 활용한 도심 재생 사업은 가시적인 성과를 내고 있다. 그러나 관광객 증가와 같은 경제적 측면의 성과는 인정하더라도, 그 과정에서 보존과 복원의 대상에 대한 논의는 여전히 현재진행형이라 할 수 있다. 인천 역시 일찌감치 근대문화유산을 활용한 관광 사업을 추진하였다. 인천이라는 도시의 특징이 서울로 가는 관문의 역할을 해 온 역사와도 관련되며, 외국인 관광객에게 좀 더 볼거리를 제공하여 관광지로서의 위상을 높이기 위한 측면이 컸다고 할 수 있다.[21] 이러한 현실인식에서 시작된 근대문화유산을 활용한 관광 사업에 대한 우려의 시선 역시 외면해서는 안 될 것이다.[22]

인천시가 2016년 조사한 인천의 근·현대(개항기-1970년대) 건축물은 10개 군·구에 총 210개로 집계되는데, 중구에는 가장 많은 150개의 유적이 있다. 이 가운데 현재 국가 사적이나 인천시 지정유형문화재, 등록 문화재로 지정된 유적은 10% 정도인 총 23개에 지나지 않는다. 작년 5월 말 중구는 주차장 조성을 이유로 송월동에 있던 1912년 지어진 것으로 추정되는 애경사愛敬社의 비누 및 양초 제조 공장 건물을 철거하였고, 수억의 예산을 들여 복원한 '인천세관 구 창고와 부속동' 건물은 등록문화재로 지정이 되었음에도 수년 째 방치되어 왔다. 근대건축물의 활용에 앞서 우선 철거될 가능성이 높거나 방치되고 있는 건축물의 보전에 관한 논의가 급선무로 보인다. 문화재청에 실린 인천시 중구의 문화재를 유형별로 살펴보면 총 25건이 등록되어 있으며, 이 가운데 근대문화유산이라 할 수 있는 것은 19건이다. 이를 문화재 종목별로 분류하면 아래의 〈표 1〉과 같다. 이 가운데 성당과 우

---

21) 인천을 통해 입국한 외국인은 입국 후 3시간 이내 도심을 떠난 것으로 나타났다.《YTN》(2004. 2. 15.).
22) 김민수는 중구의 구도심 복원 사업에 대해 "부실한 역사 의식"을 문제 삼았으며《경향신문》(2007. 10. 4.), 이세기는 "도심을 해체하는 방식으로" "건물의 외양만 바꾸는 식의 전시 복원"이라고 지적한다.《경향신문》(2009. 8. 5.).

체국, 제물포고등학교 강당은 지금도 본래의 기능을 유지하고 있으며, 제18은행은 인천개항장 근대건축 전시관으로, 제일은행은 인천개항박물관으로, 제물포구락부는 영상스토리텔링 박물관으로, 공화춘은 짜장면 박물관으로 바뀌어 중구 역사문화 지구의 관광 스폿이 되고 있다. 구 야마토구미 사무소는 수리 후 개인 카페(pot-R)로 영업 중이다.

〈표 1〉 인천시 중구의 근대문화유산

연번	종목	명칭 및 건립 연도	소유자 / 관리자
1	사적 제287호	답동성당(1897)	(재)인천교구천주교회유지재단
2	시도유형문화제 제7호	구 일본제일은행 인천지점(1899)	인천 중구청
3	시도유형문화재 제8호	인천우체국(1924)	경기지방 우정청 (관리:서울체신청)
4	시도유형문화재 제17호	구 제물포 구락부(1901)	인천시 교육청
5	시도유형문화재 제19호	구 일본제58은행 인천지점(1892)	요식업조합
6	시도유형문화재 제40호	팔미도 등대(1903)	
7	시도유형문화재 제49호	홍예문(1908)	
8	시도유형문화재 제50호	구 일본제18은행 인천지점(1890)	국토교통부
9	시도유형문화재 제51호	내동 성공회성당(1890/1956 중건)	
10	시도기념물 제13호	양주성 금속비(1878)	인천 중구청
11	시도기념물 제51호	청·일 조계지 경계계단(1883-4)	국토교통부
12	시도민속문화재 제2호	용동 큰우물(1883)	국토교통부
13	문화재자료 제16호	남북동 조병수가옥(1890)	조병수
14	등록문화재 제246호	선린동 공화춘(1908 경)	인천 중구청
15	등록문화재 제248호	구 일본우선주식회사(1888)	인천시
16	등록문화재 제249호	구 인천부청사(1933/64년 증축)	인천 중구청
17	등록문화재 제427호	제물포고등학교 강당(1935)	인천시 교육청
18	등록문화재 제567호	구 야마토구미(大和組) 사무소 (1891 혹 1892)	계원숙
19	등록문화재 제569호	구 인천세관 창고와 부속동 (1911/ 1926 이축)	관세청

그런데 몇 가지 문제가 떠오른다. 예를 들어 1888년 조성된 '만국공원'은 한국 최초의 근대식 공원인데, 개항 당시 조계지 내 랜드마크가 되었던 의미를 생각하면, '만국공원' 또는 '각국공원'이라는 이름 대신 '자유공원'으로 선택된 것이 중구청이 추진하고 있는 개항장 문화 지구 사업과 동떨어진 것처럼 보인다는 점이다. 즉, 개항장보다 인천상륙작전이라는 역사적 경험을 우선순위에 둔 이름이며, 같은 장소임에도 그 의미가 역사의 어느 지점에서 선택되는지를 명확하게 보여주는 예라고 할 것이다. 부정확한 정보 제공도 문제이다. 한국관광공사가 만든 "대한민국 구석구석" 사이트에는 구 일본우선주식회사의 건립 정보가 "1933년 이전"이라고 되어 있어 인천 중구청이나 문화재청이 제공하는 정보와 차이가 있다.

중구청이 2006년 차이나타운에서 신포동, 아트플랫폼에 이르는 530m 구간을 "일본풍의 외관과 아름다운 간판을 테마로 리모델링"한 "일본풍 거리조성" 사업을 추진하였다.[23] 또 "각국 거리 조성사업"과 "러시아 특화거리 사업"은 "중구 짝퉁거리 대응 시민모임"이 결성될 정도로 지역사회의 반발을 샀으며, 고증의 불철저함도 거론되었다. 우현로 39번길은 개항 당시 조선인 마을로 '각국 공동조계' 지역이 아니었다는 점과, 러시아영사관은 35번길이 아니라 인천역 부근에 있었다는 것 때문이었다. 지역사회의 반발에도 사업은 수정되는 일 없이 2015년 8월에 러시아 특화거리 경관 개선 사업이 진행되었다. 그러나 러시아풍 건물과 러시아 문화 활동 체험공간을 마련하여 관광객이 모일 것이라는 관의 기대는, 안이함을 넘어 민운기 인천도시공공성네트워크 간사가 지적하듯 "문화적 상상력이 빈곤한 행정의 콤플렉스"[24]를 드러냈을 뿐이다. 앞에서 지적한 대로 역사성의 부재 뿐 아니라 노후

---

23) 해당 사업명과 내용설명은 중구청 문화예술과 제공 자료에 의거.
24) 《경기일보》(2015. 8. 4.).

▲ 개항장문화지구 안내도(출처: 중구청 홈페이지)

건물을 가리려고 러시아풍의 외양만 본떠 만드는 건물의 조잡함은 당연한 결과겠지만, "혈세 쏟아 부은 인천 신포동 특화 거리"는 "'폐점 거리'로 전락"[25]하고 만다.

　이상 중구청이 추진하는 근대역사문화유산을 활용한 도심 재생 사업을 보면 주객이 전도된 느낌이다. 다시 말하면 이 일대를 개항장으로서 설정하여 사업을 추진한 것은 충분히 공감되지만, 거기에는 해당 지역의 '역사'가 아니라 '장삿속'만 보인다. 일본 조계지 거리의 "일본풍 외관"은 서울 종로나 홍대 인근 일본식 술집의 외양과 다를 바가 없다. 대부분의 점포는 '개항 도시 인천'의 역사와 개성을 보여 주지 못한다. 일본 애니메이션에 등장하는 인형과 인력거 조형물은 오히려 위화감을 준다.

　중구의 차이나타운은 1884년 4월 청국조계지 설치 이래 상권이 활성화되어 1900년대에는 화교 2,300여 명이 거주하였던 인천의 특성을 가장 잘 보여 주는 곳이기도 하다. 2001년 6월 문광부의 월미관광특구 지정을 계기로 차이나타운의 조성이 본격화되었는데, 2016년까지의 사업 추진상황을 보면, 도로 포장, 패루와 삼국지 벽화 설치, 짜장

25)《기호일보》(2016. 6. 29.).

면 박물관 개관, 초한지 벽화거리와 화교역사관 조성 등이 눈에 띈다. 그러나 근대 건축물의 보존과 활용을 강조하면서도, 예를 들어 1884 년 개설된 청국영사관의 부속 건물이었던 회의청은 차이나타운 내 가 장 오래된 역사적 건축물(1910년 건축)인데도 오랫동안 방치되었 다.26) 현재 한국에서 유일한 차이나타운임에도 불구하고 차이나타운 의 역사와 문화, 그리고 여전히 생활의 터전으로 살고 있는 화교의 삶 을 제대로 조명하지 못하고 '짜장면'으로 대표되는 곳처럼 인식되고 있는 점은 매우 안타깝다. 요코하마의 차이나타운에서는 해상의 신으 로 추앙하는 마조媽祖를 제사하는 천후당天后宮을 비롯하여 재물의 신 관우의 관제묘關帝廟 등 화교의 일상과 밀접하게 관련된 장소에서 각 종 행사가 개최되어 관광객의 발길을 끌고 아울러 화교들의 일상에 쉼표가 되고 있다. 인천 차이나타운의 회의청에도 마조상과 관우의 초상화가 걸려 있다. 근대 건축물 자체의 활용에 더하여 화교의 문화 를 공유하고 활용하는 방안이 마련되면 인천시가 지닌 도시의 정체성 을 더욱 잘 드러낼 수 있을 것이다.

근대 건축물의 현재적 활용을 가장 잘 보여주는 사례는 인천 아트 플랫폼이다. 구 일본우선주식회사 인근의 창고건물 13개동을 리모델 링하여 현재 아트플랫폼과 근대 문학관을 조성, 예술에 종사하는 창 작인들의 작업과 교류의 장이 되고 있다. 이곳의 사업은 요코하마의 BankART 사업과 유사하고 또 두 플랫폼의 간의 교류도 이루어지고 있다. 그러나 BankART 사업이 자체 수익원 창출과 지역민과의 교류 를 목적으로 정기적인 뉴스레터 발행과 2만 여 명에 이르는 메일링을 통해 활발한 홍보 활동을 하는 반면, 인천 아트플랫폼은 창작자를 위 한 공간이라는 본연의 기능에 더 힘을 쏟는다는 점이 다르다. SNS를

---

26) 2017년 5월에야 비로소 인천대 중국학술원이 실내 보수 공사에 착수할 계획을 밝혔다.

통한 홍보 이외 정기적인 뉴스레터는 발간하지 않으며 자체 수익사업 없이 예산은 모두 시에 의존해야 하는 구조 탓에, 시 재정에 따라 유동적이어서 사업의 지속성이 완전하다고는 할 수 없다.27)

2) 그때를 기억하는 사람들 – 무엇을 위한 복원인가?

어떤 지역이 갖는 '장소성'은 가시적으로 확인할 수 있는 대상을 통하여 쉽게 역사와 연관시켜 확인할 수 있겠지만, 한 걸음 더 들어가 보면 사람들이 살아 온 흔적이 그 장소가 지닌 '이야기'를 구성하는 가장 주요한 요소라 생각된다. 일제강점기 한반도에서 생활하던 일본 인들은 1945년 8월 패전 이후 순차적으로 일본으로 돌아가게 된다. 당시 인천에서 살았던 일본인들로 구성된 '인천회'는 2000년에 들어서는 '일본 인천회'로서 대회를 열기도 하는 등 활발한 교류를 하였다. 그러나 회원 고령화 등의 원인으로 점차 쇠퇴하게 되었으며, 현재는 활동이 없는 상황이다. '인천을 생각하는 모임仁川を想う會'은 이노우에 고이치井上浩一 씨가 중심이 되어 일제 강점기 인천에서 살았던 일본인들의 교류와 당시의 기록을 남기기 위하여 활동하고 있는 단체이다. 도쿠시마현德島縣 이케다池田 고등학교에서 근무하는 이노우에 씨는, 조선기계제작소朝鮮機械製作所에서 근무한 조부를 따라 인천에서 살게 된 모친에게 당시의 이야기를 들으면서 한국에 관심을 가지게 되

---

27) 그러나 이러한 아트 플랫폼의 현황에 대해서 꼭 지역과 연계되어야 하는가에 대한 비판도 강하게 제기되고 있다. 이는 아트플랫폼의 설립 목적과 지향성에 따라 다른 시각으로 읽힐 수 있는 지점이라 할 것이다. 이 같은 상반된 시각에 대해서는 다음 논의 참고. 인천아트플랫폼, 『인천아트플랫폼 성과와 발전방향 토론회 자료집』, 인천아트플랫폼, 2015, 15-200, 이범훈·김경배, 「인천 개항장의 『장소만들기』 실태 분석 및 발전방향 연구」, 『한국도시설계학회지』 11/5, 한국도시설계학회, 2010, 95-112.

었으며, 한국의 몇몇 고등학교에서 일본어 교사로 근무한 이력을 가지고 있다. 필자는 이 모임을 통해 일제강점기 인천에 거주한 일본인들을 인터뷰하였다.[28] 구술이 갖는 한계는 있지만, 그들의 기억을 통해 당시 일본인들의 인천에서의 생활상을 살필 수 있었으며, 나아가 그들의 기억 속에 남은 '식민지 조선'이 어떠한지를 유추할 수 있었다. 인터뷰에 응한 4인은 주로 도쿄에 거주하였으며 최고령자인 구보타久保田 씨(1923년생), 가와나川名 씨(1932년생), 야마무라山村 씨(1938년생), 요시하라吉原 씨(1938년생) 등이다.

이들이 기억하는 인천은 전시라는 어려운 상황에서도 그 나름의 '풍요로운' 기억이 녹아있는 '진센(인천의 일본식 발음)'이었다. 자신들이 살았던 '흔적'이 좀 더 남아 있었을 때, 좀 더 일찍 인천을 방문하지 못했던 것을 못내 아쉬워 했다. 구보타 씨 외에는 귀환 후 모두 인천을 방문했는데, 당시의 인천을 기억하게 해주는 것은 아사히국민학교의 후신인 신흥초등학교와 프랑스교회라고 불렸던 답동성당 등 몇몇 건물들이었다. 고향을 다시 찾은 감격을 이야기 하면서도, "같이 살던 사람들이 더 이상 없는 인천(야마무라)"에 대한 쓸쓸함을 토로하였다. 또 자신들의 기억 속의 인천은 "인천이 아니라 진센(구보타)"이라고 하는 데서, 그들이 살았던 개항장 일대의 '장소성'이 극명하게 드러난다. 요시하라 씨는 인천시에서 근대 건축물을 비롯한 일본인 거주 지역을 복원한다는 소식에 정부 차원에서 길항하는 한일관계가 관광객의 증가로 민간 레벨에서 개선될 거라는 기대를 내비쳤다. 일본풍 거리 조성이나 근대 건축물 복원 또는 모형 재현은 당시 인천에서 거주하였던 일본인들에게 '다시 돌아가고 싶은 아름다운 유년시절

---

28) 인터뷰는 2017년 7월 6일(목) 8시~15시까지 신주쿠 프라자의 회의실에서 실시하였다. 협조를 아끼지 않은 이노우에 씨에게 지면을 빌려 깊은 감사 인사를 드린다. 개인정보 등의 이유로 이름은 기재하지 않았으며, 인터뷰 전문과 이들이 제공한 당시 개항장 일대 마을지도 등의 자료는 지면 관계로 부득이 생략한다.

의 진센'을 상기시키는 하나의 오브제인 것이다. 거기에는 애초부터 엄혹한 시절을 살아낸 조선인들의 삶도, 식민지 착취에 기반한 유복했던 일본인의 삶도 없다. 기억하기 위한 복원이 아니라, 상상으로 만들어 낸 외양 복원인 탓이다.

필자는 수년 전부터 인천시가 활발하게 추진해 온 개항장 일대의 복원 사업을 보면서 지역사회의 많은 우려대로 역사적 고증이 미흡한 점이나 외양 복원에 그치고 있다는 비판에 공감한다. 거기에 더하여 2017년 11월 인천시가 고시한 『인천 개항창조도시 도시재생활성화계획-도시경제 기반형-』에 보이는 향후 발전 계획을 보면, 그러한 우려가 해소되지 못한 채 사업이 확대되고 있다는 느낌을 지울 수 없다. 기존에 추진한 개항기 근대건축물 밀집지역 지구단위 계획(2003)의 목표는 "근대 건축물(유산) 보전, 주변 건축물과의 조화로운 경관 창출, 관광 상품화 및 거리 활성화"이며, 그 내용은 "근대 건축물 밀집 구역의 경우, 거리 특성에 따라 외관 특성화 요소를 상세히 제시하여 특색 있는 거리 분위기를 유지 도모"하는 것이다. "역사문화 자산"을 활용하여 "역사문화와 관광 기능이 융합하는 지역으로 재생, 문화 및 관광 자원의 연계성 강화로 원도심 활력 강화, 체계적 도시 재생을 통한 관광수요 창출, 근대역사문화 자원의 지속적 활용, 연계를 통한 창조관광 활성화"를 꾀한다고 하는 데서도 분명히 나타나듯이, 관광 상품으로서의 역사문화 자원 활용만이 강조되고 있을 뿐, 그 '역사'가 무엇인지에 대한 본질적인 고민은 보이지 않는다. 여기에 더해 인천시가 "도시관광 활성화"를 위해 추진하겠다고 밝힌 사업 가운데는 이미 사라진 대불호텔이나 존스톤 별장의 재현이 포함되어 있다. 생활전시관으로 조성된 구 대불호텔의 '모형'보다는 발견된 유구를 다른 형식으로 보존·활용하는 것이 인천의 역사를 더욱 잘 보여주지 않았을까? 외형에 집착하는 동안 정말로 고민해야 하는 인천의 도시 정체성이 제대로 구현되지 못하는 것은 아닌가하는 우려는 기우에 지나지 않을까?

4. 나오며

요코하마시는 국내에서도 성공한 도시계획 사례로 널리 알려져, 각 지자체의 방문도 활발하게 이뤄지면서 벤치마킹의 대상으로 자주 언급되고 있다. 일찍이 '한국의 요코하마'로 불렸던 인천 역시 구도심의 재생을 위한 사업을 활발하게 추진하고 있다. 본고에서는 개항 도시로서의 역사성이 유사하다고 평가받는 인천과 요코하마 두 도시에서 추진되는 도심 재생을 위한 근대문화유산 복원과 활용에 대하여 살펴보았다. 양국에서 개항은 필연적으로 서구 문물의 유입창구로서 중요한 의미를 지니며, 이는 두 개항 도시의 정체성을 논할 때 빠지지 않는 부분이다. 근대건축물의 '보존'과 '복원'이란 큰 틀에서 볼 때, 나타나는 양상은 차이가 있을 지라도 '본질'에 대해 해소되지 않은 고민은 두 도시 모두 여실히 보여 준다. 요코하마시의 이전 복원이나 복원 시점 설정에서 드러나듯이, 이전 복원의 경우 그 건조물이 가지고 있던 당대의 어떤 랜드마크로서의 상징은 사라질 가능성이 크다.[29] 오아시스가 사막에 있어야 의미가 있듯이 건조물 역시 그 자리에 있기 때문에 당시의 역사를 기억할 수 있는 것이다. 또 복원 시점을 설정해야 하는 경우에도, 그 건조물이 가지고 있는 자체의 '역사'에서

---

29) 대전철도국장 관사였던 일명 대흥동 뾰족집(등록문화재 제337호)의 예에서도 보이듯이, 도시 재개발 과정에서 옛 건조물이 그 자리에 그대로 남아 있기는 쉽지 않다. 근대 건축물의 이전 복원은 다양한 측면에서 논의해야 할 문제를 안고 있다.

무엇이 그 정체성을 대표할 수 있는지에 대한 고민이 필요할 것이다. 건조물의 '본질'이 사라지거나 혹은 가려질 때, 그것을 진정한 복원이라 할 수 있을까? 또는 그러한 복원을 할 필요가 있을까? 아울러 요코하마시가 근대문화유산의 보존과 활용을 통해 내세우는 개항 도시, '밝은 근대'의 창구라는 도시의 정체성에는, 서구풍이라는 것이 중요한 전제가 되고 있으며, 이는 동시대 같은 곳에 살고 있었던 '일본인'의 이야기를 소거하는 장치가 숨어있다고 할 것이다. 한편 요코하마시의 BankART사례는 민간이 주도하는 '역사의 활용' 측면에서도 우리에게 시사점을 준다. 인천의 근대문화유산 활용 양상에서 보이는 문제는 위와 같은 복원에 있어서의 본질적인 문제에 더하여, 인천이라는 도시의 정체성을 어떻게 설정할 것인가에 대한 구체적인 고민이 보이지 않는다는 점이다. '모던'이라는, 그제까지와 다른 새로운 문화가 유입된 흔적을 어떻게 기억할 것인가, 이에 연동하는 향후의 방향성은 무엇인가에 대한 고민보다, 쇠퇴한 도심을 정비하여 우선 관광객을 끌어들이겠다는 목적이 주가 되다보니 인천의 개항장 역사문화지구는 그야말로 '맥락 없는' 뒤섞임만이 부유하고 있다. 게다가 이미 역사 속에서 사라진 대불호텔 같은 건축물을 굳이 현대의 기술로 '재현'하여 전시관으로 활용하는 사업은 역사적 건축물의 복원이라는 점에서도 활용이라는 점에서도 수긍하기 쉽지 않다.

전국에 산재한 근대 건축물은 우리의 근대화가 '식민지' 경험을 통하였다는 지워지지 않는 상처로 남았기 때문에, 그 복원과 활용에 있어서 일본의 경우처럼 '밝은 근대'로만 내세울 수 없다는 딜레마를 안겨준다. 구룡포의 예에서 극명하게 나타나듯이,[30] 남아 있는 근대 건축물의 '복원'이란 단지 외형에 머무르는 것이 아니라, 그러한 논의의

---

30) 金仙熙, 「明洞の場所性考察—文化遺産復元と関連して」, 『東アジアの思想と文化』 8, 東アジア思想文化研究會, 2016, 87-88.

본질이 무엇을, 왜, 어떻게 기억할 것인가에 있음을 강하게 상기시킨다. 또한 이질적인 건축물을 상품화시켜 관광 스폿으로만 바라볼 것이 아니라, 당시 그 공간에서 삶을 향유한 사람들의 이야기를 읽어내야 할 것이다. 이른바 개항장이라는 세련된 공간에서 '주연'으로 살았던 식민지기 일본인들뿐 아니라, 해방 후에 그 공간을 다시 채우며 삶을 이어 나간 한국인들의 '기억' 역시 '근대문화유산'에 담긴 이야기로서 전해져야 할 것이다. 도시의 새로운 스토리는 지금의 필요가 만들어 내는 작위적인 것이 아니라, 그 공간을 채운 수많은 이야기들이 오롯이 복원된 '장소'에서 시작될 것이다.

  인천의 경우, 긴 인천의 역사 가운데 '근대'에 새로운 문물이 '유입된' 창구로서의 성격만 강조하기보다, 당시 새로운 세상을 향해 '나아가는' 창구로서 인천의 도시 정체성을 재점검하는 노력이 필요할 것이다.31) 서울로 들어가는 길목으로서 서울의 '주변'인 인천이 아니라, 이문화와 사람들이 들고 나는 '중심'으로서의 인천이기를 바란다.

---

31) 한국의 이민사에서 인천이 갖는 위상은 매우 중요하다. 근대 건축물인 내리교회의 신도들과 미주 이민, 인하대 등을 잇는 스토리텔링은 인천만이 갖는 매력을 어필할 수 있는 콘텐츠가 될 것이다.

참고문헌

김용하·도미이 마사노리·도다 이쿠코 편, 『모던인천 시리즈1 조감도와 사진
　　　으로 보는 1930년대』, 土香, 2013

샤를 바라·샤이에 롱, 『조선 기행』, 성귀수 옮김, 눈빛, 2001

와타나베 히로시, 『일본정치사상사 17～19세기』, 김선희·박홍규 옮김, 고려
　　　대학교 출판문화원, 2017

이사벨라 버드 비숍, 『한국과 그 이웃나라들』, 이인화 옮김, 살림, 1994

인천광역시 역사자료관 역사문화연구실, 『인천역사문화 총서12 역주 인천개
　　　항 25년사』, 인천광역시, 2004

인천아트플랫폼, 『인천아트플랫폼 성과와 발전방향 토론회 자료집』, 인천아
　　　트플랫폼, 2015

강동진, 「도시재생 관점에서의 도시유산 개념 정의에 관한 연구」, 『국토계획』
　　　48/6, 대한국토도시계획학회, 2013

김우성·김정훈·양성욱·고형준, 「개항기 근대 건축물 보전 및 주변지역 정비
　　　방안」, 『월간 CONCEPT』 21, 현대건축사, 2000

김선희, 「근대도시문화의 재생과 새로운 커뮤니케이션의 창출-군산을 중심으
　　　로」, 『동북아문화연구』 36, 동북아시아문화학회, 2013

김종혁, 「고지도와 근현대 지도로 읽는 인천」, 『역사와 문화지리로 보는 인천』,
　　　인천광역시, 2011

김주관, 「개항장 공간의 조직과 근대성의 표상」, 『지방사와 지방문화』 9/1,
　　　역사문화학회, 2006

김태영, 「일본 근대유산의 보존과 활용」, 『건축』 53/12, 대한건축학회, 2009

남진, 「역사와 문화를 중시하는 미래도시, 요코하마」, 『국토』 270, 국토연구
　　　원, 2004

도면회, 「식민주의가 누락된 식민지 근대성」, 『역사문제연구』 7, 역사문제연구소, 2001

박진한, 「개항기 인천의 해안매립사업과 시가지 확장」, 『도시연구』 12, 도시사학회, 2014

박진한, 「1900년대 인천 해안매립사업의 전개와 의의」, 『도시연구』 15, 도시사학회, 2016

서민원, 「인천 조계지 형성과정과 건축양식의 특성연구」, 『디자인지식저널』 11/11, 한국디자인지식학회, 2009

서용모·천명환·김형준, 「도시 정체성을 통한 도시마케팅 전략 도출─근대역사물의 활용사례를 중심으로」, 『한국콘텐츠학회논문지』 10/66, 한국콘텐츠학회, 2010

손장원, 「인천지역 근대건축물의 보전과 활용」, 『한국건축역사학회 추계학술발표대회 논문집』, 한국건축역사학회, 2011

신용석, 「인천 근대건축물의 복원에 앞서」, 『플랫폼』 2, 인천문화재단, 2007

신웅주, 「문화유산을 활용한 도시재생」, 『건축』 59/4, 대한건축학회, 2015

이규수, 「개항장 인천(1883~1910)─재조일본인과 도시의 식민화」, 『인천학연구』 6, 인천대학교 인천학연구원, 2007

이범훈·김경배, 「인천 개항장의 『장소만들기』 실태 분석 및 발전방향 연구」, 『한국도시설계학회지』 11/5, 한국도시설계학회, 2010

이연식, 「전후 일본의 히키아게(引揚) 담론구조─해외 귀환자의 초기 정착과정에 나타난 담론의 균열과 유포」, 『일본사상』 24, 한국일본사상사학회, 2013

이희환, 「이방인의 눈에 비친 제물포─개항 전후부터 청일전쟁 시기까지」, 『역사민속학』 26, 한국역사민속학회, 2008

임지혜·오세경, 「인천 개항장의 문화 네트워크 구축에 관한 기초연구」, 『문화교류연구』 2/1, 한국국제문화교류학회, 2013

최강림·이승환, 「역사문화환경을 활용한 도시재생계획 사례연구」, 『국토계획』 44/2, 대한국토도시계획학회, 2009

최영호, 「한반도 거주 일본인의 귀환과정에서 나타난 식민지 지배에 관한 인식」, 『동북아역사논총』 21, 동북아역사재단, 2008

최하나·김정기, 「인천 근대 건축물의 적극적 활용을 위한 리노베이션에 관한 연구－등록문화재를 중심으로」, 『한국문화공간건축학회 논문집』 27, 한국문화공간건축학회, 2009

堀野正人, 「観光対象化される都市の近代文化遺産－神戸の北野異人館を事例として」, 『奈良県立大学研究季報』 17/2, 奈良県立大学, 2006

堀野正人·戸田清子·岡本健, 「横浜における近代文化遺産の保存と活用に関する調査報告」, 『地域創造學研究』 25/1, 奈良県立大学, 2014

金仙熙, 「明洞の場所性考察－文化遺産復元と関連して」, 『東アジアの思想と文化』 8, 東アジア思想文化研究會, 2016

吉原勇, 『降ろされた日の丸－國民學校一年生の朝鮮日記』, 新潮社, 2010

大河直躬·三舩康道 編, 『歴史的遺産の保存·活用とまちづくり』, 学芸出版社, 2006

植村貴裕, 「負の遺産と観光」, 『立正大学文学部論集』 128, 立正大学文学部, 2009

伊東孝, 『日本の近代か遺産－新しい文化財と地域の活性化』, 岩波新書, 2000

これからどうなる？ヨコハマ研究会編, 『ごれからどうなるヨコハマ』, 2011

昌子住江·増渕文男, 「横浜市内の近代土木遺産調査について」, 『土木史研究』 19, 土木史研究會, 1999

青木祐介, 「都市のアイデンティティ形成と歴史遺産－横浜を事例として」, 『専修大学人文科学研究所月報』 238, 専修大学人文科学研究所, 2008

横浜歴史資産調査会, 『都市の記憶 横浜の主要歴史的建造物』, 横浜歴史資産調査会, 2015

横浜市, 『「歴史を生かしたまちづくり」の推進について』, 横浜市, 2013

横浜市緑の協会, 『横浜山手西洋館』, 横浜市緑の協会, 2016

よこはま洋館付き住宅を考える会, 『洋館付き住宅の魅力がわかる本』, よこはま洋館付き住宅を考える会, 2004後藤治, 『都市の記憶を失う前に』, 白揚社新書, 2018

중국 동북 지역 사회주의 유산의 지속과 단절*

도시 공간의 재구성과 거버넌스의 변화

정규식

원광대학교 동북아시아인문사회연구소 HK연구교수

1. 서론

지난 2019년 10월에 개최된 중국 공산당 19기 4차 중앙위원회 전체회의에서 〈중공중앙 중국 특색 사회주의 제도의 견지와 완비, 국가 거버넌스 체계와 거버넌스 능력 현대화 추진에 관한 약간의 중대한 문제에 관한 결정中共中央關於堅持和完善中國特色社會主義制度、推進國家治理體系和治理能力現代化若幹重大問題的決定〉이 통과되었다. 주지하듯이 중국은 공산당이 통치하는 '당-국가 체제'로 중국 공산당 중앙위원회 전체 회의가 실질적인 최고 정책 심의 및 결정 기구이기에 향후 중국 사회에서 거버넌스와 관련된 정책 및 논의가 중앙 정부를 비롯한 각 지방 차원에서도 지속적으로 심화될 것이 예상된다. 물론 중국에서 '거버넌스 체계의 개혁'이라는 의제가 이번 회의를 통해 처음 제기된 것은 아니다. 이미 2000년대 이후부터 노동자의 집단 행동 및 파업을 비롯한 사회 문제가 지속적으로 발생하면서 중국 정부와 학계에서는 '사회관리社會管理, social management'에 대한 관심이 높아졌다. 그리고 2013년 이

---

* 이 글은 〈정규식, 「중국 동북지역 도시공간의 재구성과 사회 거버넌스 체계의 변화」, 『만주연구』 제29집, 만주학회, 2020〉에 수록된 내용을 수정·보완한 것임.

후 사회관리 방향을 '사회 거버넌스社會治理, social governance' 체계의 구축으로 전환하면서 민간 '사회 조직'의 참여를 중시하고 있다.[1] 실제로 2010년 이후부터 다양한 형태의 사회 조직이 급속히 증가하고 있으며, 2013년 중국 공산당 제18기 3차 중앙위원회 전체 회의에서 국가의 거버넌스 체계와 역량의 현대화가 향후 국정 운영의 총괄적인 목표 가운데 하나로 설정되었다. 그런데 이번 19기 4중전회에서 보다 특징적인 것은 '인민人民'의 주체적 지위와 광범위한 참여를 적극 강조했다는 사실이다. 즉, '인민이 국가의 주인인 제도 체계'를 견지함으로서, 당과 국가 기구의 개혁을 인민이 주도하고 다원적인 소통과 참여를 바탕으로 '인민 민주주의'를 더욱 발전시킬 것을 강조하고 있다.

이처럼 중국 공산당 지도부는 개혁개방 이후 비약적인 경제 발전을 이룩하고, 그 부산물로 빈부 격차의 확대, 환경 파괴, 노동 쟁의의 폭발적 증가 등이 갈수록 격화되었다. 그리고 이 다양한 사회 문제를 효율적으로 관리하기 위한 방법으로 다원적인 주체와 민주적인 참여를 중시하고 있다. 다시 말해 정치적 동원과 행정적 관리에 단순하게 의존했던 전통적 모델에서 탈피해 정부 주도하에 다원적인 주체가 참여하는 거버넌스 체계를 수립할 필요를 느낀 것이다. 이를 위해 당 조직뿐만 아니라 각종 사회 조직과 인민 등이 거버넌스의 주체로 참여할 것이 요구되고 있다. 그리고 이러한 중국 거버넌스 체계의 전환은 사회주의 시기 도시 공간에서 통치 기제로 작동하던 '단위체제單位體制'와 기층 권력구조의 재구성을 추동하고 있다. 사회주의 시기 중국 도시 지역의 경제생활과 사회복지 및 정치적 통제는 모두 '단위체제' 안에서 이루어졌다. 그러나 시장경제 체제로의 개혁이 가속화되면서

---

[1] 백승욱 외, 「시진핑 시대 중국 사회건설과 사회관리」, 『현대중국연구』 17/1, 현대중국학회, 2015; 뤄쓰치·백승욱, 「'사회치리社會治理'로 방향전환을 모색하는 광둥성의 사회관리 정책」, 『현대중국연구』 7/2, 현대중국학회, 2016.

국유 기업의 구조 조정과 공유제 주택 제도의 폐지 및 주택의 상품화로 단위체제는 실질적으로 붕괴되었고, 단위에 대한 도시 주민들의 소속감도 약화되었다. 게다가 호적 제도의 이완으로 농민공들이 대거 도시로 유입되면서 중국 정부는 도시의 행정 체계를 새롭게 재편할 필요가 있었다. 이에 따라 중국 정부는 도시 지역 기층사회 관리 체제를 기존의 단위체제에서 '사구社區, Community'[2]를 중심으로 하는 체제로 전환하게 된 것이다. 이처럼 다원 주체의 참여가 강조되는 사회 거버넌스 체계로의 전환은 사회경제적 구조의 변화, 즉 지금까지 '단위'를 통해 신분을 보장받고 기본적인 사회생활을 영위했던 '단위인'이 시장화 개혁의 추진에 따라 점차 '사회인'으로 전환되는 과정과 밀접한 연관이 있다.[3] 이러한 측면에서 중국의 사회 거버넌스 체계는 단위체제 시기에서는 국가가 사회와 시장을 모두 포괄했으나, 개혁개방 시기에 들어서는 정부와 기업 및 사회가 분리되는 전환 과정에 적응하여 변화하고 있다. 또한 '정부(단위)─사회(사구)─사회인'으로 연결되는 통치 구조의 변화에 따라 정부와 '사회인'으로서의 개인을 연결하는 플랫폼이라 할 수 있는 '사구'의 건설이 강조되고 있다.

그러나 중국에서 사회 거버넌스 체계의 전환은 단순히 위로부터의 국가 통치 방식 변화를 의미할 뿐만 아니라, 특정한 지역과 도시 공간에서 실제로 작동하는 기층 권력기제 및 지배 구조의 재구성을 추동

---

2) 기존의 단위체제가 소속된 직장에 기초한 관리 체제였다면, '사구'는 주민의 거주지역에 기초한 정부의 기층사회 관리 체제이다. 즉, '사구'는 주민들이 특정 목적을 위해 자발적으로 구성한 공동체가 아니라, 새롭게 재편된 행정 구역을 통칭하는 것이다. 이러한 측면에서 보면 '사구'는 "국가의 의도와 사회의 자율성이 충돌 및 타협하는 장소이자, 단순한 거주 지역을 넘어 도시의 공공 영역과 관련된 통치와 행정, 자치를 보여주는 복합적인 공간"이다. 조문영 외, 「중국 사회치리 확산 속 동북지역 사구건설의 진화: 노후사구老舊社區의모범화」, 『중소연구』 41/2, 한양대학교 아태지역연구센터, 2017, 189.
3) 張娜, 「社會治理背景下遼寧省社會工作發展情況概述」, 2016(미발표 원고).

하는 것이기에 각 지역마다 독특한 특성을 보이며 전개되고 있다. 특히 '개혁개방의 선두주자로 부상한 광둥성廣東省'과 '시장경제의 낙오자로 전락한 동북 지역'을 비교해 보면 거버넌스 체계의 전환과 관련된 지역적 차이가 명확하게 드러난다. 먼저 중국에서 사회 거버넌스 체계의 전환은 개혁개방 이후 도시 공간의 급격한 변화에 따라 발생한 사회적 문제들을 효율적으로 관리하기 위해 추진된 것이기에 표출되는 사회적 문제의 양상에 따라 그 대응 방식도 다르게 나타나고 있다. 즉, 광둥성과 같은 개혁개방의 중심 지역에서는 농민공을 비롯한 유동 인구 및 외자 기업과 관련된 사회적 문제를 해결하는 것이 거버넌스 개혁의 중심 과제로 제시되고 있으며, 이에 비해 동북 지역은 국유 기업의 구조 조정과 퇴직자들의 사회 보장 등과 관련된 문제가 더욱 중요하게 부각되고 있다.4) 둘째로 도시 공간의 통치 구조 및 산업 구조에 따라서도 거버넌스 전환의 속도와 전개 양상이 다르게 나타난다. 즉, 과거 사회주의 시기의 유산인 '단위체제'의 성격이 아직 강하게 잔존하고 있는 동북 지역은 남부 연해 지역과 달리 국유 대형기업이 산업 구조에서 차지하는 비중이 크기 때문에 '단위와 기업이 사회를 책임진다單位·企業辦社會'는 과거의 통치 방식에서 '사구 자치'로의 이행이 아직까지는 큰 진전을 보이지 못하고 있다.5) 따라서 동북 지역에서는 다원적인 주체와 민주적인 참여의 발판이라고 할 수 있는 '사회 조직'의 발전 수준이 여타 지역에 비해 현저하게 낮으며, 기존 단위를 중심으로 하는 행정력의 개입과 통제가 강하게 나타나는 특성이 있다. 마지막으로 지방 정부의 탄탄한 재정적 역량에 기초해 민간으로부터 다양한 사회서비스를 구매하는 방식으로 전개되는 남부 연

---

4) 백승욱 외, 「중국 동북지역 사회관리 정책의 당·정 주도성」, 『현대중국연구』 19/2, 현대중국연구, 2017.

5) 조문영 외, 「중국 사회치리 확산 속 동북지역 사구건설의 진화: 노후사구老舊社區 의모범화」, 184.

해 지역의 거버넌스 모델과는 달리, 동북 지역에서는 한정된 자원을 특정 사회 조직에 집중시키는 방식으로 전개되기 때문에 프로젝트 수주를 위한 경쟁에서도 지방 정부의 영향력이 강하게 나타난다.

이 글은 사회 거버넌스 체계로의 전환 과정에서 나타난 동북 지역의 이러한 특성에 주목하여 그 차이가 발현된 역사적·사회경제적 원인을 고찰하고, 나아가 동북 지역의 도시 공간에서 실제로 작동하는 기층 권력기제 및 지배 구조가 어떻게 변화하고 있는지를 살펴보고자 한다.[6] 구체적으로 개혁개방 이전 동북 지역 사회경제적 구조의 주요 특징인 '공업단위제 사회'의 형성과 변천을 중심으로 도시 공간의 재구성 과정을 개괄하고, 개혁개방 이후 '동북현상'과 '신新동북현상'을 경유해 '노후공업도시'로 전락한 동북 지역에서 기층 사회관리 체계가 '사구 건설' 전략과 맞물려 어떻게 변화하고 있는지를 고찰해 볼 것이다.[7] 그리고 '노후공업도시'인 동북 지역에서 실제로 전개되고 있는 '사회 거버넌스' 추진 전략 및 사회 조직 활성화를 통한 '정부−사회 합작 모델'의 특성을 관련 정책 문건과 문헌 자료를 중심으로 분석할 것이다.

---

6) 물론 동북 지역 내에서도 각 성(랴오닝성, 지린성, 헤이룽장성)이나 지역별로 구체적인 거버넌스 체계 및 실행 방식에 다양한 차이가 존재하며, 이에 대해서는 별도의 세밀한 분석과 논의가 요구된다.

7) '동북현상'은 1990년대 중후반 동북 지역에서 중공업 위주의 중대형 국유 기업들이 시장화 개혁에 적응하지 못하고 기업도산, 임금 체불, 노동자 해고와 파업이 잇달았던 현상을 의미한다. 또한 '신동북현상'은 2010년대 이후 중국 경제의 중저속 성장을 의미하는 '신창타이新常態, New Nomal' 시대에 나타난 동북 지역의 경제성장률 감소와 인구 감소 현상을 의미한다. 박철현은 이러한 동북 지역의 사회경제적 문제들을 사회주의 시기와 개혁기로 이어지는 역사적 맥락에서 분석하기 위해 '노후공업도시'라는 개념을 제시한다. 그에 의하면 '노후공업도시'라는 개념은 '도시 거버넌스Urban Governance' 차원에서 동북 지역의 사회경제적 문제를 분석할 수 있는 가능성을 제공하며, 도시 거버넌스에 참여하는 '국가−기업−사회−사회조직'들의 관계와 역동성을 파악하는 데 큰 장점이 있다. 박철현, 「중국 동북 지역 연구의 새로운 가능성: '노후공업도시'」, 『역사비평』 116, 역사비평사, 2016, 135-136.

2. 중국 동북 지역 도시 공간의 재구성과 기층 사회관리 체계의 변화

1) 동북 지역 '공업단위제 사회'의 형성과 변천

주지하듯이 중국은 사회주의 시기 계획경제 하에서 '도농 이원구조'를 통해 국가와 사회의 관계를 정립했으며, 도시와 농촌에 대해 서로 다른 정책을 적용하여 사회적 통제를 진행함으로써 도시를 기반으로 하는 중공업 위주의 경제성장 정책과 사회의 기본적인 안정을 실현하고자 했다. 따라서 도시에서의 경제 생활과 사회복지 및 정치적 통제는 모두 '단위체제'를 통해 이루어졌다. 이러한 단위체제는 다층적인 목표와 역할을 가지고 있었다. 즉, '단위單位'란 기본적으로 노동자가 생산 활동에 종사하는 장소를 의미하지만, 정치적 영역에서는 국가와 노동자를 중개하는 역할을 수행했다.[8] 또한 중국의 단위체제는 노동력 관리뿐만 아니라 노동자의 주거와 교육, 일상생활을 통한 노동력 재생산 등을 비교적 안정적으로 보장하려는 일종의 복지 시스템이었다.[9] 다시 말해 단위체제에 기초하여 임금 제도, 기업관리 제도, 복지 제도 등이 구체적으로 시행되었다. 이처럼 단위체제에서 국가 권력은 기업 내부에 깊숙이 침투해 있었으며, '국가-시장-사회'가 국가 구조 안에 통합되어 있었다. 따라서 기업은 독립적인 경제적 선택권 없이 국가의 생산 단위에 종속되어 있었으며, 국가가 사회를 통치하고 관리하는 정치적 단위로서 존재했다. 구체적으로 단위체제

---

8) '단위'는 크게 국가기관 단위(당정부와 군사 기관), 사업 단위(사회의 공공이익을 위해 국가가 조직하고, 국가의 재정으로 교육, 과학기술, 문화, 위생 등의 사회적 서비스를 제공하는 조직 및 기구), 기업 단위로 분류된다.
9) 백승욱, 『중국의 노동자와 노동정책: '단위체제'의 해체』, 문학과지성사, 2001.

를 통한 노동력 관리 및 노동 통제는 '국가의 통일적 관리와 규제'에 기반한 고용 제도와 '평균적 저임금과 전면적 복지'를 특징으로 하는 분배 제도에 의해 실현되었다. 그리고 단위에 소속된 '단위인'은 그 신분에 상응하는 권익과 복지의 혜택을 제공 받았으며, 이러한 배타적이고 폐쇄적인 사회경제적 보상은 단위 내부의 노동자들에게 강한 동질적 정체성을 부여했다.[10] 이처럼 개혁개방 이전에 '단위'는 국가가 도시 사회를 통제하는 핵심 조직이었고, 사회질서를 유지하는 중요한 기능을 담당했다.

그러나 모든 지역에서 단위 제도가 동일한 방식으로 작동한 것은 아니었으며, 각 지역의 사회경제적 특성과 지방 정부와의 권력 관계에 따라 상이한 형태로 존재했다. 또한 동일한 지역 내에서도 단위의 역량과 소속된 구성원(직공)의 규모에 따라 큰 차이가 있었다. 즉, 모든 단위가 학교나 병원을 소유해 교육과 의료 서비스를 직공 가족에게 복지로 제공할 수 있었던 것은 아니고, 중앙 정부 직속 단위나 규모가 큰 단위만이 이상적인 단위 복지 제도를 실현할 수 있었다. 특히 본 논문에서 주목하는 동북 지역의 경우 단위 제도가 도시생활 영역의 곳곳에 깊숙이 자리 잡았으며, '단위'를 통한 도시사회 관리 및 생활공동체 형성이 가장 두드러진 '전형典型'으로 평가된다.[11] 동북 지역의 '전형단위제'로서의 특징은 사회주의 건국 초기 이 지역에 초대형 국유 기업을 집중 육성하여 중화학 공업 기지를 구축하려는 국가 정책과 연결되어 있다. 1949년 중화인민공화국 건국 초기 중국의 경제 발전 전략은 만주국 시기부터 존재했던 동북 지역의 훼손된 공업설비

---

10) 정규식, 『노동으로 보는 중국』, 나름북스, 2019; 苗紅娜, 『制度變遷與工人行動選擇: 中國轉型期'國家－企業－工人'關系研究』, 江蘇人民出版社, 2015.

11) 田毅鵬, 「典型單位制的起源和形成」, 『吉林大學社會科學學報』 2007年 4期; 박철현, 「중국 사구모델의 비교분석: 상하이와 선양의 사례－사회정치적 조건과 국가 기획을 중심으로」, 『중국학연구』 9, 중국학연구회, 2014.

를 이용하여 중화학 중심의 공업 기지를 건설하고, 이를 기초로 공업 생산량을 신속하게 회복하는 것이었다. 특히 '제1차 5개년 규획(1953~1957년)' 기간에 소련이 자금을 지원한 '156개 공정'이라는 중화학 공업 건설 프로젝트가 추진되었는데, 이중 실제로 실행된 150개 항목 중 56개가 동북 지역에 배정되었다. 이는 전체 투자 총액의 44.3%에 해당하는 막대한 규모였으며, 이를 통해 동북 지역은 신중국 공업화의 중심 지대가 되었다.[12]

이처럼 국가의 정책적 지지와 자원의 지원 하에 동북 지역에서 중대형 공업 기업이 차지하는 위상은 막대했으며, 공업 조직의 영향력은 산업 영역을 넘어 도시화 과정에서도 중요한 역할을 담당했다. 이는 동북지역 개발 초기에 '공장을 먼저 건설하고 도시를 건설한다先廠後市', '광업으로 도시를 발전시킨다因礦興市'는 구호를 통해서도 명확하게 확인되며, 대형 공장과 기업이 동북 지역의 지방 사업에 미치는 영향력도 막강했다. 예컨대 랴오닝遼寧성 안산安山시에 건립된 안산철강의 단위생활구역 건설은 그 자체로 안산시의 도시건설 사업이었으며, 선양沈陽시에 건립된 한 금속가공 공장은 1970년대에 자금을 출자하여 공장에서 시 중심으로 연결되는 도로 건설 작업을 수행했다. 이는 동북 지역의 중대형 기업과 공장이 개별 '단위'의 경계를 넘어 도시화 과정에 큰 역할을 담당했음을 잘 보여 준다. 특히 일부 중대형 기업과 공장 지도자의 정치적 등급은 지방 정부의 간부보다도 높았으며, 중공업 분야 대부분의 국유 기업이 중앙 정부 직속이었기 때문에 기업 소재지 지방 정부의 직접적인 지휘를 받지 않았다. 또한 당시 동북 지

---

12) 1950년대 동북 지역의 공업 기지로서의 위상은 다음의 지표에서 명확하게 드러난다. 즉, 전력발전량이 전국 총량의 절반이 넘었으며, 강철 생산량은 전국의 1/3 이상이었고, 철도 건설 수준도 전국에서 최고였다. 또한 1950~80년대까지 동북 지역은 전국 GDP의 12~14%를 차지할 정도로 경제 발전 수준이 높았다. 謝雯, 「曆史社會學視角下的東北工業單位制社會的變遷」, 『開放時代』 6, 2019.

역에서 공업화 건설 사업이 갖는 정치경제적 중요성으로 인해 도시 공간의 권력 구조에서 중심적인 위치를 점한 것은 관련 '기업 단위'와 '사업 단위'였으며, 지방 정부의 영향력은 상대적으로 약했다. 따라서 동북 지역에서는 공업 기업 단위가 도시행정 및 사회관리를 담당하는 핵심적 위치에 있었으며, 가도판사처街道辦事處나 주민위원회居委會와 같은 기층 행정 조직은 '잉여체제'로서만 존재했다.[13] 무엇보다 동북 지역에서는 중대형 공업 기업이 도시 외곽에 대규모로 조성되었는데, 이 과정에서 해당 기업의 노동자와 그 가족의 거주 공간과 기업 공간이 겹쳐지면서 생산과 생활이 일체가 되는 '공업단위제 사회'가 형성되었다. 동북 지역에 형성된 '공업단위제 사회'의 주요 특징은 대중형 공업 기업이 지역 경제와 고용의 중심으로서 지역거주민의 사회적 네트워크와 노동 및 인구 유동이 모두 기업 단위를 위주로 전개된다는 것이다. 그리고 이러한 '공업 단위제'는 자녀에게 고용을 승계하거나 같은 단위 내부의 결혼 등을 통해 폐쇄적이고 배타적인 네트워크로 결속되었다.

그러나 개혁개방이 가속화되었던 1992년 '사회주의 시장경제 체제'의 확립 이후 국유 기업에서 소유와 경영을 분리하는 현대기업 제도가 시행되고, 동시에 민영경제가 급속도로 발전하게 되면서 국유 기업도 구조 조정이 불가피해지게 되었다. 이로 인해 그동안 국유 기업 단위에서 종신 고용과 안정적 복지를 보장받았던 노동자들의 대량 실업과 면직下崗 및 사회안전망 결핍 문제가 심각한 사회 문제로 등장하게 되었다.[14] 특히 중대형 국유 기업이 밀집되어 있었던 동북 지역

---

13) 田毅鵬, 「典型單位制的起源和形成」, 58-62.
14) 국유 기업에서 퇴출된 노동자들은 완전한 실업이 아닌 해당 기업과의 노동관계를 유지하고 기본생활비를 지급받는 면직下崗이라는 과도기적 지위를 3년간 부여받았다. 그러나 2001년부터 면직과 실업의 궤도가 통합되면서 면직 역시 완전한 실업 상태로 전락하게 되었으며, 상대적으로 고용 안정을 보장받았던 국

에서는 국유 기업의 파산과 임금 체불, 해고와 파업이 연이어 발생하는 '동북현상'이 출현했으며, 이로 인해 그동안 강고하게 존재했던 '공업단위제 사회'가 해체되는 결과가 초래되었다.[15] 이에 따라 이제까지 단위체제의 전형이자 모범으로 칭송받던 동북 지역 '공업단위제 사회'의 유산은 시장화 개혁에 적응하지 못한 낙후된 모델로 인식되기 시작했고, 더욱이 최근 동북 지역의 경제성장률 하락과 인구감소(출산율 감소 및 인재유출)가 장기화되는 '신동북현상'까지 겹쳐지면서 동북 지역은 '노후공업도시'로 전락하게 되었다. 실제로 2017년 전국 31개 성 및 직할시와 자치구의 1인당 평균 GDP 성장률 순위에서 랴오닝성은 14위, 지린성은 23위, 헤이룽장성은 21위에 머무르며, 동북 지역의 심각한 사회경제적 위기 상황을 보여 주었다. 이에 따라 중앙 정부에서는 2003년부터 동북 지역의 낙후한 '노후공업기지'를 재건하려는 정책들을 제시하기 시작했다.

〈표 1〉 동북 지역 노후공업기지 재건 관련 주요 정책

문건명	발표년월	발표 기관	주요 내용
「동북지역 노후공업기지 진흥전략에 관한 약간의 의견」	2003. 10.	중공중앙 국무원	- 투자효율성 제고를 위한 체제 개혁 - 산업의 전반적인 업그레이드 - 외국인 투자 유치 확대
「동북지역 노후공업기지 전면 진흥에 관한 약간의 의견」	2016. 4.	중공중앙 국무원	- 정부의 과도한 행정개입 축소 등 시장 자율성 강화를 위한 체제 개혁 - 산업의 핵심 경쟁력 제고 - 장비 제조, 신소재 등 세계 수준의 첨단

유 기업 노동자 역시 노동 시장의 유연화에 직면하게 되었다. 장윤미, 「중국 노동 시장의 특징과 노동관계의 변화」, 『세계화와 노동개혁』, 백산서당, 2005, 332-333.
15) 실제로 당시 선양시 톄시구에서는 1,100여 개 국유 기업의 자산 대비 부채율이 평균 90%를 넘었고, 이들 기업에 고용된 노동자 30만 명 중 절반이 해고되어 '실업의 도시'라고 불릴 정도로 지역사회와 경제가 절망적인 상황이었다. 박철현, 「중국 동북 지역 연구의 새로운 가능성: '노후공업도시'」, 126.

문건명	발표년월	발표 기관	주요 내용
			산업기지 건설 - 실질적인 협력 및 교류 확대를 위한 개방 - 일대일로 전략과의 연계

출처: 허유미, 「중국, '동북지역 전면 진흥' 정책의 주요 내용」, 『대외경제정책연구원』, 2016.

그러나 전반적으로 동북 지역 노후공업기지를 재건하려는 정부의 정책은 주로 기존 대형 중공업 기업에 대한 투자에만 초점이 맞춰졌으며, 시장화 개혁의 방향성에 맞게 국유 기업 구조 조정을 보다 철저히 진행할 것이 지속적으로 강조되었다. 더욱이 대중형 공업 기업이 지역경제와 고용을 주도하고 도시 주민의 사회적 네트워크의 핵심으로 작동했던 동북 지역의 '공업단위제 사회'가 약화되면서, 도시 관리 및 통제의 주도권이 기업 단위에서 지방 정부에게로 이전되는 현상이 나타나기 시작했다. 즉, 정부의 동북진흥 정책과 막대한 재정적 지원에 힘입어 지방 정부의 사회경제적 권한이 확대되었으며, 동시에 국유 기업의 구조 조정 과정에서 발생한 임금 체불 및 집단 해고와 같은 사회적 문제를 해결하여 지역사회의 안정과 질서를 유지하는 책임도 지방 정부가 맡게 되었다. 요컨대 사회주의 초창기부터 동북 지역에서 강고하게 존재했던 '공업단위제 사회'의 기초가 시장화 개혁의 흐름에 따라 약화되거나 변형되면서 도시 공간의 통치 구조와 주체 및 방식도 전환점을 맞게 되었다.

2) '단위체제'의 해체와 동북 지역의 '사구' 건설

동북 지역에서 지방 정부 주도의 새로운 도시 관리 시스템인 '사구' 건설로 전환되는 과정을 분석하기 위해서는 좀 더 큰 틀에서 중국 '단위체제'의 해체와 사구건설 전략이 갖는 정치사회적 함의를 먼저 이해할 필요가 있다. 앞서 말했듯이 사회주의 시기 중국 도시 지역에서의 경제생활과 사회복지 및 정치적 통제는 모두 '단위체제'를 통해 이루어졌다. 즉, 개혁 초기인 1980년대까지 도시 지역의 주민들은 단위를 벗어나서는 생존이 힘들 정도로 단위체제가 주민 삶의 모든 것을 지배하고 있었다. 그러나 1990년대에 시장화로의 개혁이 본격화되면서 '노동계약 제도의 전면화'와 '사회복지의 사회화'(사회보장의 관리주체가 단위로부터 사회나 정부기관으로 이전되었으며, 사회 보장이 상품화된 것을 의미함)로 인해 단위체제의 해체가 가속화되었다. 먼저 노동계약 제도의 전면적인 실시가 갖는 중대한 의의는 단위체제를 기초로 한 국가의 통일적인 노동력 고용관리 체제 및 노동자의 종신고용 제도가 부정되었다는 것이다. 즉, 국가가 더 이상 노동자의 종신 고용을 책임지지 않게 되었으며, 이에 따라 노동자는 자신의 노동력을 자유롭게 판매할 수 있게 되었다. 따라서 노동력 상품을 소유한 노동자와 국가의 주인으로서의 노동자 사이에 놓여있는 사회·경제적 지위의 괴리가 지속적으로 문제가 되었다. 다음으로 단위체제 하에서 사회복지 서비스는 주로 단위와 지방 정부 및 중앙 정부의 각 부서에서 단위 내의 노동자 가족을 대상으로 제공되었다. 그러나 이러한 사회복지 제도는 시장화 개혁의 과정에서 시장경제의 발전을 가로막는 장애로 인식되었다. 따라서 시장화 개혁이 전면적으로 추진되면서 이에 상응하는 '사회복지의 사회화'가 추동되었다. 구체적으로 1993년에 〈사회주의 시장경제 체제 건립에 관한 약간의 문제에 대한 결정關於建立社會主義市場經濟體制若干問題的決定〉을 통해 다층적인 사회보장 체계의 건설이 강조되었다. 이를 통해 국가 차원의 단일한 보장체계가 종식되어 사회보험 비용을 '국가ー단위(기업)ー개인'이 함께 분담하는 방식으로 바뀌었으며, 특히 개인 부담의 비중이 점차 증가했다. 그러나 국유 기업 개혁 과정에서 수천만 명의 퇴출 노동자들이 발생하면서,

이들에 대한 사회복지 제공이 중요한 사회적 문제로 대두되었다. 또한 사회복지 제도의 개혁으로 인해 기업 단위는 점차 사회복지에서 분리되었고, 원래 기업 단위에 속했던 유치원, 학교, 이발소, 식당 등의 사회복지 서비스가 상품화되었다. 동시에 의료, 산재, 실업, 양로 등의 사회보험도 점차 상품화되었다. 이러한 '사회복지의 사회화'는 기존 단위체제 하에서 유지되었던 '국가－기업－노동자'의 통치 구조를 근본적으로 뒤흔드는 결과를 초래했다. 이처럼 계획경제 시기에 도시사회를 관리하기 위한 중요한 제도적 기반이었던 단위체제는 시장화로의 개혁을 거치면서 서서히 해체되기 시작했으며, 1990년대 후반부터는 더욱 급격하게 소멸되어 갔다.

이에 따라 중국 정부는 도시지역 기층사회 관리 체제를 기존의 단위체제에서 '사구社區'를 중심으로 하는 체계로 전환하게 된다.16) 기존의 단위체제가 소속된 직장에 기초한 관리 체제였다면, '사구'는 주민의 거주 지역에 기초한 기층사회 관리 체제이다. 2000년에 발표된 민정부의 23호 문건인 〈도시 사구건설을 전국적으로 추진하는 것에 관한 민정부의 의견民政府關於在全國推進城市社區建設的意見〉에서는 "사구란 일정 지역 범위 내에 거주하는 사람들이 조성하는 사회생활 공동체이다. 현재 사구의 범위는 통상 사구 체제 개혁 후 규모 조정을 단행한 주민위원회 관할 구역을 포함한다"고 정의한다. 이를 통해 알 수 있듯이 사구는 주민들이 특정 목적을 위해 자발적으로 구성한 공동체가 아니라, 새롭게 재편된 행정 구역을 통칭하는 것이다. 따라서 지역 주민과 정부의 매개자이자 정부 지령의 수행자로서 과거 주민위원회가 맡았

---

16) 사구가 영어의 커뮤니티community로 번역되는 것에서 볼 수 있듯이 사구를 기반으로 한 기층관리 체제는 기본적으로 '자치'가 강조되었으며, 이에 따라 사구 내부에도 상대적으로 독립적인 조직과 체계가 수립되었다. 사구 내부조직은 크게 '가도판사처街道辦事處', '주민위원회居民委員會', '업주위원회業主委員會', '사구 중개조직仲介組織', '주민대표대회' 등으로 구성된다.

던 임무는 사구 업무에 고스란히 반영되었다. 즉, 사구의 주요 업무는 퇴직자 관리, 재취업 훈련, 최저생활보장제도 운용 등 단위체제의 붕괴로 인해 발생한 문제를 관리하기 위한 정부의 재조직화 과정으로 확장되었다.[17] 이처럼 중국 정부는 단위를 대체하는 정책수행 도구로서 사구를 새롭게 재편함으로써 도시 거주민에 대한 사회적 서비스를 통합적으로 제공하는 한편, 지방 업무의 효율적 추진을 위한 통로로 활용함으로서 사회 기층 관리의 정당성을 확보하고자 했다.[18]

특히 1990년대 중반 이후 정부가 사구조직 건설을 본격적으로 추진하면서 중국 사회의 기층조직 개혁이 본격화되었다. 즉, 1993년에 민정부 등 14개 부처는 〈사구 서비스 발전 가속화에 관한 의견關於加速發展社區服務業的意見〉을 발표하여 사구 서비스는 새로운 방식으로 정부의 위탁을 받은 가도판사처街道辦事處와 주민위원회居民委員會가 주민들의 수요를 만족시킬 것이라고 밝혔다. 이후 중국 정부는 본격적으로 '사구건설실험구社區建設實驗區' 활동을 전개하기 시작했다. 1999년에 민정부는 전국 각지에 26개의 사구건설 실험구를 지정했으며 각 성과 시, 자치구를 중심으로 지속적으로 확대해 나갔다. 그리고 2002년 9월에 '전국 도시사구 건설회의全國城市建設會議'에서는 27개 도시를 '전국 사구건설 시범시全國社區建設示範市'로, 148개 도시를 '전국 사구건설 시범구全國社區建設示範區'로 지정했다. 대표적인 사구건설 사례로는 사구 경계를 업무 중심으로 재편하여 업무 효율을 높인 '선양 모델深陽模式', 사구 내부관계에 적합한 형식으로 정부의 기능을 전환한 '장한 모델江漢模式', 주민위원회의 독립 권한과 기능을 강조하여 사구 서비스를 정돈하고 네트워크 기능을 향상시킨 '난징·항저우 모델南京·杭州模式', 그

---

17) 조문영, 「'결함 있는' 인민: 중국 동북 노동자 밀집지역에서 기층간부들의 '사구자치'가 갖는 딜레마」, 『현대중국연구』 13/1, 현대중국학회, 2011, 445.

18) 김인, 「중국 도시 공간 재구성과 지배구조 변화: 단위와 사구 변화를 중심으로」, 『중소연구』 38/1, 한양대학교 아태지역연구센터, 2014, 135.

리고 2급 정부市·區縣政府와 3급 관리市·區縣과 街道 혹은 鄕鎭로 유명한 '상하이 모델上海模式' 등이 있다.19) 이처럼 지역적 특성과 사회주의적 유산의 특색에 따라 각 지방에서 추진되는 사구건설은 현재까지 다양하게 전개되고 있다.

이러한 단위체제의 해체와 사구건설로의 전환이라는 시대적 흐름 속에서 동북 지역도 1990년대 후반부터 선양沈陽, 창춘長春, 하얼빈哈爾濱, 다롄大連 등지에서 다양한 사구건설 실험이 이루어졌으며, '공업단위제 사회'의 특성과 사회경제적 변화에 따른 요구를 반영한 형태로 전개되었다. 특히 동북 지역 사구의 대표적인 모델로 주목받은 '선양 사구모델'은 국유 기업 구조 조정의 여파로 발생한 실업과 재취업 문제에 대응하여 새로운 사구조직 체계와 사구관리 네트워크를 건립했다.20) 즉 '선양 사구모델'은 동북지역 '공업단위제 사회'의 해체로 인한 기층 도시 공간의 행정적 공백을 국가 주도로 수립한 사구건설의 주체들에게 일정하게 이양한 것이었지만, 그 핵심은 대량으로 발생한 실업 노동자와 그 가족들을 사구로 재편하는 것이었다.21) 이러한 측면에서 동북 지역의 사구건설 시도는 중대형 국유 기업의 구조 조정과 '노후공업도시'의 진흥을 위한 사회경제적 정책과 연계되어 진행되었다고 할 수 있다. 따라서 동북 지역 사구건설의 핵심은 "관官 중심 및 대형 국유 기업의 시장점유율 과다로 인해 조성된 '사회관리의 타성惰性' 문제를 해결하는 것"이었다. 이에 대해 지린성 사회과학원 사회학 연구소 소장인 푸청付誠은 도시 거주민의 실질적 생활 공간인 사구건설을 통해 아래에서 위로의 권한 확대를 실현할 것을 주장한다.22)

---

19) 유정원, 「중국 기층사회의 변화와 특성: 사구를 중심으로」, 『중국지식네트워크』 1, 국민대학교 중국지식네트워크, 2011, 116-118.
20) 조문영 외, 「중국 사회치리 확산 속 동북지역 사구건설의 진화: 노후사구老舊社區의모범화」, 194.
21) 박철현, 「중국 동북 지역 연구의 새로운 가능성: '노후공업도시'」, 339-341.

'제한적 권한 부여'와 '외생적 자치'라는 논리 하에 중국의 사구건설은 시종 위로부터의 추진방식과 내생적 발전 동력의 결핍에 묶여 있었다. (…) 공공관리 주체의 다원화와 공공관리 수단의 적실화를 통해 정부기구 내부의 권위를 분산시키고, '정부–시장–사회' 3자의 권한과 역할을 재조정해야 한다. 이로써 정부 공공 관리의 유효성을 제고하고 사회 단결의 근본 목표를 달성해야 한다. (…) 행정 권위체계의 위에서 아래로의 권한 부여와 사구의 아래에서 위로의 권한 확대를 통해 참여형 관리모델을 형성해야 하며, '제한적 권한 부여'를 '보편적 권한 부여'로 '외생적 자치'를 '내생적 자치'로 변화시켜야 한다. 또한 사구와 국가의 사회생활을 하나로 통합하여 사구건설을 통해 전체 사회의 진보를 촉진해야 한다.[23]

그러나 동북 지역은 앞서 보았듯이 전형적인 '공업단위제'의 유산과 시장화 개혁 이후 다양하게 발생한 사회모순이 중첩되어 있으며, 이를 관리하기 위한 지방 정부의 영향력이 비대해지면서 기층에 대한 당·정의 개입과 통제가 더욱 확대될 위험이 잠재해 있다. 이는 동북 지역 사구건설 과정에서 사회조직 등 기층의 참여보다는 위로부터 아래로의 통제방식인 '격자망화網格化'와 '네트워크화網絡化' 관리가 더욱 강조되고 있다는 측면에서도 잘 드러난다.[24] 최근 중국 정부는 정보 기술의 발전을 사회관리에 적극적으로 적용하는 '기술 거버넌스'를 강조하고 있는데, '격자망화' 관리는 당정이 사회모순을 관리하고 통제하는 데 효과적인 방식으로 주목받았다. 그러나 '격자망화' 관리는 사구자치와 자율성을 저해하는 요인으로도 지적되고 있으며, 아래로부터의 다층적인 참여를 강조하는 '사회 거버넌스 체계'의 구축에도 부합하지 않는다.[25] 따라서 톈이펑田毅鵬은 '격자망화' 관리가 초래할

---

22) 백승욱 외, 「중국 동북지역 사회관리 정책의 당·정 주도성」, 346.
23) 付城, 「新公共管理視角下的社區社會管理創新研究」, 『社會科學戰線』, 2011年 第11期.
24) 격자망화는 도시의 지역적 공간을 격자 단위로 세분화하는 것을 말하고, 네트워크화란 각 격자 단위에서 수집된 정보를 격자들의 격자인 네트워크를 통해 연결된 정보망에 집중시키는 것을 의미한다.
25) 이에 대해 중국 정법대학 사회학원 교수인 잉싱應星은 중국 사회가 전체주의적

사회적 위험을 지적하며, 사회 거버넌스 차원에서 정부와 사구의 효과적인 역할 분담과 결합을 보다 강조한다.

> 신시기 중국 도시 사회 거버넌스의 창신 방법으로서 도입된 '격자망화 관리'의 추진 과정에는 높은 운영 비용, 약한 내구성, 사구 자치의 약화, 격자망의 일반화 등의 위험이 존재한다. 이러한 측면을 감안할 때, 우리는 격자망화 관리 체계의 구축 과정에서 '행정성'과 '사회성'의 관계를 반드시 잘 처리해야 하며, '정부 거버넌스'와 '사구 거버넌스' 간의 효과적인 연결 지점을 찾도록 노력해야 한다.[26]

이러한 사구건설을 통한 기층 도시 및 사회 관리 방식의 전환에 대해 "일원적 거버넌스에서 다원적 거버넌스로, 집권에서 분권으로, 인치에서 법치로, 당내 민주에서 사회 민주로" 전환한 것이라는 시각도 있지만, 이에 반해 중국 '사구건설' 운동은 "단지 행정이 사회를 흡수하는 과정, 혹은 국가가 사구의 실무를 유연하게 통제하는 과정"일 뿐이라는 상반된 시각도 존재한다. 즉, "도시 사구 거버넌스의 주체가 다원화되기는 했지만, 아래로부터 위로의 수평적으로 상호작용하는 협력적 네트워크는 형성되지 않았고, 오히려 자본과 권력이 긴밀하게 결합한 왜곡된 거버넌스 방식이 나타났을 뿐"이라는 것이다.[27] 특히 동북 지역에서 이러한 자본과 권력이 결탁한 사구건설의 폐해가 두드러진다. 왜냐하면 동북 지역의 사구건설 과정은 기존 '공업 단위제 사

통제에서 '기술적 거버넌스'로 전환되고 있다고 지적한다. 그에 따르면 "중국에서 형성되고 있는 기술적 성격의 공공 거버넌스는 권력과 자본이 결탁하여 만들어내고 있는 경영적 성격"을 갖고 있다. 즉, 새로운 권력 기술과 규칙을 통해 감시와 통제를 강화하고 있다는 것이다. 실제로 현재 중국에서 이러한 방식의 사회 통제와 감시는 안면인식을 비롯한 디지털 기술의 발전에 따라 더욱 심화되고 있다. 잉싱, 『중국사회』, 사회평론, 2017.

26) 田毅鵬, 「城市社會管理網格化模式的定位及其未來」, 『學習與探索』, 2012年 第2期.
27) 잉싱, 『중국사회』, 320-329.

회’의 성격이 완전히 사라지지 않은 채, 변형된 형태로 진행되었기 때문이다. 따라서 동북지역 대부분의 사구는 ‘노후 단위형 사구老舊單位型社區’라고 불릴 정도로 기존 단위제의 유산이 다른 지역에 비해 강하게 남아 있다. 이러한 ‘노후 단위형 사구’는 ‘경제발전 수준의 낙후로 인한 빈곤화’와 ‘도시와 농촌의 경계에 위치한 변경화’로 특징지어지는데, 사구건설 과정에서 이 지역을 개조하기 위해 지방 정부가 대규모 자원을 투입하고 있다. 그러나 이 과정에서 지방 정부와 특정 기업 단위의 공모 및 결탁이 빈번하게 발생하면서 정부의 보조를 받는 지역과 그렇지 못한 지역 간의 심각한 불균형이 초래되고 있다.[28]

3. 중국 동북 지역 ‘사회 거버넌스’ 체계 구축의 현황과 과제

1) ‘노후공업도시’의 사회 거버넌스 전략

이상에서 알 수 있듯이 2000년대 이후부터 중국 정부에서 강조하고 있는 ‘거버넌스 체계’의 전환은 사회주의 시기 도시 공간에서 통치 기제로 작동하던 ‘단위체제’의 해체와 이에 따른 기층 권력 구조의 재구성을 추동하는 것이었다. 이러한 맥락에서 대체로 2000년대 이전까지 동북 지역에서는 국영 기업의 비중이 여전히 높은 상태에서 ‘단위’와 ‘정부’의 역할 분담이 모호한 탓에 당·정이 구축하고자 하는 사구 건설이 지지부진한 상태였던 것으로 평가된다.[29] 특히 초대형 국유

---

28) 呂鐵林·徐紅曼, 「“單位人”再组织化: 城市社区治理新模式－－－以东北老工业基地 S单位型社区为例」, 『北华大学学报(社会科学版)』 19/2, 2018, 68-70.
29) 조문영, 「‘결함 있는’ 인민: 중국 동북 노동자 밀집지역에서 기층간부들의 ‘사

기업을 중심으로 하는 '공업단위제 사회'의 네트워크가 여전히 작동하고 있던 동북 지역에서 단위제의 해체와 사구로의 재편은 단위의 영향력이 강한 곳의 사구건설은 비교적 순조롭지만, 단위와 정부의 배합이 잘 이루어지지 않은 곳의 사구건설은 저조한 상황이었다. 그러나 2000년대 중반 이후부터 중앙 정부 차원에서 '조화 사회'의 건설을 강조하기 시작하고, 다원적인 주체와 민주적인 참여를 중시하는 '사회 거버넌스' 체계로의 전환을 국가 정책으로 제시하면서 동북 지역의 '사회 거버넌스' 구축 전략도 변화하고 있다.

무엇보다 사구를 중심으로 하는 도시 기층관리 체제의 개혁은 중국 사회 전체의 전반적인 변화와 맞물려 진행되고 있으며, '사회 관리'에서 '사회 거버넌스'로의 전환이라는 보다 큰 틀의 사회통치 체계의 변화 위에서 전개되고 있다. 중국에서 '사회 관리'라는 표현이 처음 등장한 것은 1998년의 〈국무원기구 개혁 방안에 관한 결정關於國務院機構改革方案的決定〉이라는 문건이다. 이는 개혁개방 이후 1990년대 말부터 본격화된 국유 기업 조정 과정에서 대량으로 발생한 실직 노동자들의 불만과 저항이 사회적인 위기감으로 확대된 상황과 밀접한 관련이 있다. 그리고 '사회 관리'의 개념과 체계 및 필요성이 보다 분명하게 제시된 것은 2004년 중국 공산당 제16기 4차 중앙위원회 전체회의에서 사회 건설과 관리의 강화 및 '사회관리 체제의 혁신, 당위원회의 지도, 정부의 책임, 사회의 협조, 공중 참여'의 완전한 수립을 목표로 하는 사회관리 체계에 대한 구도가 제시되면서부터이다. 이에 기초하여 〈중국 행정관리학회 과제조中國行政管理學會課題組〉의 연구보고서는 '사회관리'를 다음과 같이 정의한다.

정부가 전문적·체계적·규범적인 사회정책과 법규의 제정을 통해 사회조직

구자치'가 갖는 딜레마」 참조.

과 사회 사무를 관리 및 규범화하며, 합리적인 현대 사회 구조를 발전시키고, 사회 이익관계와 사회적 요구에 대한 응답 및 사회 모순의 화해를 조정하며, 사회 공정과 사회 질서 및 사회의 안정을 유지하고, 이성·관용·조화·문명의 사회적 분위기를 조성하며, 경제·사회·환경의 협조적 발전의 사회 환경을 건설하는 것이다.

그러나 위로부터의 통제적 성격이 강한 '사회 관리' 체계로는 사회 문제에 대한 해결이 어려우며, 조화로운 사회건설을 추진하는 데에도 방해가 되고, 심지어 모순을 더욱 격화시키고 사회 불안정의 근원을 은폐시킬 수도 있다는 지적이 각계에서 제기되었다. 특히 사회 문제가 시간이 갈수록 증가하고 있으며, 노동자를 비롯한 대중의 권리 의식이 제고되고, 인터넷을 통한 권리수호 행동이 계속 증가하는 현실에서 기존의 강제적인 사회통제 방식은 제대로 작동하기 힘들었다. 이에 따라 '사회 관리'에서 '사회 거버넌스'로의 전환이 모색되기 시작했다. 특히 2013년 중국공산당 제18기 3차 중앙위원회 전체 회의에서 국가의 거버넌스 체계와 능력의 현대화가 '전면 심화 개혁'의 총괄적인 목표 가운데 하나로 설정되었다. 이 회의에서 통과된 〈중공중앙 전면 심화 개혁에 관한 약간의 중대 문제에 대한 결정中共中央關於全面深化改革若幹重大問題的決定〉은 '사회 거버넌스' 체계의 혁신에 관한 별도의 장을 배치하여 사회 거버넌스 방식의 개선, 사회 조직 활력의 고취, 효과적인 갈등 예방, 사회 모순 체제의 조정, 공공안전 체계의 정비 방면에서 사회 거버넌스 체계를 어떻게 혁신할 것인지에 대해 한층 자세하게 제시했다.

> 사회 거버넌스의 혁신은 반드시 최대 범위의 인민대중의 근본 이익을 옹호하는데 주목해야 하며, 최대한 조화의 요소를 증가시키고, 사회발전의 활력을 증가시키며, 사회 거버넌스 수준을 제고하고, 평안한 중국 건설을 전면적으로 추진하며, 국가의 안전을 지키고, 인민의 행복한 삶을 확보하고, 사회의 안정과 질서를 유지해야 한다.[30]

이러한 국가 차원의 '사회 거버넌스' 체계 전환 요구에 따라 동북 지역에서도 사회관리 모델을 혁신하기 위한 정책이 강조되고 있다. 즉, 다원적인 주체와 민주적인 참여를 중시하기 시작했다. 다시 말해 정치적 동원과 행정적 관리에 단순하게 의존했던 전통적인 모델에서 탈피해 앞으로는 정부 주도하에 다원적인 주체가 참여하는 사회 거버넌스 체제를 수립할 것이 필요하게 되었으며, 이를 위해서는 당 조직뿐만 아니라 각종 사회 조직, 공민 등이 사회 거버넌스의 조직자와 참여자가 되어야 한다는 것이 강조되었다. 즉 '정부(단위) – 사회'라는 일원적 구조 모델을 타파하고, '정부(단위) – 사회(사구) – 사회인'이라는 다원적 구조 모델을 형성하여 다원적 주체가 사회 거버넌스에 참여할 것이 강조된 것이다. 이러한 변화에 대해 중공 지린성위원회 당교의 란산欒珊과 허샤오지에何曉傑는 다음과 같이 지적한다.

> 정부의 사회지도와 사회 서비스 및 사회관리에 대한 임무는 시간이 갈수록 막중해지고 있다. 강제적인 행정 행위의 '강한' 역할이 갈수록 제한을 받는 상황 하에서 비강제적인 행위에 수반된 '부드러운' 힘이 정부의 행정 과정에서 발현되고 있으며, '부드러운' 수단의 광범위한 사용이 필연적이게 되었다. 사회관리 혁신의 과정에서 나타난 이념과 방식의 변화 및 관계의 변화를 보면 전반적으로 비강제적인 행정 행위가 확산되는 시대적 징후가 확연히 드러나고 있다. 따라서 비강제적인 새로운 정부 행위 모델에 대한 전면적이고 심화된 연구를 진행할 필요성도 확실히 더욱 절실해지고 있다.[31]

또한 지린대학의 쟈위자오賈玉嬌 교수는 단위제 사회에서 개혁개방을 거치면서 나타난 사회관리 주체의 불균형 문제를 해소하기 위해 '사회 거버넌스'의 실질적 참여 주체인 사회 조직을 육성하고 발전시

---

30) 뤄쓰치·백승욱, 「'사회치리社會治理'로 방향전환을 모색하는 광둥성의 사회관리 정책」 참조.
31) 欒珊·何曉傑, 「非强制: 社會管理創新中 政府行爲模式的新變」, 『理論探討』, 2011年 第5期.

켜야 함을 강조한다.

> 중국사회가 이미 통합적인 의미를 갖고 있는지에 상관없이, 한 가지 간과할 수 없는 사실은 '사회'가 장기간 국가 아래에서 통제되어 있었으며, 개혁개방의 초기에 사회건설의 주변적 지위에 있었다는 것이다. 중국의 사회관리 구도는 단위제 시기의 국가가 사회와 시장을 모두 커버하던 시기에서부터 개혁개방 시기의 정부와 기업 및 사회가 분리되는 전환의 과정을 거치면서 사회관리 주체의 심각한 불균형이 나타났다. 이러한 불균형은 사회역량이 취약할 뿐만 아니라, 사회역량이 정부의 관리와 통제 아래에 처해 있다는 것에 집중적으로 체현되어 있다. 이를 통해 우리는 어떠한 이론적 패러다임이든 그것의 최종적인 실행은 사회조직의 발육과 분리될 수 없다는 것을 알 수 있다.[32]

그러나 '사회 거버넌스'를 강조한다고 해서 단순히 과거보다 민간 영역의 자율성이 높아지고, 사회조직의 활동이 자유로워졌다는 것은 아니다. 오히려 과거와 다른 방식의 통제와 관리방식이 등장하고 있음에 주목할 필요가 있다. 이를 극명하게 보여주는 것이 바로 2016년 8월 21일에 공포된 〈사회조직 관리제도의 개혁과 사회조직의 건강하고 순차적인 발전의 촉진에 관한 의견關於改革社會組織管理制度·促進社會組織健康有序發展的意見〉이다. 이 문건을 자세히 보면, 사회 조직에 대한 적극적 지원과 자율성 보장보다는 통제적 성격의 관리와 감독을 더욱 강조하고 있음을 알 수 있다. 즉 '책임자에 대한 관리 강화', '자금에 대한 감독 강화', '활동에 대한 관리 강화', '사회적 감독의 강화', '사회조직 퇴출 기제의 완비' 등을 엄격하게 규정하고 있으며, '사회조직 내 당 조직 건설'을 사실상 의무화함으로써 사회 조직에 대한 당의 영도력 강화를 강조하고 있다. 또한 2017년 19차 당 대회 이후에는 '시진핑 신시대 중국 특색의 사회 조직의 길'이라는 표현이 등장하면서 당정이 부과한 임무와 역할을 충실히 수행하는 사회 조직에 대해서만

---

32) 賈玉嬌, 「國家與社會: 構建何種治理秩序」, 『社會科學』, 2014年 第4期.

행정적·재정적 지원을 제공할 것임이 보다 분명하게 제시되었다. 즉, '당과 정부의 집정능력 강화', '안정적인 체제 유지', '인민들의 사회 경제적 욕구 충족을 위한 사회 서비스의 제공', '인민들의 당정에 대한 불만 완화', '당정의 사회적 통치 비용 분담' 등의 역할과 기능을 충실히 수행하는 것이 '중국 특색의 사회 조직'이라고 강조되었다. 따라서 사회 조직에 대한 중국 당정의 통제와 관리가 더욱 강화될 것으로 전망되며, 당정의 요구를 충실히 수행하는 사회 조직만이 체제 내부로 포섭되어 생존을 유지할 것이라는 우려가 나오고 있다.[33] 또한 생존을 위해 포섭된 사회 조직도 정부에 대한 높은 의존성과 낮은 자율성이라는 근본적 한계가 있기에 다원적이고 민주적인 참여 공간은 오히려 더욱 축소될 가능성도 배제할 수 없다. 특히 동북 지역은 사회 조직 자체의 양적·질적 발전 수준이 현저하게 낮을 뿐만 아니라, 정부 기구와의 구별이 어려울 정도로 역할과 기능이 혼재되어 있기 때문에 더욱 복잡하고 심각한 상황이다.

2) 동북 지역 '정부–사회 합작' 모델의 특성과 한계

앞서 말했듯이 동북 지역에서도 중앙 정부의 사회 거버넌스 체계 구축 시도에 부응하여 지방 정부의 권한을 축소하고, 지역 주민 및 사회 조직이 참여하는 '공민公民자치' 모델로 전환할 것을 강조하고 있

---

33) 또한 '사회 거버넌스' 체계로 전환하는 과정에서 나타난 가장 중요한 변화 중의 하나가 '사회 조직'의 활성화와 규제 완화이지만, '노동 NGO' 조직은 예외로 취급되고 있다. 즉, 중국 정부는 다수의 사회조직에 대해 포섭 전략을 취하면서도, 정치적으로 민감하거나 경제 발전에 위해가 될 우려가 있는 '노동 NGO'에 대해서는 '안정 유지'를 명목으로 탄압과 배제의 전략을 적용하는 분할통치 방식을 시행하고 있는 것이다. 이처럼 '안정이 모든 것을 압도한다'는 안정 유지 체제 하에서 노동관련 사회조직은 항상 불안정을 야기하는 불순 단체로 간주된다. 정규식, 『노동으로 보는 중국』 참조.

다. 그러나 동북 지역의 경우 사구건설 과정에서부터 지방 정부의 영향력이 강하게 작용하고 있으며, 무엇보다 사회 조직의 역량과 발전 수준이 낮기 때문에 정부 주도형 사구의 보편화와 그에 따른 행정화의 폐단이 사회 거버넌스 체계 구축의 걸림돌로 작용하고 있다. 구체적으로 동북지역 사회조직 현황을 보면 2018년 기준으로 랴오닝성 23,204개, 지린성 12,914개, 헤이룽장성 18,348개로 나타났다. 이는 2010년 이후 지속적으로 증가하고 있는 추세이기는 하지만, 전국적으로 비교했을 때는 가장 낮은 수준이다.[34]

사회 조직의 양적 발전 수준이 저조한 것보다 더욱 심각한 문제는 동북 지역 '사회 거버넌스' 전략의 핵심인 사회 조직 활성화를 통한 '정부－사회 합작' 모델이 제대로 실현되지 못하고 있다는 사실이다. 현재 동북 지역에서는 중앙 정부의 적극적인 자금 지원과 지도하에 사회 조직이 지속적으로 발전하면서 다양한 형태의 사회적 서비스가 제공되고 있으며,[35] 이와 함께 각 지방 정부에서는 '정부－사회 합작'

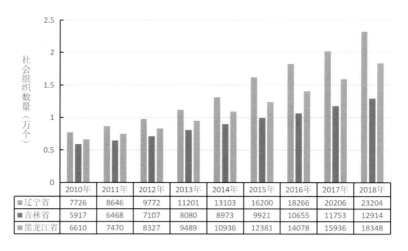

社会组织数量（万个）	2010年	2011年	2012年	2013年	2014年	2015年	2016年	2017年	2018年
■辽宁省	7726	8646	9772	11201	13103	16200	18266	20206	23204
■吉林省	5917	6468	7107	8080	8973	9921	10655	11753	12914
■黑龙江省	6610	7470	8327	9489	10936	12381	14078	15936	18348

▲ [그림 1] 동북지역 사회조직 현황

출처: 張文娟, 「東北地區政府與社會組織合作問題研究」, 長春工業大學碩士學位論文, 2019

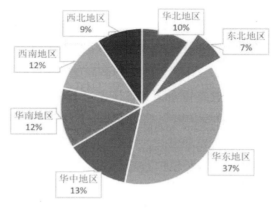

△ [그림 2] 전국 사회조직 비율

출처: 張文娟, 「東北地區政府與社會組織合作問題研究」, 長春工業大學碩士學位論文, 2019

34) 2018년 기준 중국 전체 사회 조직의 수는 824,856개인데, 지역적으로 보면 화
    북 지역이 79,355개, 화동 지역 304,872개, 화중 지역 106,363개, 화남 지역
    102,998개, 서남 지역 99,474개, 서북 지역 75,898개, 동북 지역 55,896개로 동
    북 지역이 가장 적은 것으로 나타났다. 張文娟, 「東北地區政府與社會組織合作問
    題研究」, 長春工業大學碩士學位論文, 2019, 13.

35) 2012년 발표된 「중앙재정의 사회조직 참여와 사회서비스 프로젝트 자금 사용
    관리방법中央財政支持社會組織參與社會服務項目資金使用管理辦法」에 근거하여 중앙 정부
    는 2013년부터 매년 2억 위안의 중앙 재정을 할당하여 지방 정부의 사구 재구
    축 작업을 지원하고 있다. 중앙 정부는 4개의 급별에 따라 자금을 지원하고 있
    는데, 동북 지방의 일부 지역도 이를 통해 재정적 혜택을 받았다. 또한 2013년
    9월 국무원이 「정부가 사회역량의 서비스를 구매하는 것에 관한 지도의견國務
    院辦公廳關與政府向社會力量購買服務的指導意見」을 발표함에 따라, 동북 3성은 2014년
    부터 사회서비스 구매에 관한 실시 의견과 방법을 제시하고, 구체적인 사회서
    비스의 목록과 서비스의 제공 방식, 자금 재원을 명확히 하면서 사구 재구축
    작업에 나서고 있다. 조문영 외, 「중국 사회치리 확산 속 동북지역 사구건설의
    진화: 노구사구老舊社區 의모범화」, 195-196.

을 위해 광둥성의 사례를 참조로 하여 다양한 사회 조직의 서비스를 정부가 구매하도록 하는 정책을 적극 추진하고 있다.[36] 그러나 '정부－사회 합작' 과정에서 여전히 정부가 주도적인 지위를 차지하고 있기 때문에 "어느 사회 조직과 무슨 영역에서 어떠한 방식으로 합작을 진행할 것인지에 대한 결정권이 전적으로 정부에게 주어져" 있다.[37] 따라서 실제로 동북 지역에서 전개되는 '정부－사회 합작' 과정을 보면, 기존에 지방 정부와 밀접한 관계가 있는 관에서 설립한 사회 조직이나 지방 사회에 영향력이 큰 사회 조직과 진행되는 형태가 대부분이다. 더욱이 동북 지역에 설립된 사회 조직 중 대부분이 정부가 직접 건립한 것이거나 정부와 민간이 공동으로 설립한 것이어서 사실상 정부의 부속기구에 불과하다는 지적이 끊임없이 제기되고 있다.[38] 또한 동북 지역 특성상 독립적인 사회 조직의 역량이 크지 않기 때문에 대부분 정부 프로젝트 사업의 보조 역할에 머무르는 경우가 많으며, 이마저도 단기적이거나 임시적인 형태로 진행되기에 장기적인 전망을 갖기가 어렵다. 그리고 동북 지역에는 여전히 '관官본위 문화'가 지배적이기 때문에 사회 조직의 역량이 제대로 발휘되기가 어렵고, 사업

---

36) 동북 지역 각 지방 정부에서 발표한 사회 조직에 대한 서비스 구매 관련 중요 정책문건은 다음과 같다. 즉 랴오닝성에서 2017년에 발표한 〈辽宁省民政厅政府购买服务指导目录〉과 2018년에 발표된 〈辽宁省社会组织管理条例〉, 지린성에서 2014년과 2015년에 각각 발표한 〈吉林省人民政府办公厅向社会力量购买服务的实施意见〉과 〈关于确定具备承接政府职能转移和购买服务条件社会组织目录的指导意见〉, 헤이룽장성 정부에서 2014년에 발표한 〈关于政府向社会力量购买服务的实施意见〉과 〈黑龙江省政府向社会力量购买服务指导性目录〉이 있다.

37) 張文娟, 「東北地區政府與社會組織合作問題研究」, 22-24.

38) 실제로 헤이룽장성 사회 조직 중 정부가 직접 건립한 사회 조직이 차지하는 비중은 34%이며, 정부와 민간이 공동으로 설립한 사회 조직이 50%를 차지한다. 또한 지린성도 성급 사회단체 중 정부가 건립한 것이 34.2%이며, 정부와 민간이 공동 설립한 사회단체는 26.5%에 달하는 것으로 나타났다. 張文娟, 「東北地區政府與社會組織合作問題研究」, 22.

의 수행 과정에서 정부의 간섭과 제약이 심하게 나타난다. 예컨대 지린성 창춘시에서는 사구와 사회 조직, 사회 공작社會工作, social work[39]이 결합된 이른바 '삼사연동三社連動' 모델이 확산되면서 정부와 사회 조직이 합작하여 다양한 지역 사업을 추진하고 있지만, 실제 운영 과정에서는 정부의 입맛에 맞는 사업만 승인을 받아 진행되는 경우가 대부분이다. 이외에도 사회조직에 참여하는 인재와 경비의 부족, 사회 조직 활성화를 위한 제도와 행정 절차의 미비 등이 동북 지역 사회 거버넌스 체계 구축 과정의 대표적인 한계로 지적된다.

4. 결론

이상에서 살펴보았듯이 중국 거버넌스 체계는 사회주의 시기 도시 공간에서 통치 기제로 작동하던 '단위체제'를 재편하여 '사구'를 중심으로 하는 관리 체제로 전환을 시도하고 있다. 그러나 중국에서 사회 거버넌스 체계의 전환은 특정한 지역과 도시 공간에서 실제로 작동하는 기층 권력 기제 및 지배 구조의 재구성을 추동하는 것이기에 각 지역마다 독특한 특성을 보이며 전개되고 있다. 따라서 이 글에서는 사회 거버넌스 체계로의 전환 과정에서 나타난 동북 지역의 고유한 특성에 주목하여 그 차이가 발현된 역사적·사회경제적 원인을 고찰하고, 나아가 동북 지역의 도시 공간에서 실제로 작동하는 기층 권력 기

---

39) '사회 공작'은 영어로 'social work'에 해당하며, 한국에서는 '사회복지'로 주로 번역되고 있다. 그러나 중국의 사회공작은 구미나 홍콩으로부터 많은 영향을 받았지만, 당－정부와 긴밀한 관계를 맺는 가운데 제도화 작업을 추진하고 있다. 따라서 중국의 '사회 공작'은 정부 바깥의 독립적, 전문적 서비스 영역으로 주로 인식되는 '사회복지'와는 차이가 있다. 백승욱 외, 「시진핑 시대 중국 사회건설과 사회관리」 참조.

제 및 지배 구조가 어떻게 변화하고 있는지를 살펴보았다. 주지하듯이 동북지역은 사회주의 초기부터 국가의 정책적 지원 하에 신중국 공업화의 중심 도시로 성장했으며, 이에 따라 도시화 과정과 거주민의 사회적 네트워크가 중대형 기업단위를 위주로 전개되는 '공업단위제 사회'가 형성되었다. 그러나 개혁개방이 가속화되면서 중대형 국유기업이 밀집되어 있었던 동북 지역에서는 국유 기업의 파산과 임금 체불, 해고와 파업이 연이어 발생하는 '동북현상'이 출현했으며, 이로 인해 그동안 강고하게 존재했던 '공업단위제 사회'가 점차 해체되기 시작했다. 또한 최근 동북 지역의 경제성장률 하락과 인구 감소가 장기화되는 '신동북현상'까지 겹쳐지면서 동북 지역은 '노후공업도시'로 전락하게 되었다. 이러한 문제를 해결하기 위해 중앙 정부 차원에서 동북 지역 노후공업기지를 진흥하려는 정책이 시도되었으며, 이 과정에서 도시 관리 및 통제의 주도권이 기업 단위에서 지방 정부에게로 이전되기 시작했다. 요컨대 사회주의 초창기부터 동북 지역에서 강고하게 존재했던 '공업단위제 사회'의 기초가 시장화 개혁의 흐름에 따라 약화되거나 변형되면서 도시 공간의 통치 구조와 주체 및 방식도 전환점을 맞게 된 것이다.

이처럼 개혁개방 이후 '단위체제'의 해체와 '사구건설'로의 전환이라는 큰 시대적 흐름 속에서 동북 지역에서는 1990년대 후반부터 다양한 사구 건설 실험이 이루어졌으며, 이러한 시도는 '공업단위제 사회'의 특성과 사회경제적 변화에 따른 요구를 반영한 형태로 전개되었다. 이에 따라 동북 지역에서도 중앙정부의 사회 거버넌스 체계 구축 시도에 부응하여 지방 정부의 권한을 축소하고, 지역 주민 및 사회조직이 참여하는 '공민公民자치' 모델로 전환할 것을 강조하고 있다. 그러나 동북 지역의 경우 사구건설 과정에서부터 지방 정부의 영향력이 강하게 작용하고 있으며, 무엇보다 사회조직의 역량과 발전이 저조하기 때문에 사회 거버넌스 체계 구축 과정에서 행정화로 인한 폐단이 심각한 상황이다. 실제로 본문에서 살펴보았듯이 동북 지역에서 전개되는 '정부-사회 합작'은 지방 정부와 밀접한 관계가 있는 관에서 설립한 사회 조직이나 지방 사회에 영향력이 큰 사회 조직과 진행되는 형태가 대부분이다. 또한 동북 지역 특성상 독립적인 사회 조직의 역량이 크지 않기 때문에 대부분 정부 프로젝트의 보조 역할에 머무르는 경우가 많으며, 이마저도 단기적이거나 임시적인 형태로 진행되기에 장기적인 전망을 갖기가 어렵다. 따라서 동북 지역의 사회 거버넌스 구축 프로젝트는 지방정부와 결탁한 특정 이익 집단이나 친족이 특권을 독점하면서 정부의 이해 관계에 부합하는 사업만을 선별적으로 전개해 나갈 위험성이 크다고 할 수 있다.

마지막으로 중국에서 이처럼 '사회 거버넌스'를 강조한다고 해서 단순히 과거보다 민간 영역의 자율성이 높아지고, 사회 조직의 활동이 자유로워졌다는 것은 아니라는 사실을 재차 강조할 필요가 있다. 왜냐하면 중국 사회 거버넌스 체계 개혁은 당정의 안정적이고 효율적인 국가 운영 및 사회 관리에 역점을 두고 있기 때문이다. 따라서 인민들의 사회적 불만을 완화하기 위해 다양한 '사회 서비스(빈민·양로·고아·장애인 구제, 재난 구조, 의료 보조, 교육 서비스 제공, 도농의 기층주민 대상 서비스 제공 등)'를 제공하는 사회 조직들을 선별적으로 육성하고 있으며, 정치적으로 민감하거나 비판적인 사회 조직에 대해서는 여전히 문턱이 높다. 따라서 사회 조직에 대한 중국 당정의 통제와 관리는 앞으로 더욱 강화될 것으로 전망되며, 당정의 요구를 충실히 수행하는 사회 조직만이 체제 내부로 포섭될 가능성이 높아 보인다. 또한 생존을 위해 포섭된 사회 조직도 정부에 대한 높은 의존성과 낮은 자율성이라는 근본적 한계가 있기에 다원적이고 민주적인 참여 공간이 오히려 축소될 가능성도 있다. 특히 동북 지역은 사회조직 자체의 양적·질적 발전 수준이 현저하게 낮을 뿐만 아니라, 정부 기구와의 구별이 어려울 정도로 역할과 기능이 혼재되어 있기 때문에 기층 사회의 권력 구조 및 통치 구조의 변화에 더욱 주목할 필요가 있다.

참고문헌

백승욱, 『중국의 노동자와 노동정책: ‘단위체제’의 해체』, 문학과지성사, 2001

잉싱(應星), 『중국사회』, 장영석 옮김, 사회평론, 2017

정규식, 『노동으로 보는 중국』, 나름북스, 2019

김도희, 「중국 사구연구의 쟁점에 관한 시론적 고찰」, 『중국학연구』 33, 중국
　　　학연구회, 2005

김인, 「중국 도시 공간 재구성과 지배구조 변화: 단위와 사구 변화를 중심으로」,
　　　『중소연구』 38/1, 한양대학교 아태지역연구센터, 2014

뤄쓰치(羅斯奇)·백승욱, 「‘사회치리’(社會治理)로 방향전환을 모색하는 광둥성
　　　의 사회관리 정책」, 『현대중국연구』 7/2, 현대중국학회, 2016

박철현, 「중국 사구모델의 비교분석: 상하이와 선양의 사례−사회정치적 조
　　　건과 국가 기획을 중심으로」, 『중국학연구』 9, 중국학연구회, 2014

박철현, 「사회주의 시기 중국 동북지역의 국가와 기업: 대련기차차량창의 전
　　　형 단위제를 중심으로」, 『만주연구』 20, 만주학회, 2015

박철현, 「중국 동북 지역 연구의 새로운 가능성: ‘노후공업도시’」, 『역사비평』
　　　116, 역사비평사, 2016

백승욱·김판수·정규식, 「중국 동북지역 사회관리 정책의 당·정 주도성」, 『현대
　　　중국연구』 19/2, 현대중국학회, 2017

백승욱·장영석·조문영·김판수, 「시진핑 시대 중국 사회건설과 사회관리」, 『현
　　　대중국연구』 17/1, 현대중국학회, 2015

유정원, 「중국 기층사회의 변화와 특성: 사구를 중심으로」, 『중국지식네트워
　　　크』 1, 국민대학교 중국지식네트워크, 2011

장윤미, 「중국 노동시장의 특징과 노동관계의 변화」, 『세계화와 노동개혁』,
　　　백산서당, 2005

조문영, 「'결함 있는' 인민: 중국 동북 노동자 밀집지역에서 기층간부들의 '사구자치'가 갖는 딜레마」, 『현대중국연구』 13/1, 현대중국학회, 2011

_____·장영석·윤종석, 「중국 사회치리 확산 속 동북지역 사구건설의 진화: 노구사구老舊社區)의모범화」, 『중소연구』 41/2, 한양대학교 아태지역연구센터, 2017

허유미, 「중국, '동북지역 전면 진흥' 정책의 주요 내용」, 『중국전문가포럼』, 대외경제정책연구원, 2016

賈玉嬌, 「國家與社會: 構建何種治理秩序」, 『社會科學』, 2014(4)

國家統計局國民經濟綜合統計司, 『新中國六十年統計資料彙編』, 中國統計出版社, 2010

欒珊·何曉傑, 「非强制: 社會管理創新中 政府行爲模式的新變」, 『理論探討』, 2011(5)

陸學藝 主編, 『當代中國社會建設』, 社會科學文獻出版社, 2013

劉平, 「單位制組織的公共事務職能與分工:北方城市除雪的啟示」, 『吉林大學社會科學學報』 6, 2012

呂鐵林·徐紅曼, 「"單位人"再组织化: 城市社区治理新模式－－以东北老工业基地S单位型社区为例」, 『北华大学学报(社会科学版)』 19/2, 2018

呂紅星, 「長春創新社會治理模式, 提高治理水平」, 『中國經濟時報』, 2014(15)

孟捷, 李怡樂, 「改革以來勞動力商品化和雇傭關系的發展」, 『開放時代』 5, 2013

苗紅娜, 『制度變遷與工人行動選擇: 中國轉型期'國家－企業－工人'關系研究』, 江蘇人民出版社, 2015

付城, 「新公共管理視角下的社區社會管理創新研究」, 『社會科學戰線』, 2011(11)

謝雯, 「歷史社會學視角下的東北工業單位制社會的變遷」, 『開放時代』 6, 2019

王棟·郭學軍, 「平衡性邏輯: 鄉村社會組織成長路徑的中國模式－以渝東北Y村 "樂和家園"爲考察對象」, 《社會科學論壇》, 2014(7)

李堅, 「近二十年中國社會組織發展的階段性分析－以遼寧地區民間組織發展爲例」, 『沈陽工程學院學報(社會科學版)』 10/3, 2014

張娜, 「社會治理背景下遼寧省社會工作發展情況概述」, 미발표 원고, 2016

張文娟, 「東北地區政府與社會組織合作問題研究」, 長春工業大學碩士學位論文, 2019

鄭杭生,「走向有序與活力兼具的社會: 現階段社會管理面臨的挑戰及應對」,『西北師大學報(社會科學版)』1, 2013

田毅鵬,「典型單位制的起源和形成」,『吉林大學社會科學學報』 2007(4)

_____,「城市社會管理網格化模式的定位及其未來」,『學習與探索』, 2012(2)

_____,『"單位共同體"的變遷與城市社區重建』, 北京: 中央編譯出版社, 2014

何艶玲,「"回歸社會": 中國社會建設與國家治理結構調適」,『開放時代』3, 2013

韓佳均,「東北三省社會治理體制改革問題研究」, 馬克·黃文藝 主編,『東北藍皮書: 中國東北地區發展報告』, 社會科學文獻出版社, 2014

서울올림픽과 도시 개조의 유산*

인정경관과 낙인경관의 탄생

박해남
원광대학교 동북아시아인문사회연구소 HK연구교수

1. 서론

서울올림픽은 서울이라는 도시 공간을 대대적으로 바꾼 계기였다. 올림픽은 1980년 5월 광주에서의 유혈 학살극 이후 집권한 독재 정부가 스스로를 정당화하는 한 가지 방편이었다. 그렇기에 이들은 올림픽을 통해서 '발전 국가'라 불리는 자신들이 이뤄 놓은 성과를 국내외에 대대적으로 보여 주고자 했다. 이러한 목적 하에서 1980년대 서울 도시 공간은 대대적으로 바뀌었다. 한강 개발에서부터 판자촌 재개발에 이르는 다양한 토목사업들이 '86·88'을 위해서라는 명분하에서 진행되었고, '86·88'이라는 타이밍과 맞추어 진행되었다. 그리고, 이를 통해 국가에 대한 자부심을 상승시켜 사회 구성원들 사이에 '발전주의적 유대감'을 창출하려는 것이 이들의 의도였다. 그래서인지 유명한 드라마 〈응답하라 1988〉이 보여 주는 1988년은 '발전'과 '유대'라는 두 마리 토끼를 다 잡은 시기로 그려진다.1) 하지만 그러한 희망과

---

* 이 글은 〈박해남, 「서울올림픽과 도시개조의 유산」, 『문화와 사회』 27권 2호, 한국문화사회학회, 2019)에 수록된 내용을 수정·보완한 것임.
1) 드라마 속 골목 안 사람들은 아이와 어른 할 것 없이 모두가 빈부의 차이를 뛰

유대감을 위한 도시 공간을 연출하는 작업 이면에는 『상계동올림픽』이 보여 주는, 빈민들의 절망과 사회 구성원 사이의 갈등이 존재했던 것도 사실이다.

이처럼 서로 다른 모습으로 기억되고 있는 서울올림픽을 매개로 한 도시 개조 및 그 결과가 무엇인지를 연구하는 것이 이 글의 목적이다. 서울올림픽을 계기로 한 토목 및 건축 프로젝트는 다양했고, 이것이 서울의 도시 구조과 경관, 특히 강남이라 불리는 지역의 변화에 미친 영향은 매우 컸다. 하지만, 이에 대한 연구는 찾아보기가 어려운 편이다. 지금까지의 연구는 주로 무허가 주택(판자촌) 철거 문제에 초점이 맞춰져 왔기 때문이다. 예를 들어, 김정남(2005)은 올림픽을 매개로 한 도시빈민운동과 통일운동을 다루는 과정에서 올림픽으로 인한 재개발과 철거민의 양산 문제를 소개하였고, Greene(2003)은 서울올림픽과 대규모의 도시 재개발에 상당한 관계가 있음을 밝혔다. Davis (2007; 2010)는 서울올림픽으로 인해 최대 70만 명에 이르는 수많은 이들이 강제 철거에 의해 터전을 잃고 이주해야 했음을 주장하고 있다. 반면에 도시 개조를 통한 새로운 공간 연출에 관한 연구는 이제 시작 단계에 있다. 올림픽을 계기로 한 강남의 도시 변화를 연구한 김백영(2017) 및 강남 지역 호텔의 개발과정을 탐구한 김미영(2016)의 연구가 최근에 제출되었을 뿐이다.

이렇게 본다면 올림픽을 계기로 한 도시 개조 사업의 전모가 모두 밝혀졌다고는 보기 어렵다. 또한 이 도시 개조라는 물리적 환경의 변

어넘은 유대관계 속에서 살아가는 공동체의 구성원으로 그려진다. 드라마의 마지막 회에 아이들은 모두 원하는 직업을 얻었고, 어른들은 모두 판교라는 중산층의 땅으로 이주했다. 이 드라마에 대해서는 다양한 갈등이 존재했던 1988년의 현실을 왜곡하고 있다는 비판과(김소연 2016), 현실에 존재하지 않았음을 알면서도 유토피아로 그려낸 것으로 봐야 한다는 의견으로 나뉜다(김영찬 2016, 천정환 2016).

화가 어떻게 해석되었는지, 그것이 서울이라는 도시 공간에 거주하는 사람들의 삶에 어떠한 영향을 미쳤는지에 대한 사회학적 설명이 제시되었다고 보기 어렵다.2) 특히 1980년대 후반, 당시 새롭게 부상하고 있던 중산층이라는 집단은 이러한 도시 개조에 대하여 어떻게 반응하였는지에 대하여 알려진 바가 별로 없다. 그래서 이 글은 서울올림픽을 매개로 발전 국가가 수행했던 다양한 도시 개조 프로젝트의 목적과 내용들을 확인하고, 이것이 사회 구성원들에게 어떻게 수용되었는지, 이것이 주민들의 정체성에 어떠한 영향을 미쳤으며, 이 과정에서 주민 사이의 차별 문제 등은 없었는지 등을 파악하고자 한다.

서울올림픽을 계기로 개조되는 물리적 환경(건조 환경)에 대한 전략적 의미화 및 이에 대한 다양한 수용을 분석하기 위해 이 연구는 경관landscape이라는 개념을 활용하고자 한다. 경관이라는 개념은 매우 다양하게 정의된다. 한국 경관법 제2조에서는 경관을 "자연, 인공요소 및 주민의 생활상으로 이루어진 일단의 지역환경적 특징"으로 정의한다. 하지만 모든 자연환경이 경관이 되는 것은 아니다. 학계에서는 경관을 인간의 시각에 의해 대상으로 포착된 풍경, 특히 근대적인 시각 내지는 보는 방식way of seeing에 의해 관찰되는 대상으로서의 환경이라고 보고 있다(Wylie, 2007: 59). 이는 사회과학뿐만 아니라 공학자들에게도 널리 받아들여지고 있는 개념이다(한국경관협의회, 2008: 19).

사회과학자들은 경관 개념을 보다 동적으로 해석한다. 특히 1970년대 이후 문화연구의 영향을 받은 일련의 지리학자들은 지배자의 권력작용과 피지배자의 저항을 포괄하는 동적인 과정으로 경관을 읽어

---

2) 올림픽이라는 이벤트는 수많은 담론의 발신과 의미 형성을 동반하는 문화이벤트다(Roche 2000). 이에 따라, 올림픽과 관련된 도시 개조는 물리적 환경의 변화에 의미를 부여하고, 국가적 정체성만 아니라 지역적 및 계층적 정체성의 형성과도 결부되기 마련이다. 그런 점에서 올림픽의 도시 개조에 관하여는 그 문화적 의미를 파악하는 것이 불가결하다고 볼 수 있다.

내고 있다.[3] 이들은 우선 경관이 지배집단의 권력 작용의 일부라고 본다. 지배 집단이 물리적 환경을 변화시켜 도시의 이미지와 정체성을 만들고(Kolodney and Kallus, 2008), 타자화의 작업을 수행하며(Duncan and Duncan, 1988), 이러한 과정을 통해 사회정치적 질서를 창출하고 자신들의 지배 헤게모니와 이데올로기 작용을 공고화한다고 본다(Cosgrove, 1984). 이들은 다른 한편으로 경관을 하나의 텍스트로 본다. 텍스트는 작가의 의도와 다르게 해석될 수 있는 여지를 얼마든지 가지듯, 경관 역시 생산자의 의도와 다른 방식으로 해석되고 재구성될 수 있는 것이다(Duncan, 1990). 그래서 존 어리(Urry, 2014: 189-195; 453-484)는 경관이 관련된 주체들의 수행performance속에서 창조되고 소비되고 재창조된다고 말한다. 요컨대, 경관은 물리적 환경의 조성이 특정 문화적 의미의 창출로 이어지도록 만드는 '재현representation'의 전략과 자신들의 방식으로 소비하고 전유하고 재구성하는 집단 사이의 사회적 과정으로 읽을 수 있는 것이다.

권력을 가진 집단이 경관을 통해 정체성을 만드는 한편 피지배 집단에 대한 사회적 분리나 배제가 발생하는 과정을 포착하기 위해, 이글은 서울올림픽을 매개로 한 도시 개조를 주도한 집단이 지니는 발전국가라는 성격을 고려하여 인정respectability/disrespectability과 낙인stigma이라는 개념을 활용해 보고자 한다. 인정respectability이란 사회 내에서 일정한 지위를 확보하고자 하는 집단의 구성원들이 한 사회 내에서 구성원으로서, 나아가 일정 이상의 지위를 누릴 만한 적절한proper한 자격을 갖추었다는 정체화identification에 기초하여 사회 속에서 획득하고자 하는 것으로 정의 할 수 있다.[4] 이 개념은 자신들의 습속이 방탕

---

3) 이러한 지리학의 흐름을 '신문화 지리학'이라고 한다. 이들의 경관 이론 발전에 이론적인 영감을 준 것은 레이몬드 윌리암스Raymond Williams, 에드워드 톰슨Edward. P. Thompson 등의 영국 문화 이론 및 문화사 작업이었다(진종헌, 2013: 561).

4) 호네트Honneth의 Annerkennung(recognition)이라는 개념 대신 respectability라는

한 지배자들이나 게으른 노동 계급과는 다르다는 점을 부각시키면서 사진들이야말로 인정받을 만한respectable 구성원이라는 자의식을 공유한 중간 계급들에 자주 적용된다(Mosse, 1982; Smelser, 1982; 하영준, 2011). 영국의 경우 노동 계급이 자신들의 습속이야말로 사회적으로 인정받을 만한 것임을 내세운 바가 있다(Hobsbawm, 1964; 정윤경, 2000).

이러한 개념들을 가지고 이 논문이 분석하고자 하는 것은 다음과 같다. 먼저 발전 국가가 국제사회로부터 인정respectability을 받고자 만들어 낸 물리적 환경의 변화는 무엇인지를 확인하고자 한다. 다음으로는 이러한 물리적 환경 변화를 한국 사회의 구성원들은 어떤 방식으로 소비하였는지, 특히 이를 적극적으로 수용하고 자신의 정체성의 일부로 만들고자 했던 집단은 어떤 방식으로 경관을 소비하였는지를 확인하고자 한다. 그리고 이렇게 형성된 정체성은 어떠한 인정의 타자disrespectability를 만들어 냈는지, 이들이 타자화되는 메커니즘은 무엇인지 등을 확인하는 것이다.

개념을 활용한 것은 호네트의 개념은 이 개념보다 관계적 성격이 강조되는 측면이 있기 때문이다. 영미권의 문화사회학에서 자주 쓰는 용어인 respectability는 정체성과 자의식이 보다 강조되는 측면이 있다.

respectability 개념의 번역어는 다양하다. 정윤경(2000)은 체통으로, 하영준은 위신으로 번역하고 있다. 이 외에도 고결함, 체면, 점잖음 등으로 번역되기도 한다(하영준 2011, 8). 하지만 이 글에서는 당시 발전 국가가 국제 사회에 속에서 가졌던 선진국의 문턱이라는 지위 감각. 그리고 중산층 사회 구성원들의 발전 서사가 갖는 민족발전 서사와의 긴밀한 관련성 등을 고려하여 '인정'이라는 이름을 붙였다. 이들의 지위 감각과 정체성은 자신들이 국제 사회 및 한국 사회 내에서 일련의 자격을 갖추었다는 자의식에 기초해 있으면서도 다른 집단과 분리된 특수한 존재로까지 나아가지는 않는다. 그런 점을 고려했을 때, 존중이나 위신이라는 개념보다는 인정이라는 개념이 번역상의 혼란에도 불구하고 이 글에 가장 어울리는 번역어라는 판단을 하였다.

2. 서울올림픽과 도시 개조

서울올림픽의 준비는 광범위한 도시 개조 프로젝트를 빼놓고 이야기할 수 없다. 서울올림픽의 준비 과정에서 가장 중요한 것 중 하나가 서울과 기타 지역의 경관을 바꾸는 것이었다. 예를 들어 1981년 10월 4일, 바덴바덴 총회에서 올림픽 개최권을 따내고 돌아온 서울 시장은 김포공항에서 열린 기자 회견에서 "오늘부터 나무를 심기 시작하면 7년 후엔 숲을 볼 수 있을 것입니다"라고 말한다(《경향신문》, 1981. 10. 5: 3). 이는 은유적 표현이 아니었다. 도시 경관의 개조를 가장 중요한 과제로 삼고 있음을 보여 주는 표현이었다. 그래서 2일 뒤인 6일 아침 간부회의 석상에서 서울 시장은 범시민적 식수植樹운동을 지시하였다 (《경향신문》, 1981. 10. 7: 11). 올림픽의 준비에 있어 도시 개조가 차지하는 비중이 얼마나 큰지를 보여주는 대목이다.

올림픽 개최 결정 이듬해인 1982년 초 정부의 마스터플랜 초안을 보더라도 올림픽을 계기로 한 경관의 개조 사업이 얼마나 중요했는지 알게 된다. 서울시는 올림픽을 위해 시가지를 재구성하여 도심을 종로만 아니라 3~4곳으로 다핵화하고, 인구를 적절히 분포시키며, 무질서한 시가지를 없애고, 지역들 사이의 균형 개발을 추진하고, 한강을 개발하고, 서울 시내 역사문화 유산을 공원으로 바꾸며, 경기장과 선수촌을 짓는 등의 다양한 임무를 부여 받았다(류동주, 1988: 7). 서울올림픽의 준비 과정에서 도시의 균형 개발과 도심의 다핵화 등 서울의 구조 전체를 바꾸는 작업까지 들어갈 정도로 올림픽과 도시 개조가 긴밀하게 결부되었던 것이다.

다른 정부 부처들 역시 다양한 도시 개조에 관여하게 되었다. 건설부는 올림픽을 위해 ① 수도권 정비 계획 수립 및 추진(서울시와 협력), ② 관련 도시의 도시계획 재조정(내무부와 협력) ③ 수도권 인구 및 산업 집중 억제(서울시와 협력) ④ 도로망 정비 및 확장(서울시와 협력), ⑤ 재개발 지구 정비(내무부와 협력), ⑥ 상하수도 시설 확충(내무부 및 시도와 협력). ⑦ 국립공원 편의 시설 확충(시도와 협력), ⑧ 주정차장 확보, ⑨ 도로표지판 정비 및 국제화 등 9가지를 과업으로 설정하였다. 보건사회부의 경우에는 여관의 고급화, 걸인 대책을 포함하여 '청결'과 '위생'을 키워드로 한 경관 관리를 담당하였다. 주로 화장실을 수세식으로 바꾸는 것, 오물 처리 방식을 바꾸는 것, 그리고 접객 업소(식당 등)의 위생을 관리하는 것 등이 그것이다. 교통부의 경우 공항 시설 보강, 올림픽 관광 개발 계획 수립 등을, 문화공보부는 '민족박물관' 건립, 국립미술관·국립국악원·서울 및 지역박물관 증축 등 다양한 문화 공간을 만들기로 하였다(서울올림픽조직위원회, 1982).

이것만 보더라도 올림픽은 수도권을 포함하여 전국 상당 수 지역의 물리적 환경에 큰 영향을 미치는 계기임을 알 수 있다. 시민들로 하여금 주변 환경을 정리(미화)하도록 하는 일까지 맡겼던 정황은 올림픽을 매개로 한 도시 개조가 단순히 물리적 환경을 바꾸는 것이 아닌 시민들의 습속을 바꿔 총체적으로 경관을 바꾸고자 하는 거대한 프로젝트였음을 보여준다.

이러한 도시 개조 작업과 더불어 병행된 것은 도시의 변화 및 사회의 변화를 특정 방식으로 의미 짓는 것이었다. 전두환 정부는 광범위한 도시 개조에의 개입만큼이나 이를 한국 사회의 발전 등으로 의미 짓는데 열심이었다. 집권의 정당성을 결여하고 있는 전두환 정부이기에, 이들은 올림픽을 계기로 대규모의 도시 개조 프로젝트를 통해 한국의 산업화와 경제적 성공을 전 세계와 한국 사회에 동시적으로 보여 주고 이를 통해 국내외 공히 인기를 얻을 필요가 있었다.

이들이 도시 공간을 개조하고 그에 의미를 부여하기 위해 자주 활용한 것은 발전 국가 특유의 선진국 – 후진국의 도식, 즉 발전 담론과 문명 담론이었다. 아래 인용문은 이들이 올림픽과 문명 담론 및 발전 담론을 어떻게 결합시키고 있는지를 보여 준다.5)

> "특히 우리는 다가오는 88년 올림픽과 86년 아시아 경기대회를 통하여 문화국민으로서의 면모와 긍지를 내외에 과시해야 할 숙제를 안고 있습니다. 올림픽을 개최하는 나라의 국민답게, 그리고 「세계 속의 한국」으로 부상하는 나라의 국민답게 우리는 세계의 모든 사람들로부터 신뢰와 존경을 받아야 하겠습니다(전두환, 1982)."
>
> "질서가 필요 없는 사회라면 원시 미개시대에나 존재했을 것이라 생각된다. 우리는 문화민족이며 높은 문화수준을 갖고 있다. 질서를 지키지 않아 후진국으로 오해 받는 일이 없도록 해야 한다. 질서를 잘 지켜야, 우리의 문화전통 소개에 그들이 귀 기울여 줄 것이다. 그리고 질서를 잘 지키는 시민만이 문화인을 맞이할 수 있을 것이다(올림픽서울/1985. 10.: 23)."

이러한 발전 담론과 문명 담론이 도시 개조와 결합되었을 때, 서울올림픽을 계기로 개조되는 도시의 물리적 환경은 문화적 의미를 형성하게 된다. 특정한 의미를 지니고 형성되고 소비되는 '경관landscape'이 되는 것이다. 특히 발전 국가의 관료들은 개조된 물리적 환경을 한국 사회 발전의 전시 및 국제 사회로부터의 인정respectability과 결부시켰다. 따라서, 이들이 주도한 도시 개조의 과정은 국제 사회로부터 인정받을 만한 도시 경관 즉, 인정 경관respectable landscape을 만드는 것을 목표로 했던 것이다.

서울올림픽을 계기로 한 도시 개조는 크게 두 가지로 나뉘게 된다. 하나는 '후진국'을 연상시키는 경관을 제거하는 것이었고, 다른 하나는 '선진국'처럼 보일 만한 경관을 만드는 것이었다. 전자의 대표적인 사례로는 도심 재개발 사업과 불량주택 재개발 사업, 노점상과 부랑

---

5) 발전 국가 한국의 발전 담론에 대하여는 김종태(2013; 2014) 참조.

인의 대대적인 단속과 철거, 보신탕과 뱀탕 등 외국인들에게 '혐오감'을 줄 수 있는 시설들의 도심 내 영업 금지 조치 등이 있다(박해남, 2016). 하지만 그에 못지않게 중요한 것은 후자, 즉 '선진국'처럼 보일 만한 경관을 만드는 것이었다. 전자에 관한 연구가 어느 정도 이뤄졌다는 판단 하에, 이 글은 서울올림픽을 준비하는 과정에서 새로이 만들어진 경관에 주목하여 보고자 한다.

3. 올림픽 준비와 인정경관 만들기

1) 잠실과 강남의 경관 관리

외국인의 시선을 중요시한 발전 국가의 관료들에게 올림픽 경기장이 밀집한 잠실 지역 및 인근 지역은 다른 어느 지역보다도 중요한 경관 관리의 대상이었다. 잠실은 올림픽 개최 결정 이전부터 도시 계획 과정에서 남다른 위상을 부여 받았었다. 장래 올림픽을 치를 시설이 위치한 장소로서 이곳은 1970년대 첫 개발 당시로서 '국제 도시' 등의 이름으로 발전 국가의 경관관리 대상이었기 때문이다.

우리가 아는 '강남'의 개발은 경부고속도로를 중심으로 한 영동1지구 토지구획정리사업과 더불어 시작되었다.6) '토지구획정리사업'이란 정부가 도로 등의 기초 인프라를 만든 뒤 토지를 민간에 매각하는 방식으로 도시 환경을 조성하는 것이었다(임동근, 2015: 116-119). 한마디로, 국가는 평면을 조성하고, 그 뒤는 민간에 맡기는 방식이었다. 하지만 잠실은 달랐다. 잠실 지구는 1970년의 '잠실지구종합개발계획'(김진희·김기호, 2010: 46), 그리고 71년 서울 다핵도시화 계획에

---

6) 영동1 지구는 현재 행정구역상 서초구 서초동과 잠원동, 강남구 신사동에 해당한다.

기초하여 공유수면 매립 공사를 통해 개발이 시작되었다(김백영, 2017: 77).[7] 이 당시만 해도 잠실 개발은 토지구획정리사업에 기초하고 있었다.

그런데 1973년 10월 6일 토지구획정리사업은 국무총리 지시를 통해 중단된다. 이유는 "토지구획정리사업이 도로용지확보나 대지 조성을 위주"로 하여 "미래지향적인 국제적 대도시 건설에 차질을 초래"한다는 것이었다. 그리고 앞으로는 "평면적인 구획정리 계획뿐 아니라 구획정리 후의 구체적인 종합개발 계획"까지 만들 것을 요구했다(손정목 2003b, 204-5). 즉, 잠실 지역에 대해서는 평면을 조성할 뿐 아니라 건축물 규제를 통해 경관까지도 관리할 방침을 세운 것이다.

이는 종합운동장에서 장래에 개최할 스포츠이벤트와 국제적 지위 향상이라는 문제를 염두에 둔 조치였다. 73년 초 서울시는 『영동·잠실 신시가지 조성 계획』을 발표한다. 이 계획은 영동 지구 동쪽 미개발지인 영동2 지구와 잠실 지구의 개발을 묶어 "선진 대도시 수준의 세계적인 이상 도시"로 만든다는 목표 하에, ha당 200인 이하의 인구밀도, 녹화되고 공원화된 시가지, 정책적인 도시 미관 향상 등을 내용으로 하는 것이었다(김백영, 2017: 79-80).[8] 갑자기 '국제적 대도시', '세계적 이상 도시' 등을 말하게 된 것은 역시 잠실종합운동 계획 때문이었다. 국제적 지위 향상을 위한 스포츠이벤트를 염두에 둔 발전 국가 입장에서 이 지역은 발전을 경관화하는 장소가 되어야 했던 것이다(김진희·김기호, 2010: 47-8). 다음 인용문이 이를 잘 보여준다.

---

7) 공유수면 매립 공사란 하천·고수부지와 토지의 경계가 불명확한 하천 공간에 현대적 제방을 쌓아 하천과 토지의 경계를 분명히 하고, 이 과정에서 토지를 획득하는 것을 말한다. 1960년대 말부터 한강변에 만들어진 신시가지 여의도, 동부이촌동, 반포 지역은 모두 이런 방식으로 제방을 쌓아 확보한 토지 위에 아파트 단지를 조성한 지역이었다. 이에 관하여는 손정목(2003a, 175-196) 참조.

8) 영동2 지구는 현재 행정구역상 강남구 압구정동, 청담동, 논현동, 역삼동, 도곡동, 삼성동, 대치동에 해당한다.

잠실지구는 아직 오염되지 않은 한강상류를 끼고 있고, 제방의 구조상 설치된 부지와 예정된 국제규모의 종합운동장, 올림픽경기장 후보용지, 제방의 밑을 따라 지정된 폭 30미터의 강변녹지, 중심부의 포락(浦落)지를 이용한 호수 등 여러 녹지요소를 지니고 있으므로 이를 충분히 활용한다면 대단히 수려한 도시미를 가지는 신시가지로 개발할 수가 있다. 따라서 서울시 어느 지구보다 질서있는 시가지가 될 것이며 충분한 녹지요소를 갖추고 있으므로 국내외적으로도 시범적인 신시가지로서 손색이 없을 것이며 국가발전의 상징적 도시로 형성시킬 수 있다고 보아진다(서울특별시, 1974: 26).

이후 잠실에 만들어지는 아파트들은 근린주구론Neighborhood Planning에 입각, 단지 내에 초등학교와 레크레이션 시설을 배치하고 연결도로를 공원으로 만들었다. 또한, 주거 지역의 인구밀도를 ha당 800/600/200으로 나눠 아파트를 지음으로써 스카이라인을 인위적으로 조정하였다. 과거 하천이 지나가던 자리는 호수공원으로 만들었다(손정목, 2003b: 207-211). 발전 국가가 '국제적 도시'를 만드는 방법이란 당시 서구 도시들에 적용되고 있던 도시계획 방법론을 활용하여 경관을 조성하여 오염되지 않고 '질서'가 있는 '녹색'의 경관을 만드는 것이었다.[9]

올림픽 개최가 결정되자 정부와 서울시는 다시 잠실의 경관에 개입한다. 한국의 경제적 발전을 가시화하는 이벤트로 올림픽을 정의한 이들에게는 소형아파트들로 이뤄진 잠실을 부유층 거주지역으로 만드는 것이 과제였다.[10] 대통령부터 그랬다. 1982년 6월 23일, 대통령

---

9) 이러한 원리는 국립경기장(올림픽공원)에도 마찬가지로 적용된다. 1979년 10월 26일 국립경기장 부지의 사방 200m 지역이 제5종 미관지구로 지정된다. 이에 따라 면적 75평 이상, 2층 이상 건물만 건립 가능하고, 도매시장, 고물상, 전염병원, 정신병원, 자동차 관련업소, 연탄공장, 목재소, 창고, 식품공장, 정육점, 철물점, 세탁소, 공장도 이 지역에 들어설 수 없다. 10월 8일 올림픽 유치 선언에 따라 이 지역의 미관을 유지한다는 것이 그 이유에서였다(김백영, 2017: 81).
10) 당시 주경기장 동편에 위치한 잠실 1~4단지 아파트는 소형아파트들이었다. 1974년 잠실 개발 당시 7.5평 500세대, 10평 600세대, 13평형 7,610세대, 15평형 3,400세대, 17평형 2,410세대, 19평형 730세대로 이뤄진 중소형 아파트 단

은 체육부 장관과 서울 시장 등에게 잠실 지역의 경관을 변화시킬 것을 요구한다. 소형 서민아파트가 밀집한 지역이라는 이미지를 불식시킬 수 있도록 준고급 아파트를 배합하라는 것이었다(국무총리행정조정실, 1982a). 이에 따라 실무자들은 6월 28일에 잠실 일대를 '올림픽 특별 구역'으로 지정하면서 "서민 집단 거주지역화 하지 않도록 고급 아파트를 적절히 배합"하기로 결정하였다(국무총리행정조정실, 1982b). 이를 위해 구상된 정책은 잠실 일대 주거용지 내 신축건물의 면적을 제한하는 것이었다. [그림 1]과 같이 서울시는 1982년 7월 국립경기장에 대한 추진 계획과 더불어 잠실 일대 주거지를 ① 연립 주택 및 전용 면적 25평 미만 아파트 규제 지역, ② 20평 미만 연립 주택 규제 지역, ③ 전용 면적 25평 미만 아파트 규제 지역으로 나누었다.

아시아선수촌과 올림픽선수촌 역시 이러한 방침에 따라 만들어졌다. 1981년 10월 4일 잠실운동장을 방문한 전두환은 선수촌을 서민용 아파트로 건립할 것을 지시한 바 있는데(국무총리행정조정실, n.d.), 이는 얼마 지나지 않아 호화아파트로 지으라는 지시로 바뀐다(국무총리행정조정실, 1981). 이에 따라 아시아선수촌과 올림픽선수촌, 올림픽훼미리아파트는 최소 32평에서 최대 68평에 이르는, '국민주택 규모'를 훨씬 상회하는 평형으로 구성되었다. 게다가 이들 아파트는 한결같이 분양 대금 외에 고액의 채권을 구매하는 이들에게 입주권을 주었다(서울올림픽조직위원회, 1989: 520).[11] 올림픽을 맞아 한국 사

지로 조성되었고, 15평 이하 아파트는 무허가 건물 철거민 수용이 원칙이었다 (손정목, 2003b: 217).

11) 아시아선수촌은 38평 317세대, 47평 18세대, 52평 321세대, 57평 447세대, 66 평 252세대로 구성되었고 (서울특별시, 1987: 315-6), 올림픽선수촌은 25평 43 세대, 29평 25세대, 33평 33세대, 34평 1,933세대, 39평 1,434세대, 43평 42세 대, 47평 818세대, 49평 516세대, 50평 50세대, 52평 338세대, 53평 348세대, 57평 172세대, 64평 238세대로 구성되었다(서울특별시, 1990: 517). 올림픽 가 족아파트는 32평 1,500세대, 43평 900세대, 49평 1,416세대, 56평 558세대, 68

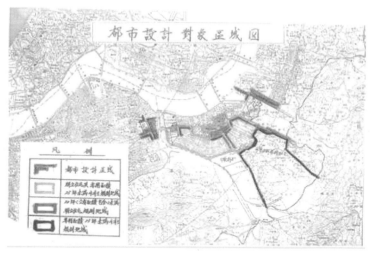

▲ [그림 1] 잠실지역 주거지 평형규제 설계안
(출처 : "국립경기장 등 추진계획" 1982년 7월)

회의 경제적 풍요를 과시하려고 했던 의도는 결국 잠실 지역의 거주 계층을 국가가 통제하는 방향으로 비화되었던 것이다.

　도로와 가로 역시 관리의 대상이었다. 서울시는 코엑스, 종합운동장, 석촌호수, 국립경기장, 풍납사거리로 이어지는 잠실로(84년부터 '올림픽로'로 개칭) 등을 핵심 지역으로 삼았다(김백영, 2017: 93). 코엑스의 경우 '잠실 올림픽단지'의 진입로라는 의미가 부여되면서 상징 시설물 설치와 주변 건물의 대형화, 영동대로의 '공원가로화'가 계획되었다. 종합운동장 앞에는 상징 조명이 설치되고, 진입부에 광장을 설치할 계획을 세웠으며, 주변 아파트 단지의 외관을 개선하고, 아케이드를 설치해 주변 상가의 경관도 개조하고자 하였다(서울특별시, 1983b: 186-7). 석촌호수 북단에는 대규모 상업 시설을 계획했고, 올림픽공원 진입부에는 광장과 상징 조형물을 설치하고 주변도로를 '공원

　평 120세대로 구성되었다(서울올림픽조직위원회, 1989: 520).

가로화' 하는 것이 계획이었다(서울특별시 1983b, 188).

잠실 서쪽의 '영동' 혹은 '강남' 역시 경관 관리의 대상이었다. 이를 위해 활용된 제도적 장치는 도시 설계로, 이는 지방 정부가 '도시 미관의 장애 요소'를 없애고자 건축을 규제하고 경관을 관리할 수 있게 하는 제도였다(이건호, 2012: 72-75).[12] 1984년에 시작된 테헤란로 도시 설계가 대표적이다. 이 지역은 1984년까지도 70%이상이 개발되지 않은 관계로, 86 아시안게임과 88 서울올림픽을 위해 빠르게 개발해야 하는 곳이라는 것이 서울시의 판단이었다. 또한 당시 강남 지역이 "소비성 유흥·위락 기능이 집중되어 도시 발전에 바람직스럽지 않은" 모습을 형성했고, "문화 및 집적된 상업 활동은 전무하거나 국지적으로 산재"한 상태라는 것이 서울시의 판단이었다(서울특별시, 1984b: 8). 이에 따라 서울시는 테헤란로를 '올림픽 상징 가로'로 새롭게 정의하면서 잠실과 마찬가지로 도로와 가로의 경관을 개조하고자 하였다(서울특별시, 1984b: 104). 또한 건물 1층에 보행자의 활동을 '저해'하는 업종을 제한하고 문화와 관련된 시설을 대폭 확충하고자 하였다(서울특별시, 1984b: 71).

마지막으로, 올림픽을 앞두고 한국의 경제적 발전을 경관화해 줄 상징적 건물 두 채가 급하게 계획되고 실행되었다(《경향신문》, 1986. 1. 2: 10). 테헤란로와 잠실 지구의 결절점에 들어선 한국에서 두번째로 높은 빌딩이었던 종합무역센터와, 석촌호수 북단에 자리 잡은 한국에서 가장 면적이 큰 건물이었던 롯데월드가 그것이었다. 이 두 상징적 건축물은 똑같이 1985년도에 착공되어, 3년간의 무리한 공사 끝에 올림픽 개회식에 맞춰 문을 열었다. 종합무역센터는 1985년 3월에

---

12) 이 제도를 통해 서울시는 1983년 잠실 지구 도시 설계를 완료하였고, 84년에는 테헤란로, 85년에는 한국종합무역센터와 가락 지구 도시 설계를 완료하고 롯데잠실개발 계획도 수립하였다.

먼저 착공하고 이듬해에 건축 허가를 받았다. 올림픽에 맞춰 개장해야 한다는 이유에서였다(《동아일보》, 1988. 7. 15.: 9). 잠실 롯데월드 역시 올림픽에 맞추기 위해 '100일 작전'과 '50일 작전'을 반복했고 (손정목 2003b, 88), 이 과정에서 20명에 가까운 산재 사망자를 냈다 (《한겨레》, 1989. 5. 17.: 5). 한국의 경제 발전을 재현하고 '세계'로부터 인정을 획득하기 위한 경관의 조성은 이토록 폭력적인 것이었다.

2) 한강 종합 개발

한강의 개발 사업은 1960년대 후반부터 시작되었지만, 현재와 같은 경관이 만들어진 것은 1981년도부터 시행된 한강 종합 개발 사업을 통해서였다. 그리고 그 사업은 서울올림픽의 유치가 계기가 되어 시작되었다. 공식적으로는 1981년 11월 18일 대통령이 서울 지역 내 한강 골재와 고수부지 활용 방안을 검토할 것을 지시하면서부터였다 (서울특별시, 1983a: 6). 그렇다면 왜 올림픽 유치 이후 한강 개발을 생각해 냈을까? 전두환은 다음과 같이 그 이유를 설명한다.

> 내가 한강을 종합적으로 개발해야겠다고 생각한 것은 올림픽대회의 서울 유치가 결정된 직후부터였다. (…) 그때 제일 먼저 결심해야 했던 것이 한강 종합 개발 사업이었다. 각종 경기장을 비롯하여 많은 올림픽 관련 시설이 한강 주변에 배치되도록 계획되고 있었다. 뿐만 아니라 한강은 발전하는 한국의 모습을 보여 줄 수 있는 상징적 의미도 있었다. 올림픽 개막 행사의 시작이 한강에서 펼쳐지도록 계획되어 있었고 강변도로는 마라톤 코스로 지정되어 있었다. '한강의 기적'을 세계에 선보이기 위해서는 강물이 깨끗해야 하고 주변 경관도 아름답게 정비해야 했다(전두환, 2017: 556-7).

발전 국가라 불리는 전두환 정부에게 한강은 한국의 경제 발전 및 도시화와 관련한 상징적 공간으로, 중요한 프로파간다의 수단이었던 것이다.

　또한, 1981년 당시 한강은 발전 국가의 급속한 도시화의 문제점을 가시화한 공간으로 여겨졌다. 당시 서울시 부시장이었던 이상연은 올림픽 개최가 결정되었을 당시 "도시의 품격, 호텔 등 숙박, 교통, 위생, 미관이라든지 친절한 서비스 등 하나도 자신 있는 게 없고" 걱정거리만 있었다고 말한다. 한강은 그중에서도 도시 공해와 수질 문제 등으로 문제가 가장 가시화되어 나타난 공간이었다(이상연, 2013: 91-2). 그래서인지 올림픽 개최가 결정된 직후부터 전두환은 한강의 경관에 주목했다. 1981년 10월 4일, 서울운동장을 순시하는 자리에서 전두환은 뚝섬유원지에 포플러나 수양버들을 심을 것과, 성수대교 북측을 재개발할 것을 지시했다(국무총리행정조정실, n.d.). 이런 한강에 '질서' 있는 '녹색'의 경관을 만드는 것이 한강 개발 사업이었다. 거대한 하수관을 매설하여 서울의 하수가 한강에 흘러들지 않게 하고, 수심을 일정하게 유지하여 유람선을 운행하며, 고수부지를 공원으로 만들고, 강변에 대규모 도로를 만드는 것 등이 구체적인 사업 내용이었다(서울특별시, 1988: 8-9).

　올림픽과 관련한 상징 공간이었으므로 공사는 매우 급하게 진행되었다. 착공일은 1982년 9월 28일이었지만 설계안은 1983년 5월에 나온다. 공기단축을 위해 설계 확정 이전에 공사를 시작했던 것이다(이상연, 2013: 93-4). 아시안게임 개막에 맞춰 완공을 해야 했기 때문이다. 설계 당시 목표 준공일은 1985년 12월 말이었다. 실제 공사는 1987년 말까지 계속되었지만(서울특별시, 1990: 590), 준공식은 아시안게임을 일주일 앞둔 1986년 9월 10일에 열렸다. 시간적으로 아시안게임과 한강을 묶어 상징성을 더한 한강 개발의 상징성을 연출하고자 한 것이다.

　그리고 한강은 전두환이 말한 것처럼 한국의 '발전상'을 보여 주고 세계로부터 인정을 받기 위한 마라톤 코스의 핵심 구간이 되었다. 조직위원회는 당초 재개발을 통해 빌딩숲으로 변한 도심지를 포함 "서울의 발전상을 전세계에 보여주려는 계획"으로 잠실체육관을 출발하여 마장동, 동대문, 을지로, 장충동, 건국대 앞, 제3한강교 등을 마라톤 코스로 계획했다. 환경청이 대기오염 문제로 이 코스가 불가하다는 입장을 피력하자(《중앙일보》, 1984. 7. 9.: 11), 대체 코스로 개발한 것이 한강이었다.

한강을 중심으로 만들어진 코스는 잠실주경기장 → 테헤란로 → 남부순환로 → 강남대로 → 고속터미널 → 국립묘지 → 올림픽대로 → 여의도 → 마포대교 → 강변북로 → 반포대교 → 압구정 → 올림픽대로 → 잠실주경기장 순으로 이어졌다(《동아일보》, 1985. 10. 9.: 5). 선수들의 모습은 한강 및 강남의 발전상을 주 무대로 했으며, 혹시라도 드러나게 될지 모르는 빈곤의 풍경은 불량 주택 재개발을 통해

▲ [그림 2] 서울올림픽 마라톤 경기 중계 화면 (출처 : Olympic channel, 2015. 4. 22.)

미리 달라져 있었다. 마라톤 코스와 인접한 동작구 흑석동과 마포구 도화동, 그리고 중계 카메라에 포착될 가능성이 있는 한강 건너편의 성동구 옥수동과 금호동은 모두 불량 주택 재개발 필수 사업 및 중점 사업 구역이 되었기 때문이다(서울역사박물관, 2017: 188-9). 아래 그림에서 보듯이 실제 마라톤 경기 중계를 통해 국제 사회로부터의 인정을 염두에 두고 개조된 경관은 전세계로 중계되었다.

3) 문화와 소비 시설

서울올림픽은 스포츠 경기만 아니라 수많은 문화 행사와 심지어는 학술 행사까지를 포괄하는 거대한 문화 이벤트였다. 이를 위해 많은 문화 시설이 필요함은 당연하다. 또한 이는 국제 사회 내에서 발전 국가가 문명화된 사회로 인정을 받으려는 전략과도 관계가 있었다. 올림픽공원의 조성 과정에서 몽촌토성을 중심 경관으로 삼은 것도 그러한 전략의 일환이었다. 1980년대 발전 국가는 정책적으로 다수의 문화재를 복원하고 문화 시설을 새로이 만들면서 이 전략을 수행하였다.

올림픽을 매개로 한 문화 시설 계획은 이른 시기부터 수립되어 있었다. 예를 들어, 문화공보부는 1982년 2월 연두보고에서 '문화올림픽 계획'이라는 이름으로 각종 문화 시설 및 역사 유적 공원 계획을 발표한다. 독립기념관, 국립중앙박물관, 국립국악당, 예술의전당, 현대미술관이 대표적이었다. 그 외에도 몽촌토성이나 암사동 선사유적지 등 올림픽 경기장 주변의 사적은 공원으로 만들고, 경복궁과 덕수궁에 박물관을 설치하며, 지역의 경우 경주와 부여, 공주의 유적지를 개발할 것을 계획했다(문화공보부, 1982). 이는 1983년 3월 30일 공개된 이른바 '문화올림픽 계획'에도 반영된다. 이 계획에서 예정된 문화시설은 독립기념관(1986년 8월 완공), 예술의 전당(1987년 9월), 국립현대미술관(1986년 6월), 국립국악당(1986년 4월), 중앙청박물관(1986년 6월) 등이었다. 역사 유적지의 공원화도 함께 추진되어, 암사동 선사주거지, 석촌동 고분군, 몽촌토성, 풍납리토성, 미사리선사유적 등이 대상지로 선정되었다(강신표, 2010: 260-1).

이들 시설들도 마찬가지로 아시안게임 또는 올림픽을 즈음하여 완공·개장하기 위해 급하게 공사가 이뤄졌다. 예를 들어, 독립기념관의 설계자는 '한쪽에서 설계하고 한쪽에서 시공'을 했으며, 건축 허가도 착공 1년 뒤에 받았음을 언급하며 '달리기 하듯' 공사를 서둘렀음을 말했다(《중앙일보》, 1986. 8. 9.: 7). 1986년 8월 15일이라는 날짜에 맞추기 위해서였다. 국립현대미술관 역시 아시안게임과 올림픽이라는 "스펙터클을 보조하는 스펙터클"이자 보여주기 또는 과시용 선전물이었다(양은희, 2007: 178; 183). 예술의 전당 역시 "86 아시안게임과 88 서울올림픽 대회시 한국문화예술활동을 소개할 수 있는 복합 예술센터로서의 이미지를 부각시킬 수 있는 장소"로 만들어졌으며(건축문화, 1984/12: 7-8), 대학로, 우정로, 돈화문로, 창경궁로 등은 "역사적 유산을 보전하고 미비된 문화 환경을 보완, 창출함으로써 시민의 문화 의식을 함양시키고 급증하는 대규모 국제 행사에 대비한 전통적·문화적 명소가 될 수 있는 도시 환경"으로 개조되었고(서울특별시, 1985: 6), 경희궁과 서울시립미술관, 러시아공사관 등도 올림픽 준비의 산물이었다(서울특별시, 1990: 681; 934-6).

올림픽 경기장들이 밀집한 송파구와 강동구 일대의 백제 역사 유적들도 올림픽을 앞두고 대거 복원된 뒤 공원으로 바뀌었다. "서울이 500년 도읍지만이 아닌 2000년 역사를 지닌 고도로서 뿌리를 찾고, 민족이 오랜 역사와 전통을 지닌 문화 민족을 자랑"함과 더불어 관광자원으로 활용하기 위해서였다. 이러한 계획 하에서 석촌동 고분, 방이동 고분, 풍납토성, 암사동 선사주거지 터에 대한 정비 작업이 1985

년부터 시작되어 풍납토성을 제외한 나머지 지역이 1988년까지 공원으로 탈바꿈했다(서울특별시, 1990: 897-8).

올림픽을 계기로 올림픽공원, 아시아공원, 석촌동 고분, 방이동 고분, 예술의 전당, 국립중앙도서관 등이 새롭게 위치하게 된 잠실과 강남은 다양한 공원과 문화 시설이 가득한 곳으로 변모했다. 그리고 이는 계획에 따른 것이었다. 올림픽 개최 결정 이후 서울시는 잠실을 서울의 3대 도심 중 하나로 성장시키고자 했는데, 1983년 주요 업무 계획에서 당시 도심(종로와 을지로)을 중추 관리 지역으로, 영등포권은 산업과 상가의 중심지로, 잠실은 문화와 유통의 중심으로 만들 계획을 발표했다(서울특별시, 1983: 15).

이는 쇼핑 시설의 설치에 있어서도 마찬가지다. 서울시는 1960년대 이후 반복해서 '사대문 안'으로 일컬어지는 서울의 도심 공간에 모인 행정, 업무, 상업 등의 기능을 분산시키는 작업을 계획했다.(김선웅, 2015. 5. 8.). 그리고 서울의 다핵화라는 기조에 맞춰 1972년부터 도심지에 백화점의 신·증설을 제한하였다. 그럼에도 여의도(1976), 영동(1979), 청량리(1978)에 백화점형 쇼핑 센터가 1곳씩 신설되었을 뿐(김병도·주영혁, 2006: 151), 소비활동은 여전히 도심지를 중심으로 전개되었다. '영동'은 1980년대 초까진 주거 기능만을 갖춘 '베드타운'이라 불리기 일쑤였다(《경향신문》, 1977. 4. 4.: 1; 《동아일보》, 1981. 10. 8.: 3; 《동아일보》, 1983. 7. 14.: 9).

이런 '영동'을 '강남'으로 바꾸고 소비 시설을 대대적으로 위치하게 만든 것 역시 올림픽과 무관하지 않다. 1980년대 들어 서울시는 올림픽을 대비하여 부도심에의 적극적인 유통 시설 신설을 추진했다(서여림·김기호, 2016: 15-6). 1982년도에 올림픽이 열리는 잠실 지구에 대단위 쇼핑 지구를 계획했고(《매일경제》, 1982. 6. 23.: 11), 1983년에는 86년과 88년의 양대 행사를 위해 도심 다핵화와 대형 유통업체의

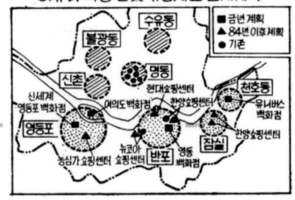

▲ [그림 3] 서울시의 유통시설 설치 계획
(출처: 《동아일보》, 1983. 1. 21.: 11)

부도심 유치를 계획했다(《동아일보》, 1983. 1. 21.: 11). 1984년도에는 88년을 목표로 총 11개의 대형 유통시설을 부도심권에 신설하기로 했다(《매일경제》, 1984. 2. 15.: 11). 그중 대다수는 [그림 3]와 같이 강남 지역에 위치했다. 실제로 이 시기 백화점의 수는 상당히 늘어나게 된다. 뉴코아(반포, 1980), 여의도(1981), 영동(논현동, 1983), 신세계(영등포, 1984), 현대(압구정, 1985), 그랜드(대치동, 1986), 신세계(미아, 1988), 현대(무역센터, 1988), 롯데(잠실, 1988) 등이 그것이다(김병도·주영혁, 2006: 166).

호텔이라는 소비 공간 역시 올림픽으로 인해 1980년대에 대거 확산되었다. 이미 1979년 단계에서 서울시는 올림픽 유치 계획에 맞춰 호텔 신축 계획을 발표한 바 있는데(《동아일보》, 1979. 11. 23.: 7), 실제로 올림픽 개최 결정 이후 정부는 자금 지원을 포함한 다양한 지원으로 호텔 신축을 장려했다(《매일경제》, 1981. 11. 5.: 11). 그리고 이들 중 상당 수는 백화점과 마찬가지로 강남에 자리를 잡았다. 일례로

라마다르네상스 호텔의 경우 "88 서울올림픽을 개최함에 있어 외빈 숙박 시설 부족 문제를 타개코저 한 정부 정책에 적극 호응한다는 취지 아래" 호텔을 신축했음을 명시하고 있다(김미영, 2016: 8).

4. 신도시와 인정경관의 확산

1) 올림픽 이후 신도시의 확산

올림픽이 끝나자 심각한 주택 문제가 닥쳤다. 1986년부터 시작된 3저호황으로 형성된 시중의 자금은 부동산 시장에 유입되어 집값에 영향을 미쳤고, 1988년에 집값 폭등 현상은 심각한 수준이었다(조명래, 1993: 34-36). 국가는 문제의 근원을 중산층용 아파트의 공급 부족이라고 보았고, 그래서 신도시 개발을 중요한 계획으로 추진했다(이영환, 1996: 41). 1988년 9월 정부는 전국적으로 200만호의 주택을 공급하겠다고 공약했고, 이를 위해 서울 주변 지역에 중산층 이상의 서울 주민들을 수용할 수 있는 신도시를 조성하여 50만 가구를 이주시킬 계획을 세웠다. 그리고 1989년 초 평촌, 산본, 중동, 일산, 분당이 차례로 수도권 신도시로 지정된다(한국토지공사, 1997: 54).[13]

이들 중산층을 위한 신도시의 조성 방식은 올림픽을 위한 1980년대 도시 개조와 유사성을 지니고 있다. 국가의 경제 계획과 도시 계획, 그리고 토지개발공사나 대한주택공사 등을 활용한 대규모 주거지 조

---

13) 당초 임대 주택과 소형 아파트 등을 포함하여 다양한 사회 계층이 주거하는 공간으로 구상된 신도시는, 건설 과정에서 중산층의 입주 비중을 대폭 늘리게 된다. 분당의 경우 처음 설계 당시 1/10이었던 중산층 비율이 1/4로 늘었다(장세훈, 2017: 19-20).

성은 60년대 말 70년대 초의 여의도, 영동, 잠실에서 시작하여 과천과 목동, 상계 등으로 이어져 왔다(이동배·김용하, 1991: 208). 하지만, 올림의 도시 개조를 거치기 이전 이들 신도시를 만드는 방식은 영동 지구가 잘 보여 주듯이 간선도로를 만들고 필지를 조성하여 공급하고, 나머지 각종 편의 시설은 아파트 단지들이 스스로 조성하는 것이었다(박인석, 2013: 30).

앞서 본 것처럼, 영동 지역을 탈바꿈시킨 것은 올림픽을 앞두고 한국의 경제적 발전을 과시하고 국제 사회로부터 인정을 받고자 하는 목적에서 수행된 도시 개조였다. 서울시에 의해 만들어진 계획에 기초하여 도시 설계를 통해 테헤란로, 한국종합무역센터, 잠실역 주변의 경관을 개조하고, 코엑스와 잠실에 대규모 소비 공간을 만들어냈으며, 잠실주경기장 앞 아시아공원과 올림픽공원을 통해 레크레이션 시설을 만들고, 우면산 자락에 문화 시설이 만들어 졌다. 이를 통해 베드타운이었던 영동은 문화와 소비의 중심지 강남으로 변하게 된다. 게다가 이 지역에는 국제 사회로부터의 인정을 획득할 만한 경관이라는 의미도 부여되었다. 발전 국가는 아파트와 더불어 상업, 문화, 레크레이션 시설을 갖춘 도시를 "88 서울올림픽뿐만 아니라 증가되는 외국과의 교역에서 생기는 많은 외국인이 방문할 수 있는 장소"로 해석하고 있었다(서울대학교 환경대학원 환경계획연구소, 1982: 14).

1989년부터 시작된 신도시의 조성은 서울올림픽을 통해 선보였던 인정경관의 복제라고 볼 수 있다. 정부는 토지의 용도를 자세히 정하고 경관을 계획적으로 조성함과 더불어 아파트를 분양하였다(한국토지공사 1997, 65-76). 그렇게 만들어진 공간은 주거, 문화, 소비, 레크레이션 등의 시설을 모두 갖춘 공간이었다. 분당신도시의 경우 "공공 시설과 복지 시설을 적절히 수용하며, 대단위 상업·유통 시설을 유치하여 서울의 상업·업무기능을 부분적으로 수용"하고, "도소매 유통센터, 금융·업무 시설 부지 확보와 대규모 중앙공원의 배치로 충분한 녹지대와 레크리에이션 부지를 계획에 포함"시키는 것이 처음부터 결정되었다(한국토지공사, 1997: 61). 이러한 설계의 결과 분당신도시는 '선진국 수준의 도시'라는, 올림픽을 준비하며 강남에 붙었던 호칭을 얻게 되었다.(정윤태, 1996: 144-147).

올림픽 이후의 신도시란 서울올림픽을 계기로 한 도시 개조의 만들어진 경관이 복제·확산된 것이었다. 또한 올림픽을 통해 만들어진 경관에 대한 수사rethoric 또한 마찬가지로 활용되는 공간이었다. 이렇게 본다면 국가가 중산층에게 대량으로 주택을 공급했을 때, 그것은 단순히 거주할 집을 제공한 것이 아니었다. 1980년대 강남에서 만들어진 '국제 사회로부터 인정 받을 만한 경관'을 만들어 판매했다고 볼 수 있는 것이다.

그렇게 만들어진 신도시는 공간 구조상 거주민과 그 바깥을 구별하기 매우 용이하게 되어 있다. 강남에서 시작된 '자족적 도시'라는 특성을 갖고 있기 때문이다.14) 그래서 이 지역에 거주하게 되면, 직장을 제외한 거의 모든 생활이 강남 내지는 신도시 내에서 이뤄질 수 있다. 이는 한국 도시들 중에서 보기 드물게 강한 정체성을 형성할 수 있는 요소로 작용한다. 발전주의 국가 한국의 도시정치는 산업화 과정에서 지속적으로 선택적 공간 투자를 통해 선도적 요소들을 특정 지역 집중시켰다(박배균, 2012: 97-99). 울산이나 창원에 산업 단지를 만든 것이 대표적이다. 이러한 집적으로 인하여 이들 지역은 다른 지역에 비해 훨씬 강한 정체성을 갖게 된다. 강남과 신도시도 마찬가지

---

14) 이는 여의도와 동부 이촌동 등 1970년대 형성된 중산층 거주지와의 차이점이다. 이들 지역은 중산층 아파트 지역이지만 강남이나 신도시가 갖고 있는 자족성은 지니지 못한다. 아울러, 올림픽과 같은 이벤트를 경유한 의미화 및 담론화의 측면에 있어서도 많은 차이가 있다. 그렇기에 강남이나 신도시에 비하여 정체성을 형성할 계기가 적은 편이라고 할 수 있다.

다. 중산층의 집적, 문화와 공원 등 각종 시설의 집적, 그리고 지역 내부에서 생활에 필요한 대다수의 재화와 서비스 공급이 가능한 자족성은 이들이 그 바깥의 주민과 자신들을 구별짓기 용이한 구조를 형성하고 있다.

2) 중산층의 발전 서사와 인정경관

이러한 신도시의 확산은 이곳에 거주하게 된 중산층 사회 구성원들로 하여금 자신들을 인정받는respectable 이들로 정체화identification할 재료를 공급했다.[15] 이들은 올림픽을 매개로 형성되었던 발전 서사를 중산층 가족의 발전 서사로 전유하는 가운데 자신들이 거주하는 지역의 경관을 한국 사회 내에서 자신들이 인정받을 만한respectable 구성원으로서 자의식을 갖는 재료로 활용하는 모습을 보여 준다.

올림픽을 둘러싼 여러 담론들이 발전 담론과 긴밀하게 결부되었음은 달리 설명할 필요가 없을 것이다. 그런데 이 발전 담론은 하나의 서사를 이룬다. 올림픽을 통한 한국의 선진국화라는 목표의 반대편 끝에 식민의 역사와 한국전쟁이라는 과거가 올림픽의 '부정적 타자'로 활용되는 것이다. 올림픽을 계기로 국가가 발신했던 담론을 풍자

---

15) 1960년대부터 발전 국가는 '중산층' 육성을 염두에 두었고, 특히 1980년대 들어 '사회 안정'을 위한 세력이라며 중산층 육성을 중요시 했다. 하지만 한국의 중산층은 서구처럼 역사 속에서 스스로 정체성을 형성해 간 집단이 아니다(오자은, 2017: 13). 이들을 어떻게 정의하느냐라는 문제가 존재하는 것이다. 발전 국가는 경제력을 기준으로 이 문제를 간단하게 처리했다. 예를 들어 전두환은 "안정된 직장과 자기 가족이 안락하게 쉴 수 있는 주택을 갖고 자녀들을 최소한 고등학교 수준까지 교육시키는 정도"라며 경제력을 기준으로 중산층의 기준을 단순화시켰다(《동아일보》, 198. 2. 24.: 3). 그렇다면 1980년대 후반까지도 중산층은 현실 세계 내에서 가시화되어 있지 않은 통계학적 집합이었다고 볼 수 있다.

했던 김용택의 시 '팔유팔파'는 "민족사의온갖질곡과시련을극복하여 그종지부를팍찍을까"라는 대목을 통해 국가가 발신한 담론 중에 민족의 발전 서사가 매우 중요한 부분을 차지하고 있음을 보여주고 있다(김용택, 1985: 153). 아시안게임에서 처음으로 일본보다 높은 순위를 기록하고 중국과 거의 대등한 메달 수를 기록하자 언론인들과 지식인들은 오랜 주변부의 역사와 식민 지배의 역사를 아시안게임과 대조시킨 바 있다(강준만, 2003: 73-74). 올림픽에서도 마찬가지였다. 노태우는 서울올림픽을 "전쟁의 참화와 분단의 고통을 당해 온 우리"가 치른 행사로 규정한다(노태우, 1988. 10. 3.). 고려대 총장을 지내다 전두환 정부의 압력으로 사임했던 김준엽은 올림픽이 "6·25전쟁이 있은 뒤 최대의 체험"으로 규정했고(김준엽, 1990: 376), 다음과 같이 식민의 역사를 대조시킨다.

> 우리 민족의 우수성을 재확인하고 선진국의 문턱에 서게 된 문화민족으로서의 자신감을 만끽하면서 온 겨레는 감격의 눈물을 흘렸다. 더욱이 1936년 베를린 올림픽 마라톤에서 손기정 씨가 우승하여 억압된 우리 민족의 피를 끓게 한 기억, 그리고 그의 가슴에 단 일장기를 말소함으로써 일제에 항거한 『동아일보』가 무기정간 당한 쓰라린 추억을 가지고 있는 나로서는 여간 감개무량한 것이 아니었다(김준엽, 1990: 372).

올림픽의 발전 담론은 한국 민족이 '식민지와 전쟁'의 과거로 대표되는 부정적 타자로부터 탈피하여 선진국에 가까워진 상태가 되었다는 스토리를 지닌 서사 구조였다.[16]

이러한 민족 발전의 서사는 한국 사회의 중산층 사회 구성원들이 정체성을 형성하는 데 활용하는 재료이기도 했다. 1980년대 국가는

---

16) 그리고 이러한 민족 발전을 이끈 주체로 여겨지는 재벌 기업주들이 사회적으로 상당한 주목을 받게 된다. 예를 들어, 김우중의 책 『세계는 넓고 할일은 많다』는 1989년에 발간되어 출간 6개월만에 100만 부라는 공전의 판매고를 올렸다.

사회안정을 내세우며 중산층을 포섭하고자 했다. 그래서 경제력을 기준으로 중산층의 범주를 정의했다. 1988년 경제기획원은 '최저생계비의 2.5배 이상 소득, 자가 혹은 전세주택 소유자, 안정된 직업 소유자, 고졸 이상 학력' 등으로 중산층을 정의했다. 한국 사회의 구성원들은 경제력을 중심으로 하면서도 훨씬 막연하게 중산층을 정의하였다. 1990년 초의 어느 여론 조사 응답자들은 중산층을 '여유로운 생활을 하는 사람', '자택 소유자', '자가용 소유자', '잘 사는 사람', '먹고 살 만한 사람', '평범한 사람' 등으로 정의했기 때문이다(강준만, 2003: 200). 이렇게 막연한 중산층 정의를 가지고 정체성을 형성하기가 어려움은 당연하다. 그래서 당시의 시대상은 중산층의 확대를 줄곧 외쳤던 국가가 작성한 통계 수치(36.4%)보다 사회구성원들의 중산층 귀속감이 훨씬 더 높은 수치(6.15%)를 기록하는 모습까지도 보여 준다(《경향신문》, 1991. 1. 9.: 7;《매일경제》, 1991. 11. 22.: 2),

이렇게 막연하기만 한 중산층에게 정체성의 재료가 되어 주는 것이 가족 발전의 서사였다.[17] 1989년과 90년에 등장하여 TV드라마로도 만들어진 소설『말로만 중산층』과『우리는 중산층』등은 당시 중산층의 의식 세계를 살펴볼 수 있는 문헌이라 할 수 있다.[18] 소설의 주인공들은 중산층을 정의함에 있어 '서사'가 얼마나 중요한지를 보여 준다. 예를 들어,『말로만 중산층』의 주인공 부부 사이에 중산층 정의를 두고 논쟁이 있었을 때, 자신의 가족이 중산층임을 주장하는 아내

---

17) 1980년대 중산층 문학 작품의 선택에 관하여는 오자은(2017)의 연구를 참고하였다.

18) 윤흥길의『말로만 중산층』은 1989년 소설로 출간된 뒤 1991년 8월부터 1992년 4월까지 MBC아침드라마로 방영되었다. 박영한의『우리는 중산층』은 1989년 조선일보에 연재된 뒤 1990년 발행된 소설로, 1991년 8~9월 사이에 KBS 2TV 수목드라마로 제작되었다. 이 작품들은 비슷한 시기 중산층을 비판적으로 다룬 현기영의 "위기의 사내", 최성각의 "축제의 밤", 최인석의 "그림 없는 그림책" 등 중산층의 허위 의식을 비판하기보다는 중산층의 모습을 재현하고 공감대를 확산하는 데 초점을 맞춘 작품이었다.

는 "역사의 수레바퀴를 누가 감히 거꾸로 돌려요? 지엔피가 올라가고 생활 수준이 날로 향상되는 우리 앞날을 누가 가로막아요?"라는 말로 중산층 귀속감이 결코 오인이 아님을 피력한다(윤흥길 1989, 282-3). '중산층이면 자가용이 있어야 한다'는 가족들의 요구 앞에서 중산층 정체성을 의심하는 주인공 남편에게, 직장 상사는 "과거에 비해서 우리가 현저하게 잘살고 있다는 사실을 자네는 부정하는 건가?"라는 말로 가족의 경제적 발전 서사가 중산층 정체성의 재료가 됨을 보여주고 있다(윤흥길, 1989: 302-3).

가족의 경제 발전 서사가 국가의 발전 서사와 결합했을 때 중산층 정체성은 더욱 뚜렷해진다. 『우리는 중산층』의 한 등장인물은 한국 사회가 "팔팔올림픽도 얼마 안남았고, 이렇듯 지엔피 쑥쑥 올라가고 물자 풍성해져 풍요를 구가하면서 선진국 대열에 올라설 날도 내일 모레"인 상황이며, "자가용 가졌겠다, 남부럽지 않게 집 한 채 장만"한 자신이야 말로 중산층이라고 주장한다(박영한 1990, 219). "잘 살아 보자는 꿈이 한으로 맺혀"있던 우리가 이제는 "이만큼은 잘 살게" 되었다는 서사 역시 마찬가지다(이시형, 1983: 238). 국가의 경제의 발전 속도에 맞춰 가족의 경제적 수준 역시 향상되고 있다는 서사가 중산층 정체성의 근거를 형성하고 있는 것이다.

당연히 가족의 발전이라는 서사적 정체성에도 두 개의 타자가 존재한다. 한편에서, 1980년대의 중산층에게 배우고 따라잡고 인정받아야 할 타자는 '선진국'이었다. 예를 들어, 1980년대를 대표하는 작가 중 한 명인 이시형의 두 책 『배짱으로 삽시다』(1982)와 『자신있게 사는 여성』(1983)은 "이제 우리도 춥고 배고픈 사람이 아니다. 다리를 뻗을 여유도 생겼고 배불리 먹을 수도 있게 됐다"는 발전 서사와 더불어 시작하는 책이다(이시형, 1982: 14).[19] 미국 유학생활을 경험한

---

19) 출판사의 광고에 따르면 두 책은 각기 120만 부와 60만 부가 판매되면서 1980

필자는 "서양사람의 의식을 한번 음미해 볼 필요가 있다(이시형, 1982: 16)"라거나, "(한국인의) 의식은 … 서양식 민주 교육과는 날카로운 대조를 이루고 있다(이시형, 1983: 94)"라며 서양인의 시선에 비춰 한국인들의 습속을 점검하고 고칠 것을 주문하고 있다. 이런 책이 수년간 높은 인기를 얻었다는 것은, 서구를 대타자화하고 그로부터 인정을 받고자 하는 욕구가 중산층 사회 구성원들에게도 자리 잡고 있음을 보여 주는 것이다.

다른 한편에는 부정적 타자가 존재한다. 올림픽의 발전 담론이 한국의 발전 내러티브에서 식민지와 전쟁의 역사를 부정적 타자로 설정했듯이 말이다. 한국 중산층은 기본적으로 "식민 통치와 전쟁이 남긴 상실과 파괴, 그리고 가난의 사무친 경험" 속에서 부를 일군 이들로 정의된다(김광억, 1992: 226). 또한 기본적으로 한국전쟁을 경험하고 극복했다는 자부심이 이들의 정체성에 일부를 이룬다(오자은, 2012: 237). 이러한 발전의 서사 속에서 중산층 구성원들은 자신들이 한국사회에서 인정받을 만한respectable 구성원이라는 자의식을 가졌다고 볼 수 있는 것이다.[20]

이렇게 중산층의 정체성을 구성하는 발전의 서사는 경관과 결부되어 있다. 올림픽을 앞두고 만들어진 새로운 물리적 환경이 한국 사회의 경제적 발전을 보여 주고 국제 사회로부터 인정을 획득하는 인정 경관이었던 것처럼, 신도시 역시 중산층의 경제적 발전을 보여주고

년대 교보문고 베스트셀러 비소설 부문 2위와 10위에 올라있을 정도로 1980년대를 풍미했던 책이었다.
20) 윤택림(2008, 334)의 과천 신도시 주민 대상 구술에서도 발전 서사와 정체성이 결합되어 있는 양상이 드러난다. 부산 출신으로 과천에 거주하는 구술자는 자신의 고향이 이제는 부산이 아닌 과천이라고 생각하다고 응답하는데, 그 자신이 살던 부산 구도심의 쇠퇴였다. 과거 부산의 중심지로서의 지위 상실이 자신과 부산을 구별하는 계기가 되는 것이다.

그들이 한국 사회 내에서 인정받을 만한 구성원임을 표현하는 재료로 활용되었다.

중산층이 다수 거주하는 신도시의 경관 역시 올림픽 당시의 경관과 마찬가지로 발전 담론 및 문명 담론과 긴밀하게 결착된 인정경관으로 소비되었다. 사람들은 아파트를 현대적이고 서구적인 경관으로 규정했다(줄레조, 2007: 185-191). 또 올림픽을 앞둔 인정경관들이 그랬던 것처럼 오염으로부터 자유롭고 질서 있고 녹지가 많은 공간을 신도시의 정체성으로 여겼다. 강남, 분당, 부산 해운대, 대구 수성구 등의 중산층 신도시 거주자들은 계획에 따라 만들어진 질서정연한 경관과 녹지를 다른 곳과 신도시 경관을 '차별화'해 주는 중요 요소로 보고 있다. 이들은 신도시를 계획에 따라 조성되어(박지혁·황진태, 2017: 67), 경관이 정돈되어 있고(박배균·장진범 2016: 296), 깨끗하고 잘 정리되어 있는 공간으로 정의한다(황진태, 2016: 340).

그리고 이러한 인정경관은 거주자들의 정체성을 형성하는 중요한 재료이기도 했다. 일례로 신도시의 거주자들은 자신들이 살아가는 질서정연하고 청결한 경관이 자신들의 습속에 그대로 배어들어 있다고 주장한다. 경관과 거주자들의 습속 사이에 상관 관계가 존재한다고 생각하는 것이다(박배균·장진범, 2016: 296).

그렇다면 올림픽의 도시 개조 과정에서 발신된 발전 담론과 문명 담론이 강조한 청결과 질서라는 요소는 경관을 매개로 신도시의 정체성을 형성하는 동시에 신도시 거주민들의 정체성을 형성하게 되었다고 볼 수 있다. 요컨대, 경관과 발전 담론 및 문명 담론이 접합함으로써 국제 사회로부터의 인정을 위한 도시 개조가 만들어 낸 인정경관은 한국사회 내에서의 인정받는 사회 구성원임을 확신케 해 줄 수 있는 경관으로 변형되어 활용되었다고 볼 수 있는 것이다.

5. 임대 아파트의 등장과 낙인경관화

1) 철거민의 조직화와 인정 요구

　올림픽을 앞두고 수행된 도시 개조 과정은 다수의 철거민을 양산했다. 연구자에 따라서는 최대 72만 명이 철거민이었다고 말해지기도 한다(Davis, 2007). 이는 불량 주택 재개발 사업 구역으로 지정된 지역 주민들의 조직적인 저항을 불렀고, 이는 다시 서울 지역의 철거민 연합 조직으로 이어졌다. 1983년 4월 목동 지역 재개발이 발표된 후, 2개월 만에 세입자들을 중심으로 한 대책 위원회가 만들어졌고, 이후 1985년 3월 철거가 마무리되기까지 대책위는 이에 반대하는 다수의 시위를 조직해냈다. 이는 1985년 봄부터 시작된 사당동 철거에 영향을 주어, 이 지역에서도 세입자대책위원회가 만들어져 1987년 11월까지 조직적으로 정부의 철거 정책에 항의하였다. 그리고 이는 다시 1986년부터 시작된 상계동 철거에 대한 세입자대책위의 활동으로 이어졌다(김수현, 1999: 225-226). 1987년 7월 만들어진 서울시철거민협의회는 이렇게 올림픽을 앞두고 벌어진 재개발 사업의 지역대책위원회들이 모여서 만든 연합 조직이었다(김영석, 1989: 78).

　철거민들은 올림픽을 앞두고 반복해서 수행된 노점상 단속에 저항하며 만들어진 '전국노점상연합회'와 결합하였다. 여기에 가톨릭계와 개신교계에서 1985년과 1986년에 만든 '천주교도시빈민회'와 '기독교도시빈민선교협의회'라는 연합 조직을 더하여(최인기, 2012: 103-113), 1988년 8월 '반민중적 올림픽 반대와 민중 생존권 쟁취 도시 빈민 공동 투쟁 위원회'를 만들었다. 이 조직은 1989년 2월 '전국 도시빈민 연합 준비 위원회'(조흥식, 1999: 200-201)와 1989년 6월 14-20일 '아시아 도시빈민 서울 대회'("아시아 도시빈민 서울대회", 1989년 6월)

▲ [그림 4] 사당동 철거민들의 임대주택 요구 집회
(출처: "장기융자 임대주택 쟁취라고 쓰여진 현수막을 들고 철거촌을
돌고 있는 철거민들", 1988년 1월 8일)

를 거쳐 1989년 11월 '전국 빈민 연합'의 결성으로 이어졌다(최인기, 2012: 118-119).

뿐만 아니라 이들은 정책적 대안을 통한 문제 해결을 강구하기 시작했다. 1987년부터 철거민들은 공공이 관리하는 장기 혹은 영구 임대 주택에 대한 요구 쪽으로 결집하기 시작했다(김수현, 1999: 65). 이를 요구한 이유는 이들 조직이 "살아야 할 거주지가 인간 생활에 있어 가장 우선적이고 기본적인 권리"임을 전제로 하고, 도시빈민의 생활 수준 및 그의 향상, 적정 주거 수준, 생활 터전의 입지, 각종 시설물(백화점, 상가) 등을 고려할 때 한국에서 실현 가능한 주거 정책은 임대 주택이라고 판단했기 때문이었다("주거 근본 대책, 임대 주택", 1987. 11.). 1988년 이후 재개발 지역이나 서울시철거민협의회 집회에는 "도시빈민 생존권을 보장하라!"라는 구호와 더불어 "분양권은 필요 없다. 임대 주택 보장하라!"라는 구호가 등장하게 된다("재개발 반대 및 임대주택 쟁취를 위한 도시빈민 대회", 1988년 1월 31일). 따라서 이들은 시혜를 바라는 것이 아닌 사회 구성원으로서 도시에서 살아갈 권리를 요구한 것이었다. 자신들이 도시에서 인정받을 만한 구성원임을 주장했던 것이다.

2) 영구임대 아파트의 등장

이러한 주장에 관한 국가의 대응은 어땠을까? 1989년 초, 국가는 1988년도 당시 철거민들의 영구임대 혹은 장기임대 아파트 요구를 전격 수용했다.[21) 이는 철거민들의 강력한 요구와 더불어 주거 문제가 정부와 여당의 위기를 조성한 결과였다.

1988년에 나타난 부동산 가격 투기 열기로 인한 상승이 전세와 월세가의 상승으로 이어지자 영세 세입자들이 스스로 목숨을 끊는 사태가 이어졌다. 정치적으로는 국회가 '여소야대'인 상황에서 노태우 정부는 주도권을 잃은 상태였고, 1987년 대통령 선거 당시 공약했던 '중간평가' 역시 1989년 상반기에 실시해야 하는 상태였다(김수현, 1996: 117-124). 여기에 철거민들의 시위가 올림픽을 전후하여 고조되는 상황은 정부에게 큰 부담으로 작용할 수밖에 없었다. 상황은 정권 측의 인사들에게 '체제의 위기'로 인식될 정도로 심각했다(이영환, 1995: 90). 1989년 1월 대통령과 경제수석은 사회 안정을 위해 대책이 필요한 상황이라는 입장을 공유했다. 이후 청와대 내 실무작업팀의 작업

21) 한국 임대 주택의 역사는 1971년도부터 시작된다. 하지만 이 제도는 임대 기간이 1년에 불과하여, 실질적으로는 분양 주택이었다. 1982년도에는 '임대 주택 육성 방안'을 통해 상시 근로자 100인 이상의 기업과 정부투자기관은 무주택 사원에게 5년 임대 후 분양으로 전환되는 임대 주택을 지을 수 있도록 하였다. 1984년에는 기업만 아니라 일반도 5년 임대 주택 입주가 가능하도록 '임대 주택 건설 촉진법'이 제정되었다(하성규, 2007: 230). 이러한 형태는 도시빈민에 대한 부조 수단으로 기능하지 못했다. 그래서 영구임대 형태가 본격적인 공공 임대 주택의 시작점이라 여겨지는 것이다(보건복지부·한국도시연구소, 2003: 15).

을 거쳐 1989년 2월 24일, 대통령 취임 1주년을 기념한 행사에서 영구임대주택 정책을 발표한다(이영환, 1994: 180-181).

정책의 골자는 1988년 발표했던 주택 200만 호 공급 계획에 포함되어 있던 장기임대 주택 60만 호 중 25만 호를 영구임대로 바꾸는 것이었다. 25만이라는 숫자는 6대 도시 생활보호대상자 23만 가구를 기초로 한 것으로, 입주 자격 역시 생활보호대상자와 의료부조자, 보훈대상자 등을 대상으로 했다(이영환, 1996: 61-63). 주택 공급에 국가 재정을 쓰지 않던 기존의 방침을 바꾸어 건설비의 85%를 국가 재정 지원으로 충당한 것이 영구임대 주택이었다(보건복지부·한국도시연구소, 2003: 14). 그래서 이는 한국 현대사에서 실질적인 임대 주택의 시작으로 여겨진다(이영아, 2015: 52).

하지만, 정부의 정책은 임대 주택에 관한 요구를 일부 수용하는 수준에서 문제를 관리하고자 한 것이었다. 인정에 관한 문제에 대해서는 거의 배려를 하지 않는 모습을 보여 준다. 이는 문제의 당사자였던 철거민이 아닌 생활보호대상자로 입주 자격을 선정한 사례에서부터 드러난다. 철거민과 생활보호대상자들이 일치하는 것은 아니기 때문이다(이영환, 1996: 41). 정부는 소득 수준을 파악하기 어렵다는 점, 철거민에 대한 부정적 인식, 그리고 '가장 못사는 사람'에 대한 주택 제공을 통한 시혜적 정책의 효과 극대화라는 목적에서 대상자를 생활보호대상자로 선정했다(이영환, 1995: 79-80). 빈민들을 도시 내에서 살아갈 권리를 지닌 주체로 인정하는 가운데 주택을 공급한 것은 아니었다는 점이 드러난다.

위기 국면이 지나가자 임대 주택 계획이 곧바로 축소되는 모습에서도 발전 국가가 빈민들을 인정하는 가운데 임대 주택을 공급한 것은 아니라는 점이 드러난다. 정책 발표 후 2년 뒤인 1991년, 정부는 임대 주택 공급을 25만 호에서 19만 호로 축소한다. 수요에 비해 공급이 넘친다는 이유에서였다. 하지만 처음부터 입주 대상자가 매우 제한적이고, 의료부조제도 폐지로 생활보호대상자 수가 줄었으며, 입주자들의 경제적 부담 및 생활권과의 거리 문제로 인해 입주 포기자들이 존재한다는 사실은 무시한 것이었다(이영환, 1995: 120-2). 같은 시기, 정부 내에는 임대 주택을 오히려 확대하고 지속적으로 안정적인 주거를 공급해야 한다는 의견이 존재했다(이영환, 1995: 115-117). 문제가 해결된 것은 아니라는 것이다. 결정은 위기 상황에 대한 조절이 어느 정도 성공을 거두면서 이뤄진 것이었다. 3당 합당을 통한 여소야대 국면의 해소와, 주택 가격 문제의 진정이라는 요소가 결부되면서 정치적 부담이 사라졌기 때문이었다(김수현, 1998: 527). 이렇게 본다면 임대 아파트는 제도적으로 복지의 외양을 갖추었지만 사회 구성원들의 권리에 대한 인정에 기초하여 이들에게 필요한 물리적 환경을 제공하려는 시도와는 거리가 멀었음을 보여주는 전형적인 사례였다.

3) 임대 아파트의 낙인경관화

1989부터 시작된 신도시 중심의 도시 개발은 1990년대 들어 주거 지역의 계층화를 더욱 명확하게 만들었다(권오혁·류남석, 1991; 서종균·고은아·박세훈, 1993: 342-348,). 이는 단순한 경제적 차이가 아니라 문화적 차이의 문제를 함의하는 것이었다(이소정, 2006: 187-188).

앞서 본 것처럼 신도시 중산층 거주지의 경관이 질서와 청결이라는 서사화된 발전을 재현하는 경관으로 여겨진다면, 그 바깥의 거주지는 전통적이고, 무질서하며, 청결하지 못하여 발전 서사의 부정적 타자를 재현하는 경관으로 자리매김하게 된다. 일례로, 줄레조의『아파트공화국』은 현대적이고 깨끗하고 청결한 아파트와 '낡고', '지저분하고', '어수선한' 주변 지역을 대비시키는 증언들을 보여 주고 있다

(줄레조, 2007: 179-182). 올림픽의 발전 서사가 부정적으로 타자화시킨 습속이 경관의 형태로 재현되고 있는 것이다. 『우리는 중산층』의 주인공에게도 중산층 신도시와 대조를 이루는 경관은 '홍제동 산비탈 무허가촌'이다(박영한, 1990: 134). 그래서 중산층에게 신도시의 경관은 그 자체로 그 바깥의 경관과 '차별화'되며, 둘 사이에는 발전 담론 및 문명 담론에 기초한 위계 관계가 존재하게 된다. 예를 들어, 신도시 거주자들은 다른 지역 거주자들에 비해 '덜 싸우고, 법도 더 잘지키'는 사람들로 자신들을 정체화한다(이영민, 2008: 7).[22] 경관을 매개로 신도시 바깥의 사람들에 비해 문명화된 습속을 지닌 사람들이라는 자의식을 지니는 것이다.

서사화된 발전 및 문명 담론과 경관이 결합되어 형성된 신도시의 중산층 사회 구성원들의 정체성은 경관을 매개로 타자의 습속이나 정체성을 함부로 규정짓고 이들을 낙인의 대상으로 만들고 차별할 가능

---

22) 하지만 1980년대 말 당시 소설들은 중산층 신도시 거주자들의 습속을 인정할 만한respectable 습속으로 그리지 않았다. 예를 들어 『우리는 중산층』과 『말로만 중산층』은 중산층 아파트 거주민들이 가족 내에서, 또 이웃들 간에 적지 않은 갈등과 다툼으로 일상을 보내는 모습을 그리고 있다. 양귀자의 『원미동사람들』의 주인공이 파는 키치스러운 문화재 모형의 주 고객층 역시 '아파트촌'이었다(양귀자, 1987: 47). 이들의 취미가 '구별 짓기'가 드러날 정도의 수준이 아니라는 점을 보여준다. 그런 점에서 서구의 임대 아파트public housing, social housing에 대한 낙인과 한국 임대 아파트에 대한 낙인은 일정한 차이를 보인다. 임대 아파트에 대한 낙인과 차별은 서구에서도 흔한 현상이다. 하지만, 서구의 경우 임대 아파트 형성 이전부터 명시적으로 타자화되고 낙인의 대상이었던 집단들이 입주하는 경우가 적지 않다. 미국의 경우 임대 아파트의 주 거주민은 거의 흑인으로, 이들에 대한 차별은 그전부터 존재했다. 즉, 임대 아파트 이전부터 낙인과 차별의 대상이었던 이들을 임대 아파트라는 공간에 모음으로써 인종 차별을 공간 낙인의 형태로 변형시켰다고 볼 수 있는 것이다. 반면에 한국의 경우 신도시와 임대 아파트 그 자체가 공간을 매개로 한 낙인과 차별을 거의 창조하다시피 했다고 볼 수 있다. 서구의 임대 아파트와 낙인에 대하여는 Huttmann (1991)을 참조.

성을 내포하게 된다.23) 신도시의 경관이 발전을 재현하는 공간이자 자신들의 인정받을 만한respectable 사회 구성원이라는 정체성의 재료를 이루는 만큼, 발전의 타자other로 자리매김하게 된 경관은 무시할만한 disrespectable 사회 구성원으로 그곳에 거주하는 이들을 상정하도록 만들 수 있기 때문이다.

가능성은 현실이 되었다. 1989년 당시 도시빈민의 '부조'를 위해 만들어진 영구임대 아파트들이 완공되고 입주가 시작된 지 얼마 지나지 않아서, 주변 아파트 주민들, 즉 중산층 구성원로부터의 차별과 낙인의 대상이 되었다는 사실이 보고되었고, 이는 지금도 지속적으로 보고되고 있다(서종균, 1997; 서수진·김주진·정경일, 2004; 김위정, 2004; 홍인옥, 2005; 송혜자, 2007; 박관민·송명규·이경진, 2009; 김미희·노세희, 2011; 박인권, 2015: 125). 중산층 아파트 거주민들은 자신들의 아파트와 임대 아파트 사이 통행을 차단하기 위한 울타리가 설치하는가 하면, 자신들의 자녀들과 임대 아파트 거주민들이 서로 다른 학교를 다니도록 학교를 분리시키기도 하였다(보건복지부·한국도

23) 1990년 무렵 중산층을 그리는 소설 속에서도 마찬가지다. 주인공들은 한국 사회의 기층 구성원에 대하여 연대하는 이들이 아니라 무관심하고 거리를 두는 이들로 그려진다. 『말로만 중산층』의 주인공이 아직도 우리 사회엔 가난한 이들이 많다며 스스로 중산층 정체성을 가지기 어렵다고 말하자, 중산층 정체성을 적극적으로 홍보하던 차장은 '그렇다고 우리가 가난한 사람들 눈치를 봐야한단 말인가'며 그네들과 다른 정체성을 받아들일 필요가 있다고 설득한다(윤흥길, 1989: 302). 노점상이나 철거민에 대하여서도 무관심하거나 혹은 자신들의 거주공간에서 배제하려는 모습을 보여 준다. 예를 들어, 이창동의 단편 『녹천에는 똥이 많다』의 주인공은 자신이 거주하는 지역이 강제 철거로 시끄러웠던 동네라는 지적에 대하여, "그렇다고 내가 이 동네 아파트를 싫다할 순 없다"는 말로 철거민과 자신 사이의 연대 감정을 가질 수 없음을 항변한다. 최성각의 단편 "축제의 밤"에 등장하는 중산층 아파트 주민들은 시위를 조직하여 아파트 주변의 노점상을 없애는 데 적극적으로 나서기까지 하며, 가난한 이들의 삶을 보호해야 한다는 말에는 비아냥으로 답하는 사람들로 그려진다(최성각, 1990: 66-72).

시연구소, 2003: 15). 노골적인 학교 분리가 아니더라도 위장 전입 등의 방법을 통해 임대 주택 학생들과의 접촉 빈도를 최소화하려는 모습도 보여 준다. 임대 아파트에 거주하는 학생들과 중산층 아파트에 거주하는 학생들이 함께 다니는 학교에는 임대 아파트에 거주하는 학생들을 일컫는 모멸적 별칭이 존재한다(김성윤, 2003: 247).

영구임대 단지에 거주하는 이들 스스로가 자신들의 정체를 숨기는 모습도 보여 준다. 임대 아파트 거주 학생들은 친구를 집에 데려오지 않으며, 대중교통 수단을 이용하는 경우 인근 아파트 단지 앞에서 내려 집으로 걸어가기도 한다(서종균, 1997: 17).24) 이유는 바로 이들 구성원이 게으르고 비생산적이며, 청결하지 못하다는 것이 중산층 주민들의 인식 때문이다(하성규, 2007: 265). 신도시의 중산층 거주민들에게 임대 아파트 거주민들은 자신들의 인정경관에 부적절한 이들이며 인정할 수 없는non-respectable 구성원들인 것이다.

하지만 이를 적극적으로 해결하고자 하는 노력은 관찰되지 않고 있다. 임대 아파트에 대한 낙인과 차별에 대한 보고만 20년 넘게 지속되고 있는 것이 현실이다. 1989년 임대 아파트가 만들어지기 시작한 지 30년이 지난 현재, 임대 아파트에 대한 수요는 사회 전반에 확산되었고 공급도 상당량 늘어났으며, 그 형태도 다양화되었다. 한마디로, 거주자들을 빈민이라고 말할 수 없는 상황이며, 임대 아파트 거주민이 중산층 아파트 거주민에 비해 문제적 습속을 지녔다고 말하기도 어렵게 되었다. 그럼에도 불구하고 임대 아파트에 대한 낙인과 차별은 여전하다. 왜냐하면, 이 낙인과 차별은 구체적 개인의 습속에 기초한 것이 아니라 경관을 매개로 하여 구별짓기와 낙인에 기초하기 때문이다.

---

24) 이는 신도시 내 중산층 아파트와 임대 아파트 사이에서만 존재하는 일이 아니다. 신도시와 구도심 사이의 관계도 유사하다. 분당 지역의 경우 분당 이외의 성남 지역에 대한 차별적 태도와 분당에서 노동을 영위하는 타지역 주민에 대한 차별적 태도는 매우 노골적이었다(장세훈, 2017: 25).

6. 결론

이 연구가 발견한 내용을 정리하고 서울올림픽을 매개로 한 도시 개조가 한국 사회에 미친 영향이 무엇인지를 정리하자면 다음과 같다.

첫째, 서울올림픽은 도시 기능의 차원에서 강남을 완성하는 계기였다. 우리에게 흔히 서울올림픽은 '상계동 올림픽'으로 대변되는 무허가 주택의 철거로 잘 알려져 있는데, 그 한켠에서는 올림픽을 위해 공원, 문화 시설, 소비 시설이 대대적으로 만들어지고 있었다. 그리고 이와 같은 새로운 시설이 주로 자리를 잡은 곳은 오늘날 우리가 강남이라 부르는 영동 및 잠실 일대였다. 1980년대 초까지만 해도 주거 기능 외에 다른 기능을 갖춘 시설이 거의 없어 '베드타운'이라 불리던 이 지역은 올림픽의 준비 과정에서 다양한 문화, 소비, 공원 등 다양한 기능을 갖추게 되었다. '강남'이라는 정체성은 이러한 도시 기능의 완성과 자족성에 기초하여 형성되어 갔다고 볼 수 있다.

둘째, 서울올림픽을 즈음한 도시 개조 작업이 갖는 특이성은 그것이 물리적 환경의 변화에 대한 강한 의미 부여가 동반되었다는 점이다. 정당성을 결여한 정권은 서울올림픽을 통해 발전 국가로서 자신들이 이뤄낸 성과를 국내외적으로 보여 주기 원했다. 그래서 유난하게도 대대적으로 서울을 포함한 국토 여기저기를 개조했고, 그에 대하여 발전 담론과 문명 담론을 활용하여 의미를 부여하고자 했다. 이들은 새롭게 만들어지는 건조 환경에 대하여 질서와 청결, 높은 녹지 비율을 유난하게 강조했다. 이것이 한국 사회의 발전을 상징하는 공간이자, 이들이 만들고자 했던 '인정경관respectable landscape'이었다.

셋째, 이러한 인정경관은 올림픽 이후 신도시들이 만들어지면서 확산되는 모습을 보여 준다. 올림픽 이후 만들어진 신도시들은 완성된 강남을 복제한 것이라고 보아도 좋을 것이다. 국가의 계획 하에 주거 지역만 아니라 문화, 소비, 공원 등의 다양한 기능을 처음부터 갖춘 '자족 도시'로 신도시는 만들어졌던 것이다. 그런데 이 신도시의 경관은 국내적으로도 중산층 거주자들에게 인정경관으로 소비되었다. 중산층은 올림픽이 만들어 낸 발전의 서사와 서울의 경관에 대한 담론을 중산층 가족의 서사와 신도시 중산층 경관에 대한 담론으로 전유했다고 볼 수 있다. 질서 있고 청결한 신도시라는 공간은 중산층 거주자들이 한국사회 내에서 다른 이들과 자신을 구별하고 자신들이 사회에서 인정받을 만한 구성원이라는 자의식을 갖게 하는 재료가 되었다.

넷째, 강남과 신도시라는 공간들은 그 특성상 자신을 바깥과 구별 짓기 쉽다. 다른 지역에서 찾아보기 어려운 수준의 '자족성'으로 인하여 이들은 생활에 필요한 물자와 서비스를 자신들의 거주 지역 내에서 조달할 수 있다. 그리고 이는 발전 국가가 1960년대 이후 도시 정치 과정에서 지속적으로 보여 준 특징을 답습하는 것이었다. 발전 국가는 산업화를 위해 선택적 공간 투자를 수행하고 선도적 요소들을 특정 지역에 집중시켰다. 울산이나 창원 등의 산업단지들이 대표적이다. 강남과 신도시는 이러한 발전주의적 도시성을 주거지에 변형·적용한 것이라고 볼 수 있다.

다섯째, 올림픽을 통한 도시 개조는 인정경관만 아니라 낙인경관 stigmatized landscape or disrespectable landscape 역시 생산하는 결과를 가져왔다. 올림픽을 준비하는 과정에서 양산된 철거민들은 1980년대 후반 시민 사회의 활성화 국면에서 다양한 시민 사회 세력과 연대하면서 스스로를 조직화하였고, 자신들이 사회 속에서 인정받아야 할 구성원임을 피력하면서 임대 주택을 통해 안정적인 주거 수단을 마련하였다. 이에 정부는 1989년 초 전향적으로 영구임대 주택 공급 정책을 시행했다. 하지만, 질서와 청결의 공간으로 신도시를 정의하고 발전을 자신들의 삶의 서사로 생각한 중산층들에게 신도시에 자리한 영구임대 주택은 일종의 낙인의 대상이었다. 인정경관이라는 정체성의 재료는 무시disrespectability라는 타자적 정체성의 재료를 생산하는 효과를 낸 것이다.

여섯째, 1988년 서울올림픽 이후 현재까지도 한국의 도시 개발이란 문화, 소비, 공원, 주거 기능을 갖춘, 그리고 청결하고 질서 있으며 녹지가 풍부한 공간을 만드는 방식이라고 할 수 있다. 이는 또한 강남의 복제이자 인정경관의 복제라고 할 수 있다. 습속이나 아비투스를 통해 스스로를 정체화하기 어려운 한국의 중산층이 자신들을 정체화하는 수단으로 삼은 것이 거주 지역의 경관이었다. 마찬가지로, 경관은 낙인과 차별의 소재가 되어, 1988년 이후 임대 아파트의 다양화에도 불구하고 임대 아파트 거주를 이유로 한 차별은 지속적으로 재생산되고 있다. 요컨대, 서울올림픽은 한국의 근대사에서 보기 드문 거대 규모의 도시 개조와 대량의 담론 생산이 결합된 문화 이벤트였다. 그 결과는 도시 공간을 발전 담론과 문명 담론의 틀로 해석하고 소비하게 하는 관행 및 경관을 기초로 하는 차별과 낙인의 등장이었다.

참고문헌

강준만, 『한국현대사산책 1980년대 편 제3권』, 인물과 사상사, 2003

김정남, 『진실, 광장에 서다』, 창비, 2005

김준엽, 『長征 : 金俊燁 現代史』, 나남, 1990

박영한, 『우리는 중산층 1 - 장미 눈뜰 때』, 세계사, 1990

박인석, 『아파트 한국사회 - 단지 공화국에 갇힌 도시와 일상』, 현암사, 2013

_____, 『서울올림픽과 1980년대의 사회정치』, 서울대학교 사회학과 박사학
위 논문, 2018

손정목, 『서울도시계획이야기 2』, 한울, 2003a

_____, 『서울도시계획이야기 3』, 한울, 2003b

_____, 『서울도시계획이야기 5』, 한울, 2003c

양귀자, 『원미동 사람들』, 문학과지성사, 1987

_____, 『박완서 소설에 나타난 중산층의 정체성 형상화 연구』, 서울대학교
국어국문학과 박사학위 논문, 2017

윤흥길, 『말로만 중산층』, 청한, 1989

이방원, 『세울 꼬레아』, 행림출판, 1989

이시형, 『자신있게 사는 여성』, 집현전, 1982, 1983

임동근, 『메트로폴리스 서울의 탄생』, 반비, 2015

장세훈, 『냉전, 분단 그리고 도시화 : 남북한 도시화의 비교와 전망』, 바람구
두 알트, 2017

전두환, 『전두환 회고록 2 - 청와대 시절』, 자작나무숲, 2017

정윤경, 『1850-70년대 영국 노동자 계급과 체통(Respectability)의 가치관』, 성
균관대학교 사학과 석사학위논문, 2000

존 어리, 『모빌리티』, 강현수·이희상 옮김, 아카넷, 2014

줄레조 발레리, 『아파트 공화국』, 길혜연 옮김, 후마니타스, 2007

지주형, 『한국 신자유주의의 기원과 형성』, 책세상, 2011

최성각, 「축제의 밤」, 『그림 없는 그림책』, 웅진출판, 1990

페리 클라렌스, 『근린주구론, 도시는 어떻게 오늘의 도시가 되었나?』, 이용근
　　옮김, 커뮤니케이션 북스, 2014

한종수 외, 『강남의 탄생─대한민국의 심장도시는 어떻게 태어났는가?』, 미
　　지북스, 2016

강홍빈, 「앞당겨지는 미래: 1988 서울올림픽 개최의 도시적 영향」, 『올림픽이
　　도시발전에 미치는 장기적 영향』, 서울대학교 환경대학원·미국 MIT
　　건축도시학부 주최 학술회의, 1988

김광억, 「도시중산층의 종교생활」, 『도시중산층의 생활문화』, 한국정신문화연
　　구원, 1992

김미영, 「호텔과 강남의 탄생」, 『서울학연구』 62, 서울시립대학교 서울학연구
　　소, 2016

김백영, 「강남개발과 올림픽효과─1970~80년대 잠실 올림픽타운 조성사업을
　　중심으로」, 『도시연구』 17, 도시사학회, 2017

김소연, 「투항하라, 쌍문─유토피아, 너희는 포위됐다!」, 『문학동네』 23/1, 문
　　학동네, 2016

김영찬, 「놀자, 놀자꾸나! 〈응답하라 1988〉을 위한 뒤늦은 변명」, 『문학동네』
　　23/1, 문학동네, 2015

김용택, 「팔유팔파」, 『창작과비평』 15/3, 창작과비평, 1985

김진희·김기호, 「1974년 잠실지구종합개발기본계획의 성격과 도시계획적 의
　　미 연구」, 『도시설계』 11/4, 한국도시설계학회, 2010

류동주, 「올림픽 시설의 의의와 개관」, 『서울올림픽 건축』, 한구건축가협회, 1988

박배균, 「한국 지역균형정책에 대한 국가공간론적 해석」, 『기억과 전망』 27, 민주
　　화운동기념사업회 한국민주주의연구소, 2012

박배균·장진범, 「'강남 만들기', '강남 따라하기'와 한국의 도시 이데올로기」,
　　『한국지역지리학회지』 22/2, 한국지역지리학회, 2016

박인권, 「포용도시」, 『공간과사회』 25/1, 한국공간환경학회, 2015

박정현, 「독립기념관의 건립과정과 담론변화에 관한 연구」, 『건축역사연구』 25/6, 한국건축역사학회, 2016

박해남, 「1988 서울올림픽과 시선의 사회정치」, 『사회와 역사』 110, 한국사회사학회, 2016

서종균, 「영구임대주택, 분리와 배제의 공간」, 『도시와빈곤』 29, 한국도시연구소, 1997

신현방, 「발전주의 도시화와 젠트리피케이션, 그리고 저항의 연대」, 『공간과 사회』 26/3, 한국공간환경학회, 2016

오자은, 「1980년대 박완서 단편 소설에 나타난 중산층의 존재방식과 윤리」, 『민족문학사연구』 50, 민족문화사학회, 2012

이건호, 「도시설계 제도의 도입」, 『한국도시설계사 1960-2010년』, 보성각, 2012

이동배·김용하, 「신도시 개발의 전개과정과 특성에 관한 연구」, 『대한건축학회논문집』 7/3, 대한건축학회, 1991

이상연, 「'올림픽기획단'출범과 올림픽 시설」, 『임자, 올림픽 한번 해보지!』, 서울특별시 시사편찬위원회, 2013

이영민, 「서울 강남 정체성의 관계적 재구성 과정 연구: 지역 구성원들의 내부적 범주화를 중심으로」, 『한국도시지리학회지』, 11/3, 한국도시지리학회, 2008

조명래, 「분당신도시의 사회경제적 배경」, 『18C신도시&20C신도시』 발언, 1993

정윤태, 「분당, 최고의 소비도시 건설 계획의 전모」, 『사회평론』 92/4, 월간 사회평론, 1996

주은우, 「미국, 그 (큰)타자의 응시」, 『문학동네』 36, 문학동네, 2003

지주형, 「강남개발과 강남적 도시성의 형성」, 『한국지역지리학회지』 22/2, 한국지역지리학회, 2016

진종헌, 「재현 혹은 실천으로서의 경관: 보은 방식으로서의 경관이론과 그에 대한 비판을 중심으로」, 『대한지리학회지』 48/4, 대한지리학회, 2013

천정환, 「'응답하라 1988'에 나타난 '역사'와 유토피스틱스」, 『역사비평』 114, 역사비평사, 2016

최재인, 「19세기 후반 흑인 중산층의 위신(Respectability)의 정치」, 『미국학논집』

39/2, 한국아메리카학회, 2007

하영준, 「크레올 민족주의와 서인도 문화정치」, 『역사와 문화』 21, 문화사학 회, 2011

황진태, 「발전주의 도시 매트릭스의 구축-부산의 강남 따라하기를 사례로」, 『한국지역지리학회지』 22/2, 한국지역지리학회, 2016

Banks. Angela M., "Respectability and the Quest for Citizenship", Brooklyn Law Review 83/1, 2017

Bauer. Elaine, "Racialized citizenship, respectability and mothering among Caribbean mothers in Britain", Ethnic and Racial Studies, 41/1, 2018

Davis, Lisa Kim, Housing Evictions and the Seoul 1988 Summer Olympic Games, Centre on Housing Rights and Evictions, 2007

_____, "International Events and Mass Evictions: A Longer View", International Journal of Urban and Regioanl Research 35/3, 2010

Greene Solomon J, "Staged cities: mega-events, slum clearance, and global capital", Yale Human Rights and Development Law Journal 6, 2003

Hobsbawm Eric, Labouring Men, George Weidenfeld & Nicholson, 1964

Mosse, George L, "Nationalism and Respectability: Normal and Abnormal Sexuality in the Nineteenth Century", Journal of Contemporary History, 17/2, 1982

Olwig Karen, "The Struggle for Respectability: Methodism and Afro-Cribbean Culture on 19thCenturyNevis,"New West Indian Guide/Nieuwe West-Indische Gids 64/3&4, 1990

Roche, Maurice, Mega-event and modernity, Routledge, 2000

Smelser, Niel, "The Victorian Family", in R, N, Rapoport eds,, Families in Britain, Cambridge University Press, 1982

「1982년 주요업무계획」(1982년 2월), 문화공보부, BA0852153

「1983년 주요업무계획」(1983년 2월), 서울특별시, BA0852191

「1986아시아·1988올림픽대회 종합 시행 계획」(1983년 12월), 서울올림픽대
　　회지원위원회, BA0883849
「88서울올림픽대회86아시아경기대회 준비 계획」(1982년 2월 2일) 서울올림
　　픽조직위원회, BA0883825
「대통령각하 지시 및 훈시(올림픽 관련)」, 국무총리행정조정실, BA0883743
「대통령각하에 대한 서울올림픽 준비추진상황 중간보고결과」(1981년 12월
　　17일), 국무총리행정조정실, BA0883743
「올림픽 및 아시안게임 주요시설 배치조정방안 추진을 위한 관계기관 회의
　　각서 시달」(1982년 7월 3일), 국무총리행정조정실, BA0883817
「올림픽 아시아게임 주요시설 배치조정방안 보고 시 지시사항」(1982년 6월
　　23일), 국무총리행정조정실, BA0883743

고두현, 『서울올림픽 이것만은 알아둡시다』, 서울올림픽조직위원회, 1988
국립민속박물관, 『세계와 함께 나눈 한국문화−산공 강신표 올림픽 문화학술
　　운동』, 2010
국립현대미술관, 『국립현대미술관 건립지』, 1987
국토교통부, 『국토 및 지역개발정책: 국토종합계획을 중심으로』, 2013
서울대학교 환경대학원 환경계획연구소, 『과천신도시 중심상업지구 계획·설
　　계·개발』, 1982
서울역사박물관, 『88서울올림픽, 서울을 어떻게 변화시켰는가』, 2017
서울올림픽조직위원회, 『제 24회 서울올림픽대회 공식보고서』, 1989
서울특별시, 『잠실지구종합개발기본계획』, 1974
_____, 『한강종합개발 기본계획 보고서 요약』, 1983a
_____, 『잠실지구 도시설계』, 1983b
_____, 『테헤란로 도시설계』, 1984
_____, 『율곡로·대학로 도시설계』, 1985
_____, 『제10회 서울아시아경기대회 백서』, 1987
_____, 『한강종합개발사업 건설지』, 1988
_____, 『서울올림픽 백서』, 1990

한국토지공사, 『분당신도시 개발사』, 1997

《건축문화》
《경향신문》
《동아일보》
《매일경제》
《월간 말》
《중앙일보》
《한국일보》

노태우, 「서울올림픽 개막에 즈음하여 국민께 드리는 감사말씀」, 『국가기록원
　　　대통령기록연구관』, 1988년 10월 3일 [http://pa.go.kr/research/contents/speech/
　　　index.jsp?spMode=view&catid=c_pa02062&artid=1307336](검색일 2017. 10. 14.)
전두환, 「1982년도 국정연설」, 『대통령기록연구실』 [http://www.pa.go.kr/research/
　　　contents/speech/index.jsp] (검색일 2017. 9. 2.)

동북아다이멘션 연구총서 4

동북아시아의 근대체험과 문화공간

초판 인쇄 | 2021년 2월 16일
초판 발행 | 2021년 2월 26일

엮 은 이   원광대학교 한중관계연구원 동북아시아인문사회연구소
발 행 인   한정희
발 행 처   경인문화사
감   수   김정현, 유지아, 박성호, 한승훈
교   정   손유나
편   집   한주연
출판번호   406-1973-000003호
주   소   파주시 회동길 445-1 경인빌딩 B동 4층
전   화   031-955-9300 팩 스 031-955-9310
홈페이지   www.kyunginp.co.kr
이 메 일   kyungin@kyunginp.co.kr

ISBN 978-89-499-4955-0 94910
ISBN 978-89-499-4821-8 (세트)
값 29,000원